U0142658

思想的・睿智的・獨見的

經典名著文庫

學術評議

丘為君　吳惠林　宋鎮照　林玉体　邱燮友
洪漢鼎　孫效智　秦夢群　高明士　高宣揚
張光宇　張炳陽　陳秀蓉　陳思賢　陳清秀
陳鼓應　曾永義　黃光國　黃光雄　黃昆輝
黃政傑　楊維哲　葉海煙　葉國良　廖達琪
劉滄龍　黎建球　盧美貴　薛化元　謝宗林
簡成熙　顏厥安（以姓氏筆畫排序）

策劃　楊榮川

五南圖書出版公司 印行

經典名著文庫

學術評議者簡介（依姓氏筆畫排序）

經典名著文庫023

爲女權辯護：
關於政治及道德問題的批判

瑪麗・沃斯通克拉夫特 著
(Mary Wollstonecraft)

常瑩、典典、劉荻 譯

經典永恆・名著常在

五十週年的獻禮・「經典名著文庫」出版緣起

總策劃 楊榮川

五南，五十年了。半個世紀，人生旅程的一大半，我們走過來了。不敢說有多大成就，至少沒有凋零。

五南忝爲學術出版的一員，在大專教材、學術專著、知識讀本出版已逾壹萬參仟種之後，面對著當今圖書界媚俗的追逐、淺碟化的內容以及碎片化的資訊圖景當中，我們思索著：邁向百年的未來歷程裡，我們能爲知識界、文化學術界做些什麼？在速食文化的生態下，有什麼值得讓人雋永品味的？

歷代經典・當今名著，經過時間的洗禮，千錘百鍊，流傳至今，光芒耀人；不僅使我們能領悟前人的智慧，同時也增深我們思考的深度與視野。十九世紀唯意志論開創者叔本華，在其〈論閱讀和書籍〉文中指出：「對任何時代所謂的暢銷書要持謹慎的態度。」他覺得讀書應該精挑細選，把時間用來閱讀那些「古今中外的偉大人物的著作」，閱讀那些「站在人類之巔的著作及享受不朽聲譽的人們的作品」。閱讀就要「讀原著」，是他的體悟。他甚至認爲，閱讀經典原著，勝過於親炙教誨。他說：

「一個人的著作是這個人的思想菁華。所以，儘管一個人具有偉大的思想能力，但閱讀這個人的著作總會比與這個人的交往獲得更多的內容。就最重要的方面而言，閱讀這些著作的確可以取代，甚至遠遠超過與這個人的近身交往。」

爲什麼？原因正在於這些著作正是他思想的完整呈現，是他所有的思考、研究和學習的結果；而與這個人的交往卻是片斷的、支離的、隨機的。何況，想與之交談，如今時空，只能徒呼負負，空留神往而已。

三十歲就當芝加哥大學校長、四十六歲榮任名譽校長的赫欽斯（Robert M. Hutchins, 1899-1977），是力倡人文教育的大師。「教育要教眞理」，是其名言，強調「經典就是人文教育最佳的方式」。他認爲：

「西方學術思想傳遞下來的永恆學識，即那些不因時代變遷而有所減損其價値的古代經典及現代名著，乃是眞正的文化菁華所在。」

這些經典在一定程度上代表西方文明發展的軌跡，故而他爲大學擬訂了從柏拉圖的《理想國》，以至愛因斯坦的《相對論》，構成著名的「大學百本經典名著課程」。成爲大學通識教育課程的典範。

歷代經典·當今名著，超越了時空，價值永恆。五南跟業界一樣，過去已偶有引進，但都未系統化的完整舖陳。我們決心投入巨資，有計畫的系統梳選，成立「經典名著文庫」，希望收入古今中外思想性的、充滿睿智與獨見的經典、名著，包括：

- 歷經千百年的時間洗禮，依然耀明的著作。遠溯二千三百年前，亞里斯多德的《尼各馬科倫理學》、柏拉圖的《理想國》，還有奧古斯丁的《懺悔錄》。
- 聲震寰宇、澤流遐裔的著作。西方哲學不用說，東方哲學中，我國的孔孟、老莊哲學，古印度毗耶娑（Vyāsa）的《薄伽梵歌》、日本鈴木大拙的《禪與心理分析》，都不缺漏。
- 成就一家之言，獨領風騷之名著。諸如伽森狄（Pierre Gassendi）與笛卡兒論戰的《對笛卡兒沉思錄的詰難》、達爾文（Darwin）的《物種起源》、米塞斯（Mises）的《人的行爲》，以至當今印度獲得諾貝爾經濟學獎阿馬蒂亞・森（Amartya Sen）的《貧困與饑荒》，及法國當代的哲學家及漢學家余蓮（François Jullien）的《功效論》。

梳選的書目已超過七百種，初期計劃首爲三百種。先從思想性的經典開始，漸次及於專業性的論著。「江山代有才人出，各領風騷數百年」，這是一項理想性的、永續性的巨大出版工程。不在意讀者的眾寡，只考慮它的學術價值，力求完整展現先哲思想的軌跡。雖然不符合商業經營模式的考量，但只要能爲知識界開啓一片智慧之窗，營造一座百花綻放的世界文明公園，任君遨遊、取菁吸蜜、嘉惠學子，於願足矣！

最後，要感謝學界的支持與熱心參與。擔任「學術評議」的專家，義務的提供建言；各書「導讀」的撰寫者，不計代價地導引讀者進入堂奧；而著譯者日以繼夜，伏案疾書，更是辛苦，感謝你們。也期待熱心文化傳承的智者參與耕耘，共同經營這座「世界文明公園」。如能得到廣大讀者的共鳴與滋潤，那麼經典永恆，名著常在。就不是夢想了！

二〇一七年八月一日 於

五南圖書出版公司

導　讀

「眞理……對於男性和女性必須是一致的」——沃斯通克拉夫特及其《爲女權辯護》

輔仁大學歷史學系副教授汪采燁

「你知道我不是生來循舊路而走——我本性中一股奇特的決心驅使我前進。」[1]

「眞理——如果我算是懂的這個詞的意思的話，對於男性和女性必須是一致的。」[2]

一、沃斯通克拉夫特及其思想

沃斯通克拉夫特（Mary Wollstonecraft, 1759-1797）一生不斷地與各種形式的不平等和專制體制對抗，從教育書[3]、《爲人權辯護》[4]到《爲女權辯護》[5]，以及對於法國大革命政治反思著作[6]、旅行書寫[7]和小說[8]中一直關心此主題。《爲女權辯護》不是沃斯通克拉夫特首次關心女性之作，也非英國或歐洲首次提出女性教育與兩性不平等議題，然而《爲女權辯護》字字鏗鏘有力，直接抨擊十八世紀啓蒙運動思想家所探討的「人的權利」與「人性」僅止於白人男性，人類中另一半的女性被排除在關於「人」的學科討論之外，並批評十八世紀社會所繼承的傳統性別概念和女性教育方式。因此，沃斯通克拉夫特革命性地將女性納入關於自由與公民權的論述中，提出女性教育改革，女性的天性稟賦和男性相同，兩性應受相同的理性教育，開啓嶄新的兩性平權論述。

然而，如同啓蒙運動中對於人性、自由、進步的探討與追求至今尚未完成；兩性平權、女性自主等意識的推展亦從十八世紀下半葉開始緩慢前進，一八七〇年代到二十世紀一波波女性主義運動，以及這幾年的#MeToo運動，全球性別意識再次警醒，此間也不時聽到批評女性不應撕裂社會之聲，都值得我們去反思沃斯通克拉夫特所提出的兩性平權論述，落實了多少？如何落實？該如何修正？所以讀者翻開《爲女權辯護》閱讀時，這位十八世紀英國女性疾呼之聲，依舊撼動二十一世紀全球讀者之心。

二、《為女權辯護》的思想背景與時代性

沃斯通克拉夫特曾經和其夫說明到，她年幼時常爲了保護母親以避開父親的暴力對待，將自己置身於「暴君」（父親）和「受害者」（母親）之間。[9]她從此體認到男女在家庭中不平等也不合理的狀態。她認爲，從家庭中即可見到，專斷者危害他人的自然權利，而被奴役者習於取悅他人，亦不具備獨立自主的條件。在十八世紀中

這樣的家庭問題層出不窮，沃斯通克拉夫特又是如何孕育出其思想深度，著述挑戰權威，直指當前女性與文明病症？

吾人可從三方面來理解沃斯通克拉夫特的思想背景及其女性概念，此三面向互相辯證，缺一不可。一是啓蒙運動中對於人性（如理性、情感）和自由的探討，相信人性中的潛能與可完美性；二是法國大革命中，以實際行動實踐普世人權，告訴世人如何伸張個人權利、社會如何快速改革。三是新教信仰中，非英國國教的理性異議教派信仰對於自然權利的論證。

（一）《爲女權辯護》與啓蒙運動

十八世紀多數知識份子對於人的理性和進步充滿信心，並以理性的態度質疑各種既有權威，如學術、教會和政府的權威，認爲政治和社會必須改革。我們可以舉一七八四年康德（Immanuel Kant, 1724-1804）的〈答「何謂啓蒙？」之問題〉爲代表做說明。[10]他認爲啓蒙是「人超脫於他自己招致的不成熟狀態」；不成熟狀態是由於人的自我限制，不敢自信地運用與生俱來的理性，而依賴權威。所以人應該勇於運用自己的理智，人自身的主動及意志之要求才得以擺脫不成熟狀態。此外，康德也關注社會環境是否擁有自由，以及個人理性發展與社會秩序間的關係。沃斯通克拉夫特對於女性當前困境的看法受到啓蒙思想家影響，她指出女性自身的禮儀（manners）虛假造作，以及（男性）社會對待她們的禮儀，停留在封建社會的騎士風度，花言巧語不眞誠，卻逐漸腐化女性，使之順服於父權體制。[11]正是長久以來具有缺陷的教育沒有培養女性的理性和智識，讓女性不具備自主能力和道德決斷力，受人奴役。沃斯通克拉夫特強調社會環境應該給予女性更多公平正義，讓男女兩性的禮儀皆進行「革命」，[12]不應該再視女性爲家中的奴隸或財產，[13]人類社會才能夠眞正開始進步。

十八世紀的思想家一方面討論個人理性和自由，同時也關心社會秩序如何維持。在啓蒙思想家筆下，（男）人的理性得到充分的探討，而女性被放在什麼位置被討論？十八世紀出現許多女性教育書和行爲指南，教導女性知道自己生來具備的女性弱點和依賴性，進而如何去行自我尊重的舉止，遵守婦道（female propriety）。如英國啓蒙教育家葛雷戈里（John Gregory, 1724-1773）和佛戴思（James Fordyce, 1720-1796）皆強調女性應有的禮儀和身爲家庭主婦的重責，不宜參與公共活動，如政治和商業活動，或公開討論哲學和科學。[14]更如十八世紀探討教育和人性的經典《愛彌兒》中，盧梭（Jean-Jacques Rousseau, 1712-1778）主張男孩有權利去探索他本來的特質和潛力，在不同年齡給予不同的適性教育，俾能讓孩童成爲社會中的公民。女性在發展天性時，由於女性是因應男性而生的創造物，並非獨立主體，其體能和心智有限，應當在家中扮演好女兒、妻子和母親等角色，職責在取悅男性和教育下一代成爲良好公民。也就是說，女性的影響力不可以踰越家庭範圍。

然而，十八世紀英國已是商業社會，各種消費空間（圖書館、書店、劇院、商店、出版市場等）提供女性出現和發聲的機會，女性小說家、詩人、劇作家、教師、翻譯者大量出現且受到市場歡迎，都標示女性社會地位在變化。此現象引發男性知識份子焦慮，害怕商業社會發展，帶動奢華風氣（奢華被認爲屬於陰性、女性特質），也帶動女性地位上升，形成女性化的社會，讓國力衰落。因此，我們也不可忽略，十八世紀中葉以後保守知識份子不斷地強調傳統社會秩序（上下階級秩序或男主外女主內），正反映出當時社會對於女性地位提升與文化變化的焦慮。

（二）《爲女權辯護》與法國大革命

一七八九年夏，法國大革命爆發，高喊自由與人權之理想，英國激進份子也執筆支持法國革命，要求英國國會進行改革。他們認爲一七八九年後的法國快速體現了啓蒙運動以來天賦人權的理想，人們不論階級、性別與國籍都將擁有自由和人權。英國保守派政治家柏克（Edmund Burke, 1729-1797）在一七九〇年十一月一日出版《法國大革命的反思》，闡釋英國政治傳統與自由要義，批評法國大革命與支持法國革命的英國激進份子。[15]沃斯通克拉夫特於同月二十九日出版《爲人權辯護》，率先與柏克辯論人類文明發展和政治體制等議題，批評柏克所謂的社會秩序是社會不平等的結果，唯有基於自由和平等理念，建立保護所有人自然權利與公民權利的政治制度，眞文明才得以建立。

不過，一七九〇年代法國政治局勢的快速變化，政府組織、法律、經濟和政治政策幾經改變，國際關係惡化，社會騷動不安，而法國女性在一七九一年全部被排除在積極公民（positive citizens，擁有政治權）身分外。法國新政府新理念幾番破局，英國激進份子的政治理想並未在法國革命進程中落實，迫使英國激進份子重新檢視自身政治理念，做出回應與辯護。《爲女權辯護》的序言即是沃斯通克拉夫特致信給法國政治人物德塔列朗—佩里戈爾（Charles Maurice de Talleyrand-Périgord, 1754-1838），不滿他在法國國民會議的報告中所提出的國民教育——爲了強化男主外女主內秩序，女性只宜家庭教育，不宜處理公共事務。沃斯通克拉夫特也因此著書爲女性受教權和公民權而辯。

（三）《爲女權辯護》與英國異議教派信仰

儘管十八世紀歐洲不再處於羅馬天主教會龐大且一統勢力之下，各國教會的政治力量也持續下降，此時期的歐洲仍是基督教社會。在英國，許多非英國國教的新教異議教派林立，神學內容也各異。故沃斯通克拉夫特的宗教與世界觀也不可忽略；她對人性和政治社會的看法、共和理論的支持都是奠基在信仰之上。她名義上屬於英國國教，但其思想的形成和理性異議教派（rational dissent）關係密切，深受到普萊斯（Richard Price, 1723-1791）、普斯利（Joseph Priestley, 1733-1804）等牧師學者影響，她終身往來的友人，也多半屬於此教派，如激進派書刊重要發行人詹森（Joseph Johnson, 1738-1809）。理性異議教派訴諸理性和聖經，而非傳統體制的階級權威，反對原罪論，也否定三位一體（trinity），強調神位一體（unity）和耶穌的人性。所以此教派反對英國國教的階級體制，和國教與政府間的財政依存關係，也屢次推動國會改革（選舉方式與席次分配問題）、支持廢奴和女性教育問題。

沃斯通克拉夫特認爲，全能且理性的神創造了人類，其創造物（無論種族和性別）也具備理性潛力且擁有自然權利，故所有人皆生而平等，人造的政治體制也不應破壞自然權利。此種政治和社會關懷促使沃斯通克拉夫特在《爲人權辯護》中批判奴隸制度有違天賦人權，在《爲女權辯護》中也延續此論述方式，特別關注女性被壓迫議題。

三、《為女權辯護》的改革要義

沃斯通克拉夫特在書中先質問德塔列朗—佩里戈爾與幾位著名啓蒙教育家，男性一方面爲了自由、爲了自己能決定自我存在方式而戰，另一方面又自認爲女性著想，爲她安排最好生活方式，使女性屈服於男性的意志，失去主體性。如果男女都有共通人性，都具備理性的話，是什麼原因使得男性成爲決斷者？[16]

如同十八世紀知識份子，沃斯通克拉夫特相信權利與責任爲一體兩面。上天給予每個人理性和自然權利，所有人就有責任去運用自身的理性，使我們的內在更爲完善。而每一個人也應該獨立地做出道德判斷，不服膺神以外的任何主人。是以，她批評盧梭、葛雷戈里和佛戴思等啓蒙道德家免除女性這項責任，違背上天給予的理性天賦，教導女性不需發展理性、獨立自主，將女性轉爲依附性、符合婦道，並不再發展個人潛能。在這裡沃斯通克拉夫特批評了男性社會價值，也嚴厲批評了女性自身。人類社會若要發展出眞正、符合神意旨的文明，女性自身的禮儀與社會對待女性的禮儀，皆需要改革，一方面從教育著手，一方面從法律、文化和經濟政策上做改變。

沃斯通克拉夫特指出，女性也有權利接受與男性相同的基礎教育，享有相同的公民權利。她一再強調，性別差異是社會給予的、建構的，男女並非與生俱來陽剛（男性化）或陰柔（女性化）差異，女性是在具有嚴重缺陷的女性教育過程中被塑造成陰柔女性。[17]在十八世紀英國文化中，陽剛與力量、權威等意涵相關，也影射理性、眞誠和獨立自主，陰柔則是與陽剛相反的特質，如軟弱、順服、婉約、虛假。大部分知識份子認爲，陽剛是男性專屬的個性，而陰柔是女性特有的個性。故一個人若是陰柔、女性化，是帶有負面含意。沃斯通克拉夫特相信，若女性在公平的教育體制下，能夠改變社會建構的性別差異，能成爲理性、陽剛、具備男性化美德的人，有能力參與公眾事務，貢獻其力。[18]

在獨立和自由概念上，她也指出一項重要概念，女性唯有經濟獨立，才具備個人獨立的條件。[19]這也是她個人堅持成爲職業作家，率先做「新一類」（a new genus）的女性，即使同時代男女會嘲笑職業女性，她「不想再卑躬屈膝」，堅決執筆維生。[20]不過，此書中對於女性經濟自主、政治權利、女性在婚姻中的法律弱勢立場，皆點到爲止，有待日後發揮。

最後，沃斯通克拉夫特也將家庭帶入到政治論述範圍之內，檢視家庭內的專制和壓迫狀況，探討文明的素質。她從《爲人權辯護》到《爲女權辯護》，至人生最後一本出版著作，「家庭」都被置於政治改革與共和思想的核心議題。她在《爲女權辯護》中主張夫妻平權、彼此尊重，男性不再視妻女如奴隸或財物，而女性受理性教育，擁有公民權，經濟自主，同時善盡家中母職責任。如此，眞誠而理性的情感才會由此發展，否則，人長期生長在不正常的環境中，即使是暴政下的受害者，也可能變成施暴者。

四、沃斯通克拉夫特與女性主義

沃斯通克拉夫特是不是女性主義者？就歷史學者的視角來看，這是時代錯置的提問，因爲十九世紀中葉後才出現「女性主義者」（feminist）一詞。但是我認同沃斯通克拉夫特啓發了日後女性主義者。學界自一九七〇年代以來興起女性主義研究，以當今女性主義回頭審視沃斯通克拉夫特的性別概念，其思想時而遭受批評，如沃斯通克拉夫特在《爲女權辯護》中批判女性禮儀時，大篇幅針對女性自身如何改善（「厭女者」？），在強調人的權利和責任時，她始終認爲母職是女性責任（女性與私領域的必然連結？），另外她批評女性常被愛情所奴役，[21]反對耽溺於肉體歡愉的婚姻關係，認爲人應該自律，追求更昇華的、提升內在靈魂的感情，才是平等的友伴式婚姻（否定女性身體與性？）。不過，女性主義關乎個人如何去定義男女權力關係和如何在其社會落實兩性平等，個人與時代性。此外，寫作《爲女權辯護》時的沃斯通克拉夫特尚未經驗戀愛、母職與婚姻。日後她的寫作中，將繼續從社會層面討論政治和司法上的平等議題，關心女性經濟獨立、性自主和幼兒照護問題。她在經歷戀愛、成爲母親、爲情所困（甚至試圖自殺）、婚姻等歷程中，也隨時反思家庭與母職問題，肉體慾望與自律的分界，以及男女關係中如何展現平等的權力關係。她沒有最終答案，甚至痛苦地體會到，女性再強的意志，也未必能在最親密的男女權力關係中找到出路。

歸結而論，在十八世紀諸多關於自由的思想論著，沃斯通克拉夫特首先將女性的角色納入自由思想的脈絡中，也關注家庭中（私領域）的專制與壓迫，擴大了古典共和主義中對於「人」的論述和文明社會的討論。在她的論述中，吾人看到過去歷史中思想家所探討的人性與政治議題，帶有深根柢固的偏見和缺失。她一再強調，女男皆具備普遍人性，應該自己定義自己存在的價值與特性，生理的差別也不應侷限社會發展。

然而，一七九七年九月，沃斯通克拉夫特死於產後敗血症，得年三十八。在她的時代，她終究難以戰勝生理上對於女性發展的限制。[22]

徵引書目

Burke, Edmund. *Reflections on the Revolution in France* (1790). Edited by L. G. Mitchell. Oxford: Oxford University Press, 1999.

Fordyce, James. *Sermons to Young Women*. London, 1766.

Gisborne, Thomas. *An Enquiry into the Duties of the Female Sex*. London, 1797.

Godwin, William. *Memoirs of the Author of a Vindication of the Rights of Woman*. In *A Short Residence in Sweden, Norway and Denmark, and Memoirs of the Author of the Rights of Woman*. Edited by Richard Holmes. London: Penguin Books, 1987 [1798].

Gregory, John. *A Father's Legacy to His Daughters*.London, 1766.

Kant, Immanuel. *An Answer to the Question: What is Enlightenment?* (1784). London: Penguin, 2009.

Rousseau, Jean-Jacques.*Emile: or, On Education*(1762). Edited and translated by Christopher Kelly and Allan Bloom. Hanover, N.H.: Dartmouth College Press published by University Press of New England, 2010.

Wardle, Ralph M., ed. *Collected Letters of Mary Wollstonecraft*. Ithaca: Cornell University Press, 1979.

Wollstonecraft, Mary. *Thoughts on the Education of Daughters* (1787). Bristol: Thoemmes, 1995.

Wollstonecraft, Mary. *The Female Reader* (1789). In *The Works of Mary Wollstonecraft*.

Vol. 4. *Thoughts on the Education of Daughters; The Female Reader; Original Stories*; "Letters on the Management of Infants;" "Lessons." Edited by Jane Todd and Marilyn Butler. London: Pickering, 1989.

Wollstonecraft, Mary. *A Vindication of the Rights of Men* (1790). In *A Vindication of the Rights of Men; A Vindication of the Rights of Woman; An Historical and Moral View of the French Revolution*. Edited by Janet Todd. Oxford: Oxford University Press, 2008.

Wollstonecraft, Mary. *A Vindication of the Rights of Woman: An Authoritative Text Backgrounds and Contexts Criticism* (1792). Edited by Deidre Shauna Lynch. 3rd ed. New York; London: W. W. Norton, 2009.

Wollstonecraft, Mary. "Letter on the Present Character of the French Nation (1793)."In *The Works of Mary* Wollstonecraft.Vol. 6. *An Historical and Moral View of the French Revolution; Letters*. Edited by Jane Todd and Marilyn Butler. London: Pickering, 1989.

Wollstonecraft, Mary. *An History and Moral View of the Origin and Progress of the French Revolution; and the Effect It Has Produced in Europe*. London, 1794.

Wollstonecraft, Mary. *Letters Written During a Short Residence in Sweden, Norway, and Denmark* (1796). In *A Short Residence in Sweden, Norway and Denmark, and Memoirs of the Author of the Rights of Woman.*Edited by Richard Holmes. London: Penguin Books, 1987.

◆註解◆

[1] Mary Wollstonecraft to Everina Wollstonecraft, London, 7 November 1787, in *Collected Letters of Mary Wollstonecraft*, p. 165.

[2] Mary Wollstonecraft, *A Vindication of the Rights of Woman: An Authoritative Text Backgrounds and Contexts Criticism*, p. 55. 此書為本文所引用之版本。

[3] 例如《女教論》（*Thoughts on the Education of Daughters*, 1787），《女性讀者》（*The Female Reader*, 1789）和《真實生活的原創故事》（*Original Stories from Real Life; with Conversations Calculated to Regulate the Affections, and Form the Mind to Truth and Goodness*, 1788）。

[4] Mary Wollstonecraft, *A Vindication of the Rights of Men*, 1790.「Men」除了是男性外，也可指全人類。沃斯通克拉夫特在此書中與英國保守思想家柏克（Edmund Burke, 1729-1797）辯論人類文明發展和政治體制等議題，其中的the rights of men是全人類，無關特定性別。故雖然部分坊間將此書譯為《為男權辯護》，我認為將此書譯為《為人權辯護》，方合乎沃斯通克拉夫特本意。

[5] Mary Wollstonecraft, *A Vindication of the Rights of Woman*, 1792.本文所引用之版本為Mary Wollstonecraft, *A Vindication of the Rights of Woman: an Authoritative Text Backgrounds and Contexts Criticism.*

[6] 例如〈關於當今法國特性的一封信〉（"Letter on The Present Character of the French Nation," 1793），《法國大革命的起源與進展》（*An History and Moral View of the Origin and Progress of the French Revolution; and the Effect It Has Produced in Europe*, 1794）。

《瑞典，挪威和丹麥短居書簡》（*Letters Written During a Short Residence in Sweden, Norway, and Denmark*, 1796）。

[8] 《瑪麗：一篇小說》（*Mary: A Fiction*, 1788），和《瑪利亞：女性的受罰》（*Maria; or, the Wrongs of Woman*, 1798. 死前尚未完稿）。

[9] William Godwin, *Memoirs of the Author of a Vindication of the Rights of Woman*, in *A Short Residence in Sweden, Norway and Denmark, and Memoirs of the Author of the "Rights of Woman,"* P. 206.

[10] Immanuel Kant, "*An Answer to the Question: What is Enlightenment?*"

[11] 十八世紀所指的禮儀不盡然是個人的行為，往往是指社會和文化習俗的呈現。

【12】Mary Wollstonecraft, *A Vindication of the Rights of Woman*, p. 49, 202.

【13】Mary Wollstonecraft, *A Vindication of the Rights of Woman*, p. 40-41.

【14】十八世紀影響英國女性教育最深遠的幾部書，如一七六二年在倫敦出版的盧梭《愛彌兒》（Rousseau, *Émile*）的第五章，以及佛戴思《為年輕婦女證道詞》（James Fordyce, *Sermons to Young Women*, 1766），葛雷戈里《父親給女兒們的最終叮嚀》（John Gregory, *A Father's Legacy to His Daughters*, 1774）和吉斯本《女性職責探究》（Thomas Gisborne, *An Enquiry into the Duties of the Female Sex*, 1797）等著作。

【15】Edmund Burke, *Reflections on the Revolution in France*, 1790.

【16】Mary Wollstonecraft, *A Vindication of the Rights of Woman*, p. 7.

【17】在沃斯通克拉夫特看來，是錯誤的教育制度讓女性從「具有真情感的妻子」和「理性的母親」變得軟弱、依賴、感性，只懂得取悅人，而成為「誘人的情婦」。Mary Wollstonecraft, *A Vindication of the Rights of Woman*, p. 10, 124. 二十世紀女性主義先鋒西蒙波娃（Simone de Beauvoir）後來也主張，「女人不是生成的，而是形成的」（"one is not born, but rather becomes, a woman"）。

【18】Mary Wollstonecraft, *A Vindication of the Rights of Woman*, p. 11, 13, 40, 202. 沃斯通克拉夫特希望女性成為陽剛之人的論點，在二十世紀下半葉被部分女性主義者批評為厭女主義。不過，若將陽剛、陰柔詞彙意義放在十八世紀歷史情境下解讀，更能理解沃斯通克拉夫特的論點的時代性。

【19】Mary Wollstonecraft, *A Vindication of the Rights of Woman*, p. 158.

【20】1787年沃斯通克拉夫特寫給其妹愛芙林娜（Everina Wollstonecraft, 1765-1843）的信中提到要致力做新女性，自食其力，"Mary Wollstonecraft to Everina Wollstonecraft," London, 7 November 1787, *Collected Letters of Mary Wollstonecraft*, p. 164. 同時她寫給友人詹森的信中表明她「渴望多一點獨立」、「不想再卑躬屈膝！」，Mary Wollstonecraft, "Wollstonecraft to Joseph Johnson," Henley, 13 September 1787, *Collected Letters of Mary Wollstonecraft*, p. 159. 她決定執筆維生，她要「盡力去獲得獨立，並且使自己成為有用的人。」Mary Wollstonecraft, "Wollstonecraft to Johnson," [late 1789/ early 1790], *Collected Letters of Mary Wollstonecraft*, p. 186.

【21】Mary Wollstonecraft, *A Vindication of the Rights of Woman*, p. 36, 40, 67, 110.

【22】一七九七年八月，沃斯通克拉夫特產下次女瑪麗．沃斯通克拉夫特．高德溫（Mary Wollstonecraft

Godwin, 1797-1851），即日後的瑪麗·沃斯通克拉夫特·雪萊（Mary Wollstonecraft Shelley），《科學怪人》（*Frankenstein; or, The Modern Prometheus*）的作者。瑪麗·沃斯通克拉夫特·高德溫雖未與其母相處，始終堅持簽名中必須落下其母親的姓或縮寫W。

譯者前言

瑪麗・沃斯通克拉夫特於一七九二年寫作並出版了《爲女權辯護：關於政治及道德問題的批判》（*A Vindication of the Rights of Woman: with Strictures On Political and Moral Subjects*）一書。有人將之譽爲女權主義的開山之作，但也有人認爲是否應將此書歸於女權主義的範疇尚需斟酌。

其實，直到一八九○年代英語中才出現了我們現在所使用的「女權主義」（**feminism**）及「女權主義者」（**Feminist**）這兩個名詞。在之後的一百多年中，這兩個名詞逐漸被愈來愈多的人所知道和使用。無論在東方還是西方，它們所產生和傳播的年代，都是男性主導社會發展，且在很大程度上主宰女性命運的時代。「女權」主張的出現，挑戰了男性的權威，也因而像其他那些被壓迫群體的權利主張一樣，引起了既得利益者的強烈反對。其中很重要的一種手段就是爲這個主張貼上各種名不符實的標籤，透過歪曲其原本的含義，來阻止人們對它的接受和認同；例如將女權主義等同於「仇男主義」，或說女權主義者都是「想要爬到男人頭上的醜女」。

瑪麗寫作此書是在「女權」相關的名詞出現之前，我們可以也應當剝除掉當今人們對於「女權」的理解以及附著於其上的各種標籤，只就瑪麗所使用的「女權」含義（**the rights of woman**，意爲「女性的權利」）之下來閱讀和思考這本書。

瑪麗在此書中的評論幾乎涉及到了當時女性生活的每個方面，但她將最大篇幅的筆墨用在剖析社會上流行的性別偏見以及檢視女性所接受的教育這兩個問題上。她指出，社會爲男性和女性制定了不同的道德準則，並在此原則的指導之下只提供給女性殘缺而愚昧的教育。這種教育不但不能促進女性的發展，還扼殺了她們天賦的才能，讓女性作爲一個整體不可避免地在成年之後成爲孱弱而缺乏理性的人，從而使得她們沒有能力去爭取與男性平等的地位。在這樣的教育之下，因爲女性的表現低劣就認定她們生來便與才華和美德無緣是不公正的，因爲任何處在相似環境之下的人都會變爲像她們一樣的人。

從行文風格來看，瑪麗的這部作品眞摯而飽含激情，但卻絕不會被情緒所左右。相反的，她的論述邏輯清晰、排鋪得宜、文字質樸而流暢。所謂人如其文，我們不妨在這裡摘錄幾段瑪麗的文字，來爲她畫一幅小像。

在那個普遍認爲女性要依賴男性才能生存的年代，瑪麗在書中開宗明義地寫道：「我一向認爲自立是人生中所能擁有的最大福祉，是一切美德的基礎；即使我生活在一片貧瘠的不毛之地，哪怕我的其他欲望都無法滿足，我也要堅決捍衛我的獨立。」她這樣說，也這樣做。她靠開辦學校、從事編輯和寫作工作來維持自己與家人的生活。在與美國人吉伯特・伊姆利的感情關係中，她選擇放棄與自己的愛人締結婚約，因爲她的家庭經濟窘迫，如果他們結婚，伊姆利就要分擔她家的經濟壓力。瑪麗對於獨立的堅持與維護，由此可見一斑。

在探討女性與男性的關係時，瑪麗無意去仰視或俯視另一個性別，她說：「我對男性抱有一種平等的愛。男性的特權，無論是眞實的還是篡奪的，都無法令我低頭，除非他們的理性值得我的尊敬；而即使我順從，對象也是理性，而不是某一個人。」

這句話清晰地表明，至少在瑪麗這裡，「女權」與「仇男」是完全風馬牛不相及的兩個概念。事實上，女性的權利與任何「仇恨」都沒有關係，而是源自於一個人對理性的熱愛和對自我的尊重。

更爲難得的是，瑪麗身爲女性，可是她做此辯護並非僅僅出於對女性利益的考慮，她的目標在於推進整個社會文明獲得眞正的進步。因爲：「要求女性馴服的觀點，反過來也會作用於男性……男性屈從於上位者的權勢，以換取剎那的歡愉——女性不過做了和他們相同的事情。」推而論之，一個男性與女性平等相處的社會，也將會是一個大多數社會成員彼此之間關係更加平等的社會。

瑪麗在書中充分表達了對當時女性境遇的同情，也公允地指出了她們在性格、品德，以及身體素質等方面的不足。在她看來，要改變這樣的現狀，必須從改進兒童所接受的教育著手，因此她用了大量的篇幅來闡述她對於學校教育及家庭教育的觀點。在討論父母雙親教養孩子的分工問題時，她指出父親在孩子的成長中嚴重缺席，而母親則由於沒能接受完備的教育而不具備善盡教養後代責任所必需的能力，她說：「既然人們堅持認爲養育子女、爲下一代打下身心健康的基礎，是女性特有的責任，那麼讓她們變得無能而愚蠢，就是違背事實常理的……許多男士致力於培育馬匹，並且會親自過問馬廄的管理；但很奇怪的是，他們竟然會如此缺乏理性和情感，以致於認爲在照顧孩子上面花費任何心思都會降低他們的身分！」她所描述的情形，與中國傳統的嚴父慈母、男外女內的家庭教育模式何其相似。時至今日，傳統觀念已經遠不及過去根深蒂固，但是中國的父親和男性陪伴孩子成長的意願和程度，仍遠遠無法與母親和女性相提並論。

即便是那些參與到孩子教育中的父母，也並不一定就是合格的教導者，瑪麗評論說：「極少有父母會眞正與他們的孩子這樣講話：『在你能夠自己做出判斷之前，服從我對你是有好處的；……當你的心智達到成熟，你只需在我的意見與你自己的意見一致時，才服從它，或者更準確地說，是尊重它。』」可是直到現在，就在我們每個人的身邊，仍然有多少父母只因爲自己生養了孩子，就理所當然將他們的一生視作可以任由自己支配的財產！

在這些文字當中，我們看到了一位完全超前於其時代的天才，且她很多的觀點即使是在當下看來也全然不嫌落伍。這當然證明了瑪麗的才華與眼光都高蹈於世；可是，在另一方面這也顯示出，無論是在西方還是東方，女性所面臨處境並沒有本質上的差異，從過去到現在，也尚未發生根本性的變革。這也是爲什麼在兩個多世紀之後，我們仍然需要瑪麗和她的作品的原因。

其實此書之前在中國大陸已有數個全譯本和節譯本發行，其中不乏大家之作。前輩的版本多以忠於原著而見長，端莊嚴謹。可是在網際網路時代，時間日趨碎片化的背景之下，大部分讀者更加傾向於閱讀風格平易簡潔的文字。原書中大量酣暢淋漓的長句，在翻譯過後，若不加對其結構進行一定的調整，反而可能會給讀者的閱讀帶來一定的障礙。我們心中對於此書深有共鳴，希望它能夠盡可能的被看到，於是才有此次不揣冒昧的重譯經典。在翻譯的過程中，尤其是在處理原文中較爲複雜的句子結構和相對冷僻的典故俗語時，我們會盡可能調整爲更加貼近中文語言習慣的行文方式；我們也非常希望能夠聽到讀者及前輩們對這種嘗試的點評和建議。

人無完美，瑪麗與她的作品自然也有其侷限與偏頗的地方。何況我們與她之間還有兩個世紀的時光以及東西文化的鴻溝，當然更難免在某些觀點上會感覺有所隔閡，甚至是完全立場相左。但讀書有如交友，怎可能永遠都能言和意順、略無參商？也正是在那些與朋友、作者相互切磋琢磨的過程中，我們更加瞭解與堅定自己內心眞正的所思所想，也讓思維得以不斷發展和成長。

希望這本書能夠爲你帶來一些思考、一些溫暖、一些勇氣。

最後，感謝譯言古登堡計畫提供我們翻譯《爲女權辯護》一書的機會，感謝各位前輩編譯者的作品啓迪我們，感謝在翻譯的過程中給予我們幫助、鼓勵和督促的各位親朋好友，沒有大家就不會有我們的這一次嘗試。

本書譯者

二〇一四年四月

作者小傳

瑪麗・沃斯通克拉夫特生於一七五九年。她的父親行蹤不定，以致於人們難以確定她的出生地。不過，她認爲自己出生於倫敦或者埃平森林[1]，她在埃平森林度過了五歲以前的時光。瑪麗自幼即敏慧、善解人意、善於決斷。但暴君般的父親和懦弱的母親，給不了她任何良好的家庭薰陶。除了普通寄宿學校裡教的那些課程，她沒受過專門的文學教育。她在不到十六歲的時候，認識了牧師克雷爾先生和弗朗西絲・布拉德小姐[2]。弗朗西絲大她兩歲，很有品味，且在美術方面頗有見識，這似乎對她早期性格的形成產生了很大影響。十九歲時，瑪麗離開父母，去爲一位道森夫人作看護；直到兩年後她回家照顧病重的母親，才結束了這份工作。母親去世後，瑪麗永遠地離開了父親的家，搬去與弗朗西絲同住。這令她們更加親密，彼此深深依戀。一七八三年，她和弗朗西絲在紐因頓—格林[3]共同開辦了一所學校。她在這裡認識了普萊斯博士[4]，他們彼此十分敬慕和倚重對方。

據說瑪麗是出於慈善與博愛的動機才成爲一名教師的。教師的職責艱難且責任重大，她在工作中的表現證明了她是一位十分優秀的教師。她的朋友，同時也是助手弗朗西絲，婚後搬去了葡萄牙的里斯本，並在那裡因舊疾肺病而病逝。瑪麗十分牽掛弗朗西絲，於是將學校委託他人代管，前去葡萄牙照顧弗朗西絲度過最後的時光。這次出國開闊了瑪麗的眼界，就像楊格博士「爲納西莎偷得一方墓穴」[5]：雖然這之前她對宗教也並不偏執，但此行的經歷令她對盲目崇信以及偏執的宗教觀念的害處有了更多的瞭解。

回國後，瑪麗發現在她離開期間學校的境況因管理不善而一落千丈；加上早已有意獻身於文學，於是她下定決心開始職業作家生涯。倫敦出版商詹森早已仰慕瑪麗的寫作才華，兩人於一七八七年開始合作，但不清楚是哪一方先提出了邀約。此後三年，瑪麗積極從事文字工作，不過多是進行翻譯、編輯一類的工作，而非創作自己的作品。因爲失去摯友的打擊，這段時間瑪麗是在憂鬱的情緒下工作的。《瑪麗，一篇小說》（*Mary, a novel*）這部作品中的大量細節和情緒都取材於她與弗朗西絲的親密情誼，小說出版後，瑪麗的憂鬱程度更深了。

瑪麗的父親經濟狀況窘迫，所以她厲行節約，用自己的積蓄照顧弟妹，以免他們無以爲生。在很長一段時間裡，父親也仰賴她的資助，她甚至還設法照料一個孤兒。

從事翻譯和編輯工作的經歷，使得瑪麗能夠熟練地組織和表達思想，這些對於她日後的發展無疑是頗有益處的。瑪麗很快遇到了展現才華的機會：赫赫有名的伯克[6]發表了他著名的作品《對法國大革命的反思》。瑪麗熱愛自由，對這本在她看來是顛倒黑白的書大爲憤慨，於是寫下了對這部著作的最初的駁斥。瑪麗成功了，她的作品[7]雖然過於鋒芒畢露，攻擊對手毫不留情，但卻激情澎湃、極富感染力，伯克那些熱愛自由、思想開明的朋友雖然愛戴他，卻也因她對自由的侮辱感到不滿和厭惡。

據說瑪麗原本對自己的能力不太自信，但是這部作品受到了廣泛的歡迎，這讓她有機會透過他人的評價來認清自己的能力。不久，瑪麗吸收了讀者對前作的評語，開始進行新的創作[8]，她只用了六個星期就完成了這部作品。這一新作的功過，就留待每一位讀者自行判斷吧！總而言之，她獨自邁出了大膽的一步，爲人類中的半數進行辯護。無論是在化外之地還是文明社會，這半數的人都被社會習俗剝奪了她們本應擁有的尊嚴——她們作爲有理性的生命所應得的平等地位。新作揭穿了那些意在禁錮女性的花招，它們誘使女性容忍甚至愛上她們所禁受的奴役；這讓我們的女作家異常憤怒，她覺得忍受粗魯無情的壓迫都比忍受這些表面聲稱女性是驕傲、是造物的傑作，實則將她們貶低爲玩物、附屬品，及毫無價值的浮華虛假的殷勤好。這部作品遭受眾多非難，而且不出所料，瑪麗發現最大的敵意恰恰來自那些美麗柔媚的人們，即女性同胞中那些幼稚的、被寵壞的女人。

一七九二年，瑪麗搬到巴黎，認識了來自美國的吉伯特・伊姆利[9]。他們漸漸相互吸引並走到一起，但是沒有按照法律規定登記結婚。因爲締結婚約會令伊姆利與她分擔她自己家庭的經濟窘境，而瑪麗不願如此。不過她曾鄭重地考慮過訂婚，兩人還曾計畫移民美國，在那裡他們應該可以順利完婚。當時正是羅伯斯庇爾[10]恐怖專政時期，伊姆利離開巴黎去了阿弗爾[11]，瑪麗亦隨後前往。他們在那裡居住了一段時間，直到伊姆利藉口忙生意，又離開阿弗爾去了倫敦。他答應瑪麗很快會在巴黎與她重聚，然而他並沒有去巴黎。一七九五年，他讓瑪麗到倫敦去。此時瑪麗已有了一個女兒，並爲她取名弗朗西絲，以紀念早年的那段友誼。

瑪麗在去英國之前已經對她和伊姆利的感情有了不祥的預感。他對她的愛情即使尚未完全消散，也已然淡去。到英國後，瑪麗發現預感已不幸成爲現實。伊姆利的關心是如此形式化與勉強，讓她不可能覺察不到。即使他將自己的態度和心不在焉歸因於工作繁忙，瑪麗也看得出來他對她的愛情已經成爲過去。用瑪麗的話來說：「愛情，甜蜜的幻想！嚴苛的理性迫使我放棄，理性讓我看到感情已然無望，我只好學著滿足於理性本身帶來的愉悅。」瑪麗並未過多地表露她此時的悲痛，但從她曾經打算自殺的事實中我們不難對此窺見一斑。第一次伊姆利阻止了她，但她再次打算自殺，在泰晤士河投水。瑪麗投水後失去意識，然而還是被打撈上來並救活了。她用了兩年時間，嘗試各種辦法想挽回與伊姆利的感情，伊姆利也百般辯白與懺悔。最終，瑪麗決心放棄挽回伊姆利，並努力接受他不再和她的未來有任何聯繫的現實。瑪麗成功地做到了這一點，此後她曾與他有過一次私人會晤，那時她已不再爲此感到任何痛苦。

一七九六年，瑪麗與相識數年的威廉・戈德溫[12]感情升溫。戈德溫寫作了《政治正義》以及其他幾本在當時曾引發非議的著名作品。雖然他們在最初相識時並未一見鍾情，但這次重逢後卻開始惺惺相惜，不知不覺漸漸親密。用瑪麗的傳記作者的話來說，他們對彼此的摯愛是「愛情最爲純淨的形態，它在彼此的心靈中默契地生長著，最細緻入微的觀察者也察覺不到步調上的不同。一個性別沒有像傳統風俗所鼓勵的那樣採取主動，另一個性別也不曾逾越矜持高雅的嚴格尺度。在這段關係中，沒有主動與被動、獵人與獵物之分。並沒有誰刻意改變，但兩人間的距離自然而然就消失了。」

婚後僅僅數月，瑪麗產下一個女兒，這個孩子就是日後在文學界享有盛名的瑪麗・雪萊[13]，也就是珀西・比希・雪萊[14]的遺孀。瑪麗卻在產後不久就過世了。

我們無法不爲瑪麗的早逝感到痛惜，她那卓越的才華才剛嶄露鋒芒，她那熱烈的情感歷經曲折痛苦，才剛剛找到休憩之地；而她竟在此時逝去，思及此處怎不令人扼腕歎息！我們不禁揣想，若她不是在烏雲密布、壓力重重之時離去，若她能夠見證之後可能到來的勝利，那將會有多麼光明和寧謐，那該多好！然而，正是因爲她的早逝，我們更要探查這一悲劇發生的緣由。我們會明白：需要改變的，不是個人，而是社會；不是法令，而是公眾的觀念。

《爲女權辯護》的作者，生於一七五九年四月，卒於一七九七年九月。

這篇小傳中所述諸事，取自此書作者那悲痛的丈夫所撰寫的回憶錄，因此應當是確切可信的。他說了她許多好話（也未對她性格中的瑕疵避而不談），並在最後聲明說：「她是個可愛的人，一舉一動都有著最迷人的女性氣質」。

◆註解◆

【1】埃平森林（Epping Forest），位於倫敦東北方向。——譯注

【2】弗朗西絲．布拉德（Frances Blood），既牧師克雷爾先生（Mr. Clare）的女兒。——譯注

【3】紐因頓—格林（Newington Green），位於倫敦北部邊界地區。——譯注

【4】理查．普萊斯（Richard Price, 1723-1791），英國傑出的道德哲學家、財政專家，十八世紀啓蒙運動中最有影響力的人物之一，著有《關於道德的原則性問題的評論》（*Review of the Principal Questions in Morals*）等幾部頗有影響的作品，是美國革命和法國革命的熱情支持者。普萊斯是男性團體「合理的新教徒」的領導人之一，他激烈反對基督教關於原罪和永久懲罰的傳統觀念。身為國教徒的瑪麗被這些激進的言論深深吸引，在普萊斯的影響下經常參加他們組織的活動，並在普萊斯家中結識了包括自由出版人約瑟夫．詹森（Joseph Johnson）在內的一些其他主要激進派人士。詹森後來成為瑪麗的主要出版人。——譯注

【5】這裡是指瑪麗在安葬弗朗西絲時，也像楊格博士一樣體會到了宗教偏見帶來的困境。楊格博士，全名愛德華．楊格（Edward Young, 1681-1765），英國詩人，劇作家兼文藝評論家。他在幾年之內接連經受了失去愛妻、繼女和女婿的悲痛，在痛苦中完成了傳世詩作《哀怨，或關於生、死、永生的夜思》，簡稱《夜思錄》（*Night Thoughts*）。他的繼女伊莉莎白．李（Elizabeth Lee，即納西莎）作為一位新教徒，死後無法以傳統方式入葬，即楊格博士詩中所言「被群狗享有的慈善拒之門外」（Deny'd the charity of……their dogs enjoy）。楊格博士於是「懷著虔誠的褻瀆偷得一方墓穴」（With pious sacrilege a grave I stole），將她祕密埋葬在蒙彼利埃。——譯注

【6】艾德蒙．伯克（Edmund Burke, 1729-1797），愛爾蘭政治家、作家、演說家、政治理論家和哲學家。他最為後人所知的事蹟之一，是其對法國大革命的批判，見於《對法國大革命的反思》（*Reflections on the Revolution in France*）。他常被視為英美保守主義的奠基者。——譯注

【7】指本書作者於一七九〇年所著的《為人權辯護》（*A Vindication of the Rights of Men*）一書，該書熱情地歌頌了法國大革命，令她一舉成名。——譯注

【8】即本書。——譯注

【9】吉伯特．伊姆利（Gilbert Imlay, 1754-1828），美國商人、作家、外交官。他曾在肯塔基州做土地投機

生意，之後到美國駐法大使館工作，著有兩本書，是美國最早期的作家之一。——譯注

[10] 羅伯斯庇爾（Maximilien François Marie Isidore de Robespierre, 1758-1794），法國大革命時期的重要領導人物，雅各賓派（Jacobins，參加雅各賓俱樂部的政治團體，成員大多數是小業主，主張激進）政府的實際首腦之一。羅伯斯庇爾恐怖專政，是指一七九三年九月至一七九四年七月間，由羅伯斯庇爾領導的雅各賓派在統治法國期間實行恐怖政策，將當政者認為有嫌疑的「反革命者」全都送上斷頭臺，有數千無辜者因此而被殘忍殺害。一七九四年七月，熱月政變爆發，羅伯斯庇爾被斬首，雅各賓專政結束。——譯注

[11] 阿弗爾（Le Havre），法國著名港口城市，位於塞納河口，距巴黎約二百公里。——譯注

[12] 威廉・戈德溫（William Godwin, 1756-1836），英國記者、哲學家、小說家。戈德溫被認為是功利主義的最早闡釋者之一以及無政府主義的提出者之一。他在《政治正義》（*Political Justice*）一書中，將各種社會問題都歸罪於婚姻和財產這一類制度安排。——譯注

[13] 瑪麗・雪萊（Mary Shelley，原名Mary Wollstonecraft Godwin, 1797-1851），英國著名小說家、劇作家、隨筆作家、傳記作家及遊記作家。她因於一八一八年創作《弗蘭肯斯坦》（*Frankenstein*）（或譯《科學怪人》），而被譽為科幻小說之母。——譯注

[14] 珀西・比希・雪萊（Percy Bysshe Shelley, 1792-1822），著名的英國浪漫主義詩人，被認為是歷史上最出色的英語詩人之一。——譯注

序言

致前奧頓主教德塔列朗—佩里戈爾的一封信[1]

先生：

我非常愉快地閱讀了您最近發表的那本關於國民教育的小冊子。這是我第一次寫獻詞，謹將拙作敬獻於您，希望能獲得您的關注。因爲我認爲您能夠理解我，不像那些自以爲是的無禮之徒，他們只會用嘲笑來掩飾自己對問題的無知。而先生，我對您的理解的重視還不止如此呢：我深信您不至於因爲您的看法與我不同，就將拙作扔在一邊，並草草做出結論說我錯了。請原諒我的直白，但我不得不說，您處理這個問題的方式，與之前的人們一樣，都太過於草率了——在他們那時候，別說是女性的權利，就連男性的權利也被當作是異想天開而飽受踐踏。因此，我出於堅定的人道主義立場，呼籲您考慮我所提出的、關於女性權利和國民教育的問題。先生，因爲我的論證，是出於無私；我做此辯護是爲了所有女性，而非我個人。我一向認爲自立是人生中所能擁有的最大福祉，是一切美德的基礎；即使我生活在一片貧瘠的不毛之地，哪怕我的其他欲望都無法滿足，我也要堅決捍衛我的獨立。

對全體人類的愛，驅使我振筆疾書，去讚頌我心目中的美德之源。也是出於同樣的動機，我眞切地希望能夠看到女性獲得應有的地位，從而讓她們能夠促進而非阻礙那些作爲道德要義的崇高原則的發展傳播。事實上，我對女性權利和義務的見解，也許就是自然而然地從這些基本的原則中產生出來的。所以我認爲，您和其他那些能夠草擬出這可敬的憲法的開明頭腦，是不會與我意見相左的。

在法國，知識的普及程度無疑勝過歐洲其他任何地方。我認爲這在很大程度上應當歸功於那種由來已久的兩性之間的社交傳統。我要坦率地說出我的感受，眞實的情況是：在法國，酒色之徒深得聲色犬馬之精髓，人們都在衝動之下依欲望行事，再加上政府與民間組織所奉行的那種表裡不一的行爲規則，導致法國人的性格裡有一種可怕的精明，他們很恰當地稱之爲「手腕」；這種手腕自然會造就繁文縟節盛行的風氣，令眞誠的言行不復存在、優雅的禮儀有名無實。而美德最適宜的表現形式——端莊的儀態，在法國甚至比在英國更加受到蔑視，以致於法國女性把動物都能憑本能表現出來的那一點兒端莊都當作是假正經。

禮儀和道德的關係如此密切，以至於它們常被人混淆。雖然禮儀只是美德自然流露的結果，但人們由於種種原因而在年紀輕輕的時候就變得虛僞墮落，道德在他們身上成了空話。克己持重、注重家庭生活的整潔雅致，是端莊的殿堂裡的優美支柱；法國女性對此卻幾乎是鄙視的。但是，假如她們的胸中燃燒著對法國的純潔熱愛，那她們就不僅不會鄙視這些美德，反而會致力於提升同胞的道德：她們會教育男性，不僅要尊重女性的端莊，同時自己也要成爲端莊的人，並將之作爲得到女性尊敬的唯一方式。

我主張女性權利的主要論據，建立在一個簡單原則之上：假如女性不能接受教育，準備好成爲男性的平等伴侶，那麼人類的知識進步就會停滯；因爲眞理必須適用於所有人，否則它就失去了在普遍實踐中的意義。而且，如果女性不明白爲什麼應該具備美德；如果她們不是作爲獨立的人，沒有使自己的理性強大起來，以便她們可以理解自己的職責，並瞭解責任是如何關係到她們的根本利益的話，我們又怎麼能期望她們會與男性一起去追求美德呢？若想教育孩子們理解愛國主義的眞義，他們的母親必須是一個愛國者；而對人類的愛（這是一系列美德的泉源），只能來自對人類道德和公民利益的深思熟慮；但是現在，女性的教育和處境都使得她們與這種洞見無緣。

在拙作中我提出了很多我認爲足以令人信服的論據，用以證明目前流行的、關於女性角色的觀念是有悖於道德的。我一直主張，要使人的身心更健全，就必須要使得忠貞的觀念被社會更爲廣泛地接受。除非男性不再像現在這樣推崇虛有其表的女性，除非女性具備了美德與智識，從而表現出精神上的美好以及淳樸動人的感情，否則忠貞在男性群體中將永遠無法得到重視。

先生，請您平心靜氣考慮一下這些意見，因爲當您評論說「我看到人類的一半被另一半排除在一切政治活動之外，理論上來說，這是一個令人費解的政治現象」[2]的時候，您幾乎已經觸及到了這個眞理。如果是這樣的話，那麼你們的憲法是以什麼爲依據的呢？假如男性作爲「人」的抽象權利能夠被討論和闡釋，那麼基於同樣的理由，我們也不必害怕同樣地去檢視女性的抽象權利——雖然當下這個國家流行的觀點與此不同，他們和您都用成規慣例來證明女性受到壓迫是合理的。

我向作爲立法者的您請求，請您考慮這個問題：雖然您篤信自己是按照最能增進婦女幸福的方式來行事的，但是，當男性可以爲他們的自由而鬥爭、在關於其自身幸福的問題上能夠自行作出判斷的時候，壓制女性是不是會令您自相矛盾以及有失公平呢？假如女性和男性一樣擁有天賦的理性，是誰規定了男性才是唯一有權做決斷的人呢？

所有的專制者們，從昏庸的國王到昏庸的一家之主，都用這種論調爲自己的專制辯護：他們都熱衷於扼殺理性，卻又總是聲稱那是爲了別人好。當您拒絕承認女性擁有公民權利和政治權利，迫使全體女性困守在家庭之中、在黑暗中摸索的時候，您不是也在扮演著同樣的角色嗎？先生，您肯定不會認爲，一種不以理性爲基礎的義務是有約束力的吧？如果困守於家庭眞的是女性的宿命，那也應該用理性來證明它。而理性已經嚴正證明了：女性獲得的理性愈多，就愈能夠理解她們的義務、善盡她們的責任。這是因爲，任何威權都不能使她們懷著美德去盡義務，除非她們能夠理解這種義務、除非她們的道德和男性的道德維繫於同樣的、不朽的原則。儘管她們也可以成爲得力的奴隸，但是奴隸制度只會產生一個結果：讓主人和可悲的依附者一同趨於墮落。

但是，如果女性在毫無發言權的情況下，被剝奪了天賦的人權，那麼爲了避免新憲法被認爲爲是不公平的以及自相矛盾的，請您首先證明女性是缺乏理性的；否則你們的新憲法——第一部基於理性的憲法——中的這個汙點，將一直證明男性一定要以某種形式如暴君一般地行事。而專制暴政，無論出現在社會的哪個角落，都只會是對道德的破壞。

我反覆主張、並且用我認爲是無可辯駁的事實論據來證明的一點就是：不應當強迫性的將女性限制在家務上。因爲無論她們多麼無知，都會插手到比家務更爲重要的事務當中去；而一旦基於理性的合理計畫超出了她們的理解範圍，她們就會無視個人的職責，用狡猾的小把戲去破壞它。

而且，在女性只能學習各種個人才藝的時候，男性卻能尋求各式各樣的享受，於是不忠的丈夫造就了不忠的妻子。這些無知的女性，既沒有接受過要尊重公眾利益的教育，又不能擁有任何公民權利，若她們試圖用報復的手段爲自己尋求公正，實在也是情有可原。

這個社會的災厄之盒就這樣被打開了。而我們又拿什麼來保護個人的美德呢？而這正是公眾自由和普世幸福的唯一保障。

那就讓壓迫無法繼續在社會上立足，使兩性能夠在普遍的自然法則下適得其所。而且，如果你們以更加公正的法律去規範公民，那麼他們的婚姻也將會變得更加神聖。你們的年輕男性將能夠出於愛情的動機選擇妻子，你們的年輕女性也會因爲眞正的愛情而不再虛榮。

這樣的話，一個家庭中的父親不會再因嫖妓而傷身敗德，也不會一味地順從情欲的召喚，卻忘記人之所以會有情欲的根本原因；而母親也不會忽視她的兒女，只顧賣弄風情，因爲理性和端莊會讓她得到丈夫的情誼。

除非男性開始重視父親的義務，否則期望「識時務」[3]的女性將對鏡梳妝的時間用到教養子女上是不切實際的。因爲女性使出這點狡猾手段只是一種自然的本能，好讓她們能間接得回一點點她們那份被剝奪的權力——如果女性不被允許享有合法的權利，她們就只能尋求非法的特權，從而使男性和她們自己都陷入邪惡的境地。

我的心願是：先生，您能在法國進行一些對這類問題的調查研究。如果這些研究能夠證實我的理念，如果我們充分證明了尊重女性權利是理性的要求、我們應當爲人

類的這一半高聲疾呼公平正義的話，那麼當你們為憲法進行修訂的時候，女性的權利就該得到尊重。此致，

敬禮！

瑪麗・沃斯通克拉夫特

◆註解◆

【1】夏爾・莫里斯・德塔列朗—佩里戈爾（Charles Maurice de Talleyrand-Périgord, 1754-1838），法國貴族，在舊政權下曾任奧頓主教。法國大革命中，他主張把三級會議改為國民議會，傾向第三等級，提議沒收教會財產，並獲任國民制憲議會主席。在法國政治風雲變幻莫測的幾十年裡，他以過人的政治手腕，保有高官厚祿。從十八世紀末到十九世紀三〇年代，曾在連續六屆法國政府中擔任外交部長、外交大臣乃至總理大臣的職務。瑪麗此信應寫於法國大革命時期，德塔列朗擔任國民制憲議會主席期間，是為了回應其在教育問題上對女性的輕視。——譯注

【2】參見德塔列朗—佩里戈爾在一七九一年法國制憲會議上發表的《公共教育報告》，即本章第一段中所提到的小冊子。德塔列朗—佩里戈爾在報告中提出，女性只應接受家庭教育。引文見原書第一一八頁。——譯注

【3】參見《路加福音》16:8。——譯注

目次

前　言

我焦慮不安地研究了歷史記載和世界的現狀，感到憂鬱、悲憤而沮喪。我感慨萬千但卻必須承認：要麼是造物主使人如此生而不同，要麼是我們這個世界當前所發展出來的文明異常地不公。我閱讀各種討論教育問題的書籍，悉心觀察父母的行爲與學校的管理情況。我得出了什麼結論？——我深信，對於我的女性同胞教育的忽視是造成這種令我悲嘆的不幸的重要原因；尤其是我們基於一些草率的結論而做出的種種言行，讓女性變得軟弱可悲。事實上，女性的行爲舉止已經清楚地表明，她們的思維並不健康。她們就像是在過於肥沃的土壤裡培育出來的花木一樣，生命的力量和實用的價值都遜色於外表的美麗。那些絢麗的枝葉，在愉悅了挑剔的觀者之後，在遠沒有到達正常的成熟時節之前，便已凋謝因而被冷落漠視。我認爲，錯誤的教育體系是導致女性這種華而不實狀態的原因之一。這個體系建立在一系列由男性所撰寫的相關書籍之上，這些作者視女性爲女人而非獨立的人，樂於看到她們成爲迷人的情人而非深情的妻子和睿智的母親。他們推崇這種華而不實的狀態，蒙蔽了女性的心智，以致於現代的文明女性，除了少數例外，大多都只顧著激起男性的愛慕；而她們本來應該懷有更高尚的理想，並且因能力和美德而贏得尊重。

因此，在討論女性權利和行爲的著作中，那些專爲女性的進步所著的作品是不可忽視的。尤其是有些作品直言不諱地指出：矯揉造作的行爲讓女性意志薄弱；而男性菁英們所撰寫的教科書則帶有和那些等而下之的作品同樣的傾向：按照正統的伊斯蘭風俗，女性僅僅被當成是雌性生物，而非人類的一部分，同時性別之間細微的不同被誇大爲本質性的差異，藉此將男性抬高到眾生之上，再往他軟弱的手裡塞上一把所謂的「天賦的權杖」。

雖然，作爲一名女性，我並不想讓讀者認爲我有意熱議諸如女性的平等地位或女性低人一等的地位這一類充滿爭議的問題；但是，問題已經擺在我的面前，我不能忽略它，那會讓人誤解我的主要思想。因此，我稍停片刻，簡要說明我對這個問題的觀點。在物質世界的體系裡，總體來說，可以看到雌性在體力上相對於雄性處於劣勢。雄性追逐，雌性臣服，這是自然的法則；這個法則看來不會爲了讓境況變得對女性有利而被中止或廢除。雄性在體格上的優勢無可否認，這是天賦於男性的高貴特權！但是男性並不滿足於這種優勢，他們還想把我們女性貶抑得更低，讓我們僅僅成爲曇花一現的玩物；而女性，被男性出於肉欲的崇拜愛慕沖昏了頭腦，並不去追尋在他們心中獲得永久的地位，或者成爲他們樂於交往的朋友。

我注意到一種顯而易見的觀點：我時刻都能聽到反對擁有男子氣概的女性的呼聲。但是要到哪裡去找這樣的女性呢？如果男性是打著這個旗號去攻擊她們對於狩獵、射擊和賭博的熱情，我會熱忱地與他們一道呼籲；但是，如果這是爲了反對她們模仿有男子氣概的美德，或者更確切地說，爲了反對女性透過練習獲得那些能夠令人類品行更加高貴的才能和品德，反對她們因此成爲更高尚的生物、作爲一個群體更配得上被稱爲是人類的話——那麼我想，凡是以冷靜的眼光來看待這件事的人，一定會和我一樣，希望她們能夠日益富於男子氣概。

討論至此，問題自然分化為兩個方面。首先，我在考慮問題的時候要將女性當作是高貴的人，認為她們和男性一樣，來到這個世界是為了展現她們的才能；然後，我要更具體地指出她們所獨有的使命。

我希望可以避免許多可敬的作家都曾犯過的一個錯誤：除了散落在《桑福德和莫頓》[1]一書中少數的隱晦建議外，對於女性的指導多是針對於貴族女性的。但是我要堅定地告訴女性同胞，我更注重中產階級的女性，因為她們顯現出了最接近自然的本色狀態。也許那些矯揉造作、放蕩虛榮的種子就是由貴族所播下的。軟弱造作的人們渴求超越人類正常所需的物質和感情，他們那過早成熟且違背自然的成長方式敗壞了最基本的道德，向整個社會傳播著墮落的風氣。貴族女性是人類之中最值得憐憫的一個群體！貴族教育讓她們變得空虛無助，成長中的心靈由於缺乏對那些賦予人類尊嚴的職責的踐行，而無法變得堅強。她們活著只為了享樂，而自然的法則是，種瓜得瓜種豆得豆，於是她們很快就只能享受空洞乏味的樂趣了。

總之，我的計畫就是要對社會各個階層女性的道德素養逐一進行考察。作為提示，現在先說到這裡就夠了；而這裡也只是先把問題提出來，因為在我看來，前言的要義就是對作品的內容先做一個粗略的介紹。

我希望，女性同胞們可以原諒我把她們當作是有理性的生物，而沒有恭維她們「迷人的優雅」，也不認為她們會一直像孩子一樣無法獨立。我想真誠說明什麼是人類真正的尊嚴和幸福，我希望說服女性去爭取身心兩方面的力量，想要使她們明白：言語纏綿、多愁善感、趣味高雅幾乎是軟弱的同義詞；而一個僅僅是被人憐憫的對象，她所享有的因憐憫而生的所謂愛慕，很快就會變成輕蔑。

因此，我不願使用高人一等的男性爲了培養女性的奴性依賴而使用的那些美妙說詞。並且我鄙視那些被假想成是女性特質的性格特徵，比如「軟弱而優雅的心靈」、「極度的敏感」和「甜美溫順的舉止」。我希望告訴大家品德比優雅更重要，無論對於男性還是女性，最值得讚美的追求都是獲得成爲一個「人」所需要的素養，對其他次要問題的考慮也都應遵循這個簡單的衡量標準。

以上就是我寫作計畫的梗概。我一想到這個問題就會產生一種強烈的情感，如果我在表述理念的時候總是帶有這種情感的話，一些讀者也許會覺得我是在講述個人經歷和感想。我對自己將要論述的重要問題躍躍欲試，不打算花費時間去斟酌詞彙或者修飾文風，我的目的是寫一本眞正有用的書，眞誠將會補償文句質樸的不足。我更希望透過論證的力量來說服讀者，而不是讓他們迷醉於典雅的詞藻；所以我不會在雕琢文字上浪費時間，或者編造冗長而矯情的浮誇之詞，這些腦子裡編造出的東西永遠無法觸動心靈。我要闡述事實，而不是堆砌文字！同時，我迫切希望女性可以成爲更加值得尊敬的社會成員，因此我會盡力避免使用那些漸漸從散文擴散到小說、再從小說進入到日常書信及談話中的華麗詞藻。

這些信口說出來的漂亮的恭維話，這些對於眞正的靈性之美的扭曲誇張，損害了人們的鑑別力，並且製造出一種背離淳樸眞理的病態美。人們被虛僞的情感和誇張的情緒所包圍，他們內心的自然情感受到了壓制，家庭之樂也顯得枯燥無趣。而家庭之樂本是可以令那些培育理性和不朽的靈魂、引導人們追求更崇高事業的職責變得甜美的。

近來，雖然女性的教育已經得到了比以前更多的重視；但是她們仍然被當成是微不足道的人。連那些想要幫助女性進步的作家，也在用諷刺作品嘲笑她們，或是用說教來表達對她們的憐憫。眾所周知，她們把青少年時光都用在了學習粗淺的才藝上，卻放棄了發展身體與心靈的力量。她們這樣做既是爲了迎合那些關於美貌的輕浮觀點，也是爲了滿足她們透過婚姻穩固自身地位的願望，因爲婚姻是她們提升自己地位的唯一方法。這種欲望讓她們墮落至與禽獸無異的境地。婚後，她們表現得就像孩子。她們梳妝打扮、被愛稱爲是「造物主的傑作」[2]。這些軟弱的人只能成爲別人的玩物！她們能夠掌理好一個家庭，或者照顧好那些被她們帶來人世的可憐嬰兒嗎？

時下，貪圖享樂取代了那些可以擴展靈魂的雄心壯志和更爲高尚的激情；由此以及當今女性的行爲，可以得出結論：在一個文明的社會裡，女性所受的教育只是要讓她們變成無足輕重的玩物，只是在培養傻瓜！如果我們可以證明，要求女性有所成就卻不去培養她們的理性，她們便無法履行職責，而在短暫的青春美貌消失之後[3]，她們會變成無用的可笑之人；那麼我認爲有理性的人都會原諒我試圖讓女性變得更加男性化、更加值得尊敬。

實際上，「男性化」不過是個嚇唬人的字眼罷了。擔心女性會變得過於勇敢堅毅實在沒什麼必要；她們的體力明顯不如男性，這在某種程度上令她們必須在生活中對男性多有依賴。可是有什麼理由還要以偏見來加強女性的劣勢？爲什麼要讓道德有性別之分？爲什麼要意圖將質樸的眞理與充滿肉欲的幻想混爲一談？

事實上，那種所謂的「女性美德」的說法其實是對女性的過分貶低。我認爲，正是人爲造成女性的軟弱催生了她們霸道的習性，這並非自相矛盾：軟弱讓她們變得狡詐（而狡詐正是力量的天敵），於是她們扮出一副可恥的孩子氣，可這無法幫她們得到別人的尊重，反而讓她們淪爲他人欲望的對象。其實我們無需故意製造這種偏見，女性也自會安於她們的從屬地位，而且會表現得比現在更加値得尊重。同時也讓男性成爲更加正派與謙遜的人吧，如果女性不能與他們一樣變得更有智慧，那才說明她們是眞的缺乏理性。

幾乎不必說，我現在所討論的是女性的總體。有許多女性比她們的男性親屬更有見識；在夫妻關係中，除非是兩人不斷爭鬥而保持均勢，否則情勢自然會向強勢的一方傾斜。在有些家庭中，是女性支配著自己的丈夫，她們的人格並沒有遭到貶低；因爲，有智慧的人總會支配他人。

◆註解◆

【1】英國作家湯瑪斯・戴（Thomas Day, 1748-1789）所撰寫的一本兒童讀物。主要描寫一個驕縱而一無是處的富家子弟，在機緣巧合之下向農夫之子學習並改過自新的故事。作者出身於牛津及中殿法學院，畢生致力於道德與社會的改革運動。——譯注

【2】參見莎士比亞的著名作品《哈姆雷特》第三幕，第一場。在這一場中，哈姆雷特王子在瘋狂中對戀人奧菲利婭說：「我也知道你們會如何地擦脂抹粉；上帝給了你們一張臉，你們又替自己另外造了一張。你們煙視媚行，淫聲浪氣，替上帝造下的生物亂取名字，賣弄你們不懂事的風騷。」——譯注

【3】有一位風趣的作家（我不記得他的名字了）曾問過，女人們在四十歲以後還有什麼事可做。

第一章　論人類的權利和義務

當今的社會現實，讓我們有必要重溫追求最爲質樸的眞理時所需遵循的基本原則，以對抗那些隨處可見的強大偏見。作爲準備，我先問幾個簡單的問題。這些問題的答案本來有如作爲人類思考之基石的公理一般不言自明；不過，一旦涉及到具體的行爲動機，人們言行便會公然地與此相背離。

人類何以超拔於禽獸？答案就像一個大於半個一樣顯而易見：因爲人有理性。一個人因何而卓然於世人？我們不假思索地回答：因爲此人具備美德。人類爲何會具有激情？經驗告訴我們：在與欲望抗爭的過程中人類能夠收穫知識，這是禽獸所不能。

所以說，理性、美德與知識的多少，決定了人們本性的完善程度與謀求幸福的能力，也區分開了每個人、指引著規範社會的法律。知識與美德是在一個人踐行理性的過程中自然而然產生的；將人類視爲一個總體來看，這一點也同樣無可爭議。

在對人類的權利和義務進行簡要的說明之後，我們似乎沒有必要再試著去闡明這些看來無可爭議的眞理。然而仍有一些根深蒂固的偏見使理性蒙塵，種種虛僞的表象仍在冒用美德之名，各種偶然事件常常使得人們的理性變得混亂甚而被引入歧途；因此我們有必要釐清事實，辨清質樸的眞理與偶然的例外。

人們常常被偏見所蒙蔽，並且自己也無從追溯是從何時開始。他們不但沒有用自己的理性去根除這些偏見，反而還要爲它們辯護。因爲要堅持自己的原則，需要堅強的意志；所以當需要克服偏見的時候，許多人因爲意志軟弱，而臨陣退縮或半途而廢。我們就這樣接受了偏見，它們通常看似有理，其實只是基於片面和狹隘的觀點而得來。

讓我們回到基本原則上來。偏見先天即有缺陷，卻善於粉飾狡辯。可是那些思想淺薄的人們總認爲不需花太多精力去識別偏見，還聲稱這些本質腐朽的觀點能夠有助於思考。偏見就這樣作爲可以便利思考的手段而不斷地與基本原則相提並論，似是而非地冒用了基本原則之名，直到眞理迷失於模糊的言辭、美德流於形式、知識讓位於浮華的虛無。

幾乎所有有理性的人都堅信，社會在理論上是按照最明智的方式組織起來的，並且根植於人類的本性之上；以致於試圖找到證據來證明它的行爲看起來都是在冒犯大家。但我們還是必須證明它，否則理性就無法戰勝偏見的成規。而我們每天都在看這些偏見不斷地在侵蝕常識，它想證明剝奪男性（或女性）與生俱來的權利是合理的。

歐洲大眾的文明並不完善，不僅如此，我們的文明還有這樣一個問題：人們以天眞本性和自由爲代價換回來的東西，是否包含著一些美德，能夠補償他們爲了粉飾自己的無知而做出的愚行所帶來的痛苦、能夠值得他們忍受形式精巧而隱蔽的奴役？人們心目中的最高成就，就是過富人的光鮮生活、享受被奉承拍馬的樂趣以及進行其他種種卑劣的自利之舉；自由則淪爲僞愛國主義者用來自我標榜的便利工具。地位與頭銜的重要性被無限地放大，這令才華卓越的人「不得不低下他們相形見絀的頭顱」[1]。除了少數例外，有才能的人因爲沒有地位與財產而專注於博取名位，這是國家的不幸。一個默默無聞的冒險家渴望與王公貴族分庭抗禮、嚮往三重冠[2]下的名位，在他爭得權位的過程中，會有多少人在承受著前所未有的痛苦啊。

這其實就是身分、財產與權力世襲制的惡果，幾乎所有那些有洞察力的人在爲世襲制的合理性進行辯護時，說的都是褻瀆上帝的惡言。照他們的說法，造物主創造了人類，但之後人類卻不再聽命於祂，他們違背天命去盜取天宮的理性之火；神爲了懲罰人類的冒犯，便將罪惡隱藏在這星星之火中，傳遍世間。

盧梭[3]就相信這種是神意讓人間充滿痛苦與無序的觀點；可是他也受不了再和矯揉造作的傻瓜們打交道，而迷戀上離群索居。作爲一個樂觀主義者，他還用自己少見的雄辯之才力證人生來就是孤獨的動物，好讓他的幽居生活顯得是順從天命而非出於無奈。他被自己對上帝至善的信仰誤導了——上帝只會賜予世間美好，人怎可因自己的感受而懷疑上帝！所以他認爲人間確實存在罪惡，但那是人類咎由自取。他沒有注意到他爲了讚頌神而過分貶低了人，其實這兩者對於神性的至善完美都不可或缺。

盧梭的結論建築在一個錯誤的假設上，這讓他宣導保持自然狀態的論點雖然看起來很有吸引力，但實際上並不合理。我認爲它不合理的原因在於：如果說無論文明如何改進都不會比自然狀態更好，那麼這其實就是在指責上帝的智慧。一面相信上帝讓世間所有事物按照正確的方式存在，一面相信罪惡就是由上帝所創造並且瞭解的人類造成的；這是自相矛盾的說法，既不合乎邏輯，也是對上帝的不敬。

萬能的上帝造人並將我們置於世間，祂看著是好的，才允許它發生：祂容許人類在各種原始的欲望中一步步走向理性，因爲祂能看到今日的罪惡會在未來昇華出美德。我們是祂從無名中創造出來的無助的生靈，是祂准許我們如此，否則我們如何能游離於祂的旨意之外，在罪惡中學習美德？當盧梭熱情地爲上帝辯護的時候，他怎麼會做出那麼自相矛盾的論證呢？如果人類永遠停留在野蠻無知的原生狀態，即使他的妙筆生花也無法在這樣的人當中找到哪怕一點可供美德植根的土壤。人是爲了完成生死輪迴而來到世間的，我們的天命就是完善造物主的世界，可是我們的本性中有與天命衝突的部分需要克服；雖然那敏感漫步者[4]對此未經深思而無法領會。

更進一步地說，如果人類是有理性的生物，並且能夠不斷磨練與生俱來的能力，來完成上帝所賦予的使命，如果仁慈的上帝也認同會思考與自省的人類應當有超拔於禽獸的生活方式[5]，那麼這就是上帝賜予人類的、最寶貴的天賦。如果是上帝賦予人類這種可以讓他們超越純感官層面的、野蠻無知的安適的能力，我們怎能認爲這天賦是一種詛咒？若我們只存在於當前的這個世界，那麼有這種天賦也許是不幸的：爲何仁慈的造物主要給我們欲望、又給我們思考的能力？這只能讓我們怨恨自己的生活，讓我們對於眞正的價值產生錯誤的觀念。可是祂引導我們從只愛自己，走向那種因爲領會到祂的智慧與美好而興奮不已的偉大感情。如果這種偉大的感情不是爲了幫助我們改進自己的本性[6]，祂爲何要爲了獎賞我們的努力而讓我們能夠領受一種更爲貼近祂本身的美好呢？我堅信上帝是萬能的，所以我認爲世間的任何罪惡都是因爲上帝讓它發生才會存在的。

盧梭力證原始的一切都是好的；很多其他人認爲現在的一切都是好的；而我則認爲一切在未來都會好的。

盧梭堅持他對於原生狀態的讚美，進而還讚頌野蠻。他將法布里西烏斯[7]不好的一面隱去不提，無視羅馬人征服世界的時候對於被征服的民族從來不講自由與美德的事實。他熱衷於搭建自己的學說，爲此不惜汙蔑說天才們的種種努力皆是邪惡的，卻將野蠻人的道德抬高神化。斯巴達人[8]被他尊爲半神，其實他們野蠻得幾乎很難算得上是人類，他們不講公正和感恩，冷血屠殺了曾英勇挽救過他們這些壓迫者性命的奴隸們。

就因爲厭倦了上流社會矯揉造作的禮儀和美德，這位日內瓦的公民，就像把麥子和麩皮不加分辨地一起扔掉一樣，將文明與罪惡也一同拋棄了。他根本沒有弄清楚，那令他熱切的靈魂深惡痛絕的罪惡到底是文明的產物，還是野蠻的餘孽。他看到罪惡踐踏著美德、僞善代替了眞實；他看到天才被權貴擺布，爲他們險惡的目的服務，卻從未想過將這種種爲害至鉅的行爲歸因於權力的專橫與世襲；這種制度與人因智慧超群而自然取得的超越同儕的優勢針鋒相對。他沒有意識到，王權世襲不但使得高貴的血統不需幾代就孕育出愚痴的後代，更給無數人樹立了怠惰與惡行的榜樣。

王權的特質中最可鄙的一點，是人們爲了得到至尊的地位所犯下的種種罪惡。卑鄙的詭計、傷天害理的罪行，以及其他種種讓人性蒙羞的惡行，都是取得這無上名位的必經之路。而大眾竟然還能容忍，這些強取豪奪之人的後代繼續安穩舒服地坐在那染血的御座之上[9]。

當一個社會最主要的管理者只被教授以捏造罪行和一些愚蠢幼稚的例行公事，這個社會除了遍布烏煙瘴氣，還能有什麼其他可能？人類難道永遠都不能變得有智慧嗎？他們難道還要繼續期望從秕子裡收穫穀粒，從蒺藜枝頭摘取無花果嗎[10]？

即使所有有利的條件齊集，也沒有任何人能有足夠的知識和智慧，可以履行國王所擁有的、不受限制的職權。何況國王的尊貴地位就是他修習智慧與美德的最不可逾越的障礙。當一個人被奉承和聲色犬馬所包圍，他還能有什麼其他的感情和思想？國王的地位必然會使他比最卑劣的臣民還差勁，把無數人的命運繫於這樣一個軟弱無常的人身上實在是瘋狂之舉。但我們不能推翻一個強權再代之以另一個強權，因爲無論哪個都會讓軟弱的人被毒害；對權勢的濫用證明了人們彼此愈是平等，社會上就愈多美德和幸福。這一點和其他任何類似的道理一樣，都只須簡單的推理即可得到；可是它們卻招來了很多人的反對。反對者說：如果古老相傳的智慧不再具有絕對的權威，教會和國家就會陷於險境。他們汙蔑那些因爲看到人類的痛苦而奮起挑戰統治者權威的人是瀆神者、是人類公敵。這些惡毒的誹謗，竟被加諸於一位最優秀的人身上[三]。雖然他已經離世，可是他宣揚和平的遺音猶在，當我們討論到這樣一個與他的心意如此近切的話題時，我們應該爲他默哀。

抨擊完神聖的國王陛下之後，我接下來的觀點大概不會再引起什麼大驚小怪。我堅信任何一個靠著森嚴的等級來建立權威的職業，都有損德行。

舉例來說，常備軍就與自由格格不入。軍紀的基礎在於服從和嚴苛，要指揮軍隊建功立業必須要對其有充分的控制權。只有少數的軍官能夠感受到浪漫的榮譽感所激發的激情——這是一種建立在時下流行觀念的基礎上的道德；而大部分下級士兵只能如海浪般聽命行事，當他們在上級的命令下熱血沸騰地衝鋒陷陣的時候，他們幾乎不知道也不關心爲什麼要這樣做。

此外，也沒有什麼能比一幫閒散膚淺的年輕人臨時駐紮在鄉間更能危害鄉里道德的了。他們所做的唯一事情就是跟女人們搭訕，他們的惡行被掩蓋在文雅的舉止和光鮮的制服之下，因而更加具有危險性。他們時髦的樣子，不過是奴隸的徽記，只能證明他們的靈魂中沒有足夠強大的個性特質。可是淳樸的鄉民卻無法識破他們文雅之下的輕浮，反而對他們敬畏不已，競相效仿他們的惡行。所有軍隊都是專制者手中的鎖鏈，他們不問青紅皂白，只爲統治服務，已是社會難以承受的罪惡與愚行之重。一個有地位和財產的人，自會步步高升，除了追求奢侈的生活之外沒事可做；而清寒的正人君子，想要憑藉自己的本領求得發展而不能，只得依附於人或自甘墮落。

海軍的水手與此類似，所不同的是他們的惡劣言行更加粗野。在不輪值履責的時候，他們更加懶惰。跟他們相比，陸軍的輕浮似乎無傷大雅，甚至可以被稱之爲是活潑閒散的生活。前者接觸的多是男性，所以更喜歡講笑話和惡作劇；後者總有與上流社會女性交往的機會，慣會說些多情的假話。但不論是粗野地大笑還是斯文地假笑，他們的腦袋裡都沒有什麼思想。

讓我再把對比擴大到傳教士這個需要更多腦力的職業上來。雖然等級制度同樣牢牢地控制著這個群體，但是他們有更多的機會可以提升自己。神學院的教育養成了他們的盲從，見習時候他們又看到助理牧師如果想要得到晉升，就要對教區牧師和供養者極盡諂媚。世上最強烈的對比，也許莫過於卑躬屈膝、仰人鼻息的助理牧師和儀態雍容的主教之間的區別了。不論他們所激起的是別人的尊重還是輕視，都會讓他們無法善盡自己的職責。

每個人的個性都不同程度地受到其職業的影響，認識到這一點非常重要。一個人也許只是表面看起來通情達理，但如果你深究他的個性可能會發現並非如此。而那些軟弱平凡的人，除了體貌特徵，簡直沒有什麼特質，他們所有的想法都被權威思想洗腦過，就好像被倒進了酒桶裡再也無法分離出來的葡萄酒一樣，他們孱弱的思維不足以讓他們與他人不同。

因此社會在進化的過程中要特別注意，不要讓人因爲職業的影響而變成壞蛋或傻瓜。

在社會形成的早期，當人們剛剛開始擺脫無知的時候，酋長和祭司掌握著支配野蠻人行爲的力量之源——希望和恐懼，擁有無上的權力。因此，貴族統治自然成爲政府最初的形式。但很快各方的利益均衡就被打破了，野心家們引入了君主體制和教會政治，它們都建立在封建所有制的基礎上。這似乎就是王權與教權最初的來源，也是人類文明的第一道曙光。可是這種壓迫的制度並不穩定、不能長久，它引發對外戰爭以及國家內亂，大眾在動亂中得到一些權力，迫使統治者讓他們的統治至少在表面上看來能夠公正一些。於是，當戰爭、農業、商業、文學拓展了人們的思維，統治者就不能繼續像以前一樣明目張膽地攫取權力，不得不將壓迫進行得更爲隱蔽[12]。這種經過粉飾的壓迫，是野心的餘孽，又借著奢侈與迷信快速地傳播開來。宮廷中那個怠惰的傀儡，先是變成一個窮奢極欲的怪物，沉溺於聲色犬馬之樂，繼而將這種不正常的敗德之行當作了施行暴政的手段[13]。

這種散播罪惡的王權統治，把文明的進步變成了禍害，讓人頭腦不清，讓有識之士不得不開始懷疑人類才智的增長到底是產生了更多歡樂還是痛苦。但王權毒藥本身的特質也指引我們找到了解毒的方法。如果盧梭將他的研究再提高一個層次，或者他能看到他不屑一顧的迷霧背後的眞相，他敏銳的頭腦就會立刻開始思索如何在眞正的文明中使人類達到盡善盡美，而不會再有回到蒙昧無知時代的可怕想法了。

◆註解◆

【1】見《失樂園》第四卷，第三四—三五行。《失樂園》是十七世紀著名英國詩人彌爾頓的代表作之一，作者所引用的詩句是說星星在更大的光亮前「不得不低下相形失色的頭顱」（hide its diminished head），此處比喻有才幹的人不得不屈服於權勢。譯文採用上海譯文出版社一九八四年版朱維之譯本。——譯注

【2】教皇所戴的冠冕，此處用於指代宗教職務所帶來的名利。——譯注

【3】尚—雅克・盧梭（Jean-Jacques Rousseau, 1712-1778），瑞士裔法國思想家、哲學家、教育家、文學家、政治理論家和作曲家，是法國啓蒙運動最著名的代表人物之一。主要著作有《論人類不平等的起源和基礎》、《社會契約論》、《愛彌兒》、《懺悔錄》、《新愛洛伊絲》等。——譯注

【4】指盧梭。——譯注

【5】盧梭反對解剖學家根據人與其他動物在牙齒和腸胃構造上的相似之處而提出來的意見，他否認人也是食肉動物。而且，他由於太過熱衷於身體方面而迷失了本性，他爭論人究竟是不是群居動物，雖然人類那一段漫長而無助的幼年時期，似乎已經說明了人類特別需要配偶，而這就是人類走向群居的第一步。

【6】如果你請一個鐘錶匠為你做一只錶，只是為了看時間；而他卻為了顯示他的技能而多加上了幾個齒輪，把它做成了一只自鳴錶，或加上其他的花樣，而把簡單的機械錶做得複雜了；這時候你會想對他說什麼呢？如果他為自己申辯，極力宣稱只要你不觸動報時發條，就不會聽到打鳴，或者說他原就可以做這個「實驗」來消遣，對你毫無妨礙；那麼，你難道不會想合理地反駁他嗎？你可以堅持說，若不是他在錶中加上了多餘的齒輪和發條，又怎麼會發生什麼意外的事情？

【7】法布里西烏斯（Gaius Fabricius Luscinus Monocularis），西元前三世紀古羅馬的執政官，以節儉清廉著稱，在幾次對外戰爭中都獲得了勝利。——譯注

【8】斯巴達人是指約在西元前十一世紀南下侵入拉哥尼亞地區的希臘部落多利亞人，他們毀掉原有的城邦，在這裡居住下來，稱為斯巴達人，而原有的居民則被當成奴隸，稱作希洛人。西元前八世紀，斯巴達人又向鄰邦美塞尼亞發動了長達十年的戰爭，最後將其征服，多數美塞尼亞人也成為奴隸，亦稱希洛人。希洛人平日從事艱苦的勞動，時常無端被斯巴達人鞭笞和虐殺，戰時承擔軍役，執行最危險的戰鬥任務。在斯巴達和雅典的一次戰爭中，一批希洛人立下大功，斯巴達人答應給他們自由，卻趁他們去大廟向神謝恩時將他們殺害。——譯注

【9】當可惡的杜布瓦（Dubois）將一個幼兒當做工具時，還有什麼能比法國議會的御座更侮辱人權呢？（杜布瓦是十七世紀末，法王路易十五時代的紅衣主教和首席大臣。路易十五即位時只有五歲，由他叔父奧爾良公爵菲力浦二世攝政，實權則操縱在杜布瓦手中。杜瓦布是英法同盟的締造者，攬權納賄，賣官鬻爵，無惡不作。法國議會中法王的席位稱為御座。——譯注）

【10】參見《馬太福音》7:16。作者此句引用了《聖經．新約．馬太福音》中的典故「荊棘上豈能摘葡萄呢？蒺藜裡豈能摘無花果呢？」——譯注

【11】普萊斯博士。（即前文《作者小傳》中曾提到的理查．普萊斯，瑪麗的朋友，法國革命的支持者，啓蒙運動最有影響的人物之一。參見該章節注釋4。——譯注）

【12】有識之士播下真知的種子，開啓輿論之先；當民眾的理性彙聚成浩大的社會思潮之時，推翻獨裁的日子就不遠了。

【13】「這個怠惰的傀儡」指國王，從後文來看，此處應特指驕奢淫逸的法王路易十四。他建造華麗的凡爾賽宮，將法國境內的地方貴族都集中到宮中取樂，奢靡成風，以此作為一種削弱地方權力、加強君主專政的手段。——譯注

第二章　論關於兩性特質的普遍成見

男性為了給自己的專制找到理由和藉口，發明了很多巧妙的言詞，以證明兩性應該致力於謀求極為不同的特質；或者說得更明白一點，他們就想證明女性不應被允許擁有足夠的智慧，以獲得那些真正配得上被稱為是「美德」的東西。然而看起來上帝指引給人類的、獲得美德與幸福的唯一途徑，就是承認女性也同樣擁有靈魂。

所以，如果女性並非朝生暮死、微不足道之人，為什麼要混淆是非地把她們的愚昧無知稱作是天真呢？男性抱怨女性行為愚蠢、反覆無常，這種抱怨有充分的理由；可是他們卻不太批判我們感情上的善變與卑躬屈膝的惡習。但我要說，這些都是愚昧無知的必然結果！思想要是只能根植於偏見之上，它就不可能是穩固的。而當下，偏見的思潮卻暢行無阻，為害無窮。小女孩們以母親為榜樣，她們被教導說：要對人的弱點有些瞭解，好能耍些小手腕，性情要溫順、要表現得很聽話、要留意維持著一種孩子般幼稚的儀態，這樣她們就能得到男人的保護；她們還必須要漂亮，一輩子裡至少有二十年時間，除了這個她們無需考慮其他事情。

彌爾頓[1]就是這樣描述我們脆弱的、最初的母親[2]的。他說女性被創造出來就是為了展現溫柔與甜美的迷人風采；我不明白這是什麼意思，除非他採信了純正的伊斯蘭教義的說法，想要否認女性擁有靈魂，想拐彎抹角地說：上帝創造女性只是為了讓她們具備甜美可愛的吸引力，並且盲從於男性的管教，好讓他們的感官在思考的間隙得以被取悅。

他們是在說服我們把自己當成溫馴的家畜，這可眞是奇恥大辱！比如，他們經常十分熱心地勸說我們，要表現出迷人的柔順、要用服從換來支配的權力。這是多麼幼稚的想法：一個會這樣做的人是多麼地不可取，這種人怎會有可能永生不朽？誰會服從這種險惡的統治？培根勳爵[3]說：「當然了，人類在肉體上與獸類相近，如果他不能在精神上貼近上帝，他就是卑賤可恥的生物！」事實上，男性的行爲在我看來非常不合邏輯：他們想要保護女性的良好品行，方法卻是讓她們永遠處於孩子般幼稚的狀態。盧梭的觀點比較不會自相矛盾，他希望讓兩性的理性都不再發展——因爲如果男性吃下了智慧之果[4]，女性自然也會跟著試試；可是她們的理解力沒有受到完美的教育，這讓她們只能接受罪惡的知識。

我承認，孩子應該天眞單純；但是當這樣的形容詞被用到成年男女身上時，它就成了軟弱的委婉說法。如果上帝要女性取得人類的美德，她們就該被允許靠近眞正的光明之源，而不是在星斗的微光下獨力摸索。透過運用理性，她們會變得堅定穩固，這正是孕育了我們未來希望的、最堅實的基礎。我想，彌爾頓的觀點與我非常不同，他只醉心於美貌那無可爭辯的特權。以下我摘錄他的兩段詩歌作爲對比，它們很不一致；不過大人物們倒是常被感性主導，說出自相矛盾的話：

美豔無缺的夏娃對他表示：
「我的創作者和安排者啊！你所
吩咐的，我都依從，**從不爭辯**，

這是神定的。神是你的法律，
你是我的法律；此外不聞不問，
這才是最幸福的知識，女人的美譽。」[5]

這跟我對孩子們講的話一模一樣；只不過我還會跟他們說：「現在你們的理性還在成長，在它基本成熟之前，你要聽從我的建議；之後，你就應該自行思考，從此你將只依賴上帝。」

然而，在接下來的這幾行詩句裡，當彌爾頓描寫亞當向造物主爭辯的時候，他的意見似乎又與我的一致：

「您不是造我在這兒做您的代言人，
把這些愚劣者遙遙放在我下面嗎？
不平等之間，能有什麼交際，
什麼和諧，或眞正的歡樂呢？
這要求互相平衡，互相授受。
但在不平衡的情況下，
這個張，那個弛，互不配合，
結果，二者不久便厭倦了。
我所說的和所尋求的友誼，
是能互相分享一切出於理性的愉快。」[6]

所以，在對待女性的態度上，讓我們忘掉那些世俗的觀點，去探索如何做才能幫助她們更好地完成上帝所賦予她們的使命吧！希望我這樣說不會驚嚇到讀者。

「私人教育」這個詞還沒有一個確切的定義，我用這個詞表示這樣一種對孩子的關照：它幫助孩子逐步提升各種感知能力、培養性情、在青春萌動時控制欲望、在身體成熟之前學會運用理智；以便於他們在成年後能夠順理成章地完成學習思考的重要任務，而不是從頭開始。

爲了避免誤解，我得補充一下，我不認爲私人教育能夠像一些樂觀的作家所相信的那樣創造教育的奇蹟。男性與女性，都在極大的程度上受到他們所處社會的觀念和習俗的影響。在每個時代，都有一種挾帶一切的流行思潮，賦予這個時代的人一種共通的性格特徵。所以我們很容易得到一個結論：除非社會有所改變，否則我們不能對教育寄望過高。然而這對於我要證明的觀點來說已經足夠了，我認爲：無論環境對人的才智有什麼影響，每個人都可以透過運用自己的理性變得更有德行；若非如此，如果人性本惡、低劣異常，我們又怎能免於成爲無神論者？又或者我們如何能免於崇信魔鬼？

因此，我心目中最完善的教育，是透過鍛鍊理性來強健體魄和塑造心靈，或者換句話說，能夠將美德培養成爲一個人發自內心的習慣。事實上，要是一個人的美德並非是其理性思考的結果，那麼稱他爲有德之人實在是可笑。這是盧梭對於男性的判斷準則；我將之延伸用於女性，並且我堅信：她們的問題並不在於試圖具備男性的美德，而在於被矯揉造作之風氣圍繞。可是，在這種風氣之下，女性所受到的那種帝王般的崇拜確實令人心醉神迷。除非時代的風氣有所改變，開始建立在更加合乎理性的原則之上，否則即使是她們需要付出辱沒人格的代價，也不太可能說服她們，這不合理的特權實則是個禍害。而她們如果想要享受純眞的感情所帶來的寧靜的滿足，她們就得回歸本性，與男性保持平等。爲此我們必須要等待，也許要等到王公貴族在理性的引導下開始認識到人類眞正的高貴所在，不再推崇那種孩子氣的幼稚，等到他們放棄炫耀世襲的尊榮；如果到那時，女性還不願意放棄她們因美貌而享有的特權，那我們才眞的可以說她們的理性不如男性。

也許有人會指責我傲慢自大；但我仍然要表明我的觀點，我堅信：從盧梭到葛列格里博士[7]，所有那些曾經寫作了女性教育與女性儀態指導書的作家們，他們的作品加重了女性的虛僞和軟弱，沒有這些教導她們不致如此，她們本來可以成爲更加有用的社會成員。我原本可以換個低調一點的說法來表達我的觀點，但我怕那樣會讓它聽起來像是無病呻吟，而不是對我的思想感情的忠實描述、不是出自於我的經驗與思考的結果。當我論述這部分觀點的時候，我會提到一些上述幾位作家的作品中我最不贊同的段落。在開始之前，我們有必要確定，我反對所有那些在我看來意圖貶低女性的書籍，它們意圖教導女性放棄美德取悅他人。

如果按照盧梭的觀點，男性在身體長成後，心智也自然會達到某種程度上的完善，那麼爲了讓他與妻子能夠靈魂相屬，也許妻子就該完全依賴丈夫的理性；就像美麗的常春藤攀附著橡樹，依賴著它的支撐，它們一起達成了一種力與美的協調統一。但是啊！那些做丈夫的，還有他們的妻子，常常只是大一號的孩童；不僅如此，由於青年時期的放蕩無度，男性連在外表上都很難稱得上是有男子氣概。讓盲人爲盲人引路，我們不需要上帝的智慧也能知道會有什麼結果。

在當前這個腐朽的社會裡，有很多原因促使人們透過壓制女性的理性和放縱她們的感性來使女性陷入被奴役的地位。其中爲害至深的一種辦法，大概就是讓她們缺乏條理。

做事有條有理是一個非常重要的準則。男性從幼年起，就被教導和示範這個法則；而女性一般來說接受的是一種無序的教育，很少能在秩序方面接受到與男性同樣多的指導。這種漫不經心、盲人摸象般的做事方法——除了這個詞，還有什麼說法能更貼切的描繪這種從沒經過理性檢驗、只憑本能所知的常識隨意行事的情形？——讓女性缺乏自事實中進行總結提煉的能力。所以她們日復一日重複著昨天的生活，只因爲她們一直就是這麼過的。

對女性在幼年時疏於理性教育所導致的惡果，遠超過一般人的設想。理性較好的女性所知的那一點零碎不完整的知識，相較男性所獲得的知識要雜亂無序得多，並且大多是單純從個人生活經驗中總結出來的，她們很少將個人體驗與經過思考提煉的經驗進行對比。由於她們的依附地位，以及她們更多的是家庭成員而非社會成員，女性所學大多支離破碎。而且一般而言，學習對她們來說只是次要的事情，她們很少會對什麼學科燃起百折不撓的熱情，而這恰恰是砥礪才華、明辨是非的必經之路。在當今社會，紳士們需要點學識來配合他的身分，男孩們也必須要接受幾年教育。但是對於女性，培育理性總是要讓位於妝點外表。甚至於當她們的身體已經在各種規矩以及柔順爲要的錯誤觀點的要求之下變得柔弱無力的時候，還要再特意禁止她們展現優雅自然的體態之美；這可眞是多此一舉，她們發育不良的身體怎麼可能具有這樣的美感。而且，她們年輕的時候並不需要與人比拼才華，不需要認眞、有系統地學習；即使天賦出眾，也會過早地被用在關注瑣事與儀表上。她們只關心事情的結果和改變，卻從不關心其原因，她們用一套繁複的行爲規範來代替基本的原則。

為了證明是教育不足讓女性變得軟弱，我們可以看看軍人的例子。他們和女性一樣，也是在頭腦裡積累足夠的知識和行事原則之前，就進入社會了。他們和女性的表現也類似：士兵們在談話中得到些一知半解的、膚淺的知識，這些知識和他們的社會經驗不斷混雜；它們其實只是對禮儀和習俗的瞭解，卻經常與對人類內心的瞭解相混淆。但是他們這種透過偶然的觀察得來的不成熟的認識，從未經過辨別、也從未將經驗與理論進行比照，怎能稱得上是對人類心靈有所瞭解？軍人和女性，都鮮有美德卻謹守禮俗。他們性別不同，但所受的教育一樣，我能看到他們之間唯一的區別，就是軍人比女性多些自由、多些見識。

現在我要對政治問題做一點評論，這也許稍微偏離了主題，但是這個話題是我思考中自然出現的一個環節，我不想就這樣跳過它。

常備軍不可能是意志堅定和身體強健的人；他們也許能像機器一樣聽話，卻很少有激情充沛或才華橫溢之人。我不揣冒昧地斷言，在軍人和女性中，都很難找到任何程度的理性；而且我認爲，造成這兩類人缺乏理性的原因是相同的。我們還能進一步發現，軍官們也特別注意他們的儀表，熱衷於跳舞、社交、冒險和嘲弄人[8]。他們像女人一樣，把對女性獻殷勤當成正經事。他們被教導如何取悅他人，而且就爲了取悅於人而活著。然而軍人沒有失去他們性別上的優勢，他們的地位仍然高於女性；雖然除了之前說過的，他們比女性多些自由與見識之外，很難看出來他們還在哪些方面優於女性。

他們最大的不幸在於，都是在學到美德之前就學會了禮儀，在對人性之美有整體認識之前就學會了世故。結果自然就變成他們滿足於對人性的一知半解，被偏見俘虜，所思所想皆與利益有關，盲目聽命於當權者。如果他們有什麼識別力，也是直覺從經驗而來的靈光一閃，只能解決禮俗世故層面的問題；他們沒有能力追尋表象之下的本質，或者對自己的想法進行分析。

這些評論是否同樣適用於女性呢？不但適用，而且還可以在此基礎上把論述再向前推進一步。因爲這兩類人都被文明社會以一種非自然的方式隔離起來，無法成爲有用之人。財富以及世襲的頭銜，讓女性的個人魅力不敵財產的數字；讓那些無所事事的男性成爲了蠻勇與專制的混合體，他們一面爲情婦當牛做馬，一面對自己的姐妹妻女作威作福，這其實同樣是爲了讓她們安於現狀。如果女性眼界開闊意志堅定，她們將不再盲從；但盲從卻正是所有的當權者都一直在找尋的東西，專制統治者與肉欲主義者都致力於讓女性蒙昧不開，只不過專制統治者需要的是奴隸，而肉欲主義者想要的是玩物。事實上，肉欲主義者是最危險的專制者，女性被她們的情人欺騙了，就好像王子被弄臣所惑，卻還以爲自己才是統治的一方。

現在我要好好地談一談盧梭，他所塑造的人物蘇菲[9]毫無疑問非常迷人，不過在我看來卻十分不自然。不過我要抨擊的是她接受的教育所遵循的原則、她性格的基礎，而不是基於其上的、她的性格本身。而且，我雖然非常欣賞盧梭這位天才的作家，經常引用他的觀點；但是當我讀到他那些耽於聲色幻想的文字的時候，我感到的是憤怒而非欽佩，他那有傷德行的論述讓我皺眉，無法像讀著那些雄辯動人的篇章時一樣讚賞地微笑。這眞是那個熱愛美德、想要遠離一切安逸奢華的享受、幾乎要把我們帶回到斯巴達式的戒律面前的人嗎？這眞是那個爲人們戰勝了欲望、爲良好的品行取得了勝利、爲閃光的靈魂引領人類超脫凡俗而喝彩的人嗎？當他描述他那小小心上人的美麗雙足與迷人氣質的時候，他是多麼的墮落呀！但是現在我不想繼續抨擊他這些偶然流露出來的自負，我只想說：那些關愛社會的人所樂於看到的，是人們彼此謙恭相愛，這種愛的體面不在於什麼多愁善感的情緒，男女之間也不是因爲那些試探追逐的智力遊戲才達成穩固的聯盟。

日常的家務勞動的確包含一些令人愉悅的部分，天眞的愛撫確實減輕了操持那些無需訓練有素的大腦深思熟慮的瑣事的辛勞；不過這些安適妥貼更多激起的是溫情而非尊重。看著孩子玩耍或者逗弄寵物時懷有的感情【10】，能比得上看到高貴的人爲了美德而受苦時所油然而生的讚賞嗎？是這讚賞帶領我們走到了感性讓位於理性的境界裡。

所以，我們要麼把女性視爲有道德的人，要麼認爲她們軟弱到只能依賴男性的才能。

讓我們來剖析一下這個問題。盧梭宣稱：女性應該時時刻刻依附於男性，應該在恐懼的支配下施展她們天生的狡猾，好成爲風情萬種的奴隸、男人可愛的伴侶，每當男性需要放鬆的時候，都能夠輕而易舉地激發他們的欲望。他自命他的觀點深得自然的眞諦，更將其繼續向前推進一步，暗示說：作爲人類所有美德之基石的眞理與堅定意志，同樣應當只在男性的範圍內培養。這是因爲，對於女性來說，順從才是應當被一絲不苟銘刻於心的、是最要緊的美德。

眞是無稽之談！何時才出現一位足夠理智的、偉大的人，來釐清這如此傲慢又耽於聲色的觀點！即使女性生來就比男性低劣，她們也該與男性遵從同樣的美德，區別只在於程度；否則美德就不過是個相對的概念。女性的行爲應當基於與男性相同的原則、具有與男性一致的目標。

作爲男性的女兒、妻子和母親，女性的特質可以透過她們對於行使簡單家務職責的態度來評估；但是她們努力的終極目標應該是全面發揮她們的才能，透過自覺履行美德來獲得尊嚴。她們也許會希望人生之路能走得輕鬆愉悅；但是她們與男性一樣不應忘記：輕鬆愉悅的生活不足以給予她們令不朽靈魂感到滿足的幸福。我並不想暗示，有任何一種性別的人應當迷失在抽象的思考和對未來的展望中，以致於忘記了眼前的愛與責任；相反的，我熱切推崇愛與責任，即使是我做了上述的評述，我仍然認爲它們是讓生活富有成果的必要方式，認眞對待它們是我們生活中大多數幸福的來源。

人們都認爲女性應該爲男性而活，這可能來源於摩西的史詩故事[11]。然而，認眞考慮這件事情的人裡面極少有人眞的相信，夏娃是亞當的一根肋骨，所以我們就不要把它當眞了。或者，這最多只能說明：男性從遠古時代就發現以強力征服伴侶於己有利，於是發明出這個說法想讓女性相信她們以及世間的飛禽走獸，被創造出來都是爲了取悅男性，所以她們身受壓迫是合理的。

別因爲這些話就認爲我要顚覆萬物的秩序；我已經承認，從體質來看，上帝似乎是要男性具備更多的美德。這是對男性整體而言；可我看不出來有什麼理由可以從中推斷出應當令男性的美德在性質上與女性的不同。實際上，如果美德只有一個永恆的準則，我們怎麼能給不同的人不同的標準？因此，我必然會得到一個結論：男性與女性都要遵從同樣的基本原則，就像上帝只有一個。

這樣看來，我們不該把狡猾與智慧對立起來、不該把瑣碎的操勞與偉大的實踐對立起來、不該把乏味的順從稱爲溫柔、不該把這種順從與偉大目標才能激起的堅強意志對立起來。

人們會跟我說：要是像我說的那樣的話，女性會失去許多她們獨有的魅力，他們還會引用著名詩人蒲柏[12]的詩句來反駁我的堅定立場。他爲所有男性主張道：

「一旦她對我們所憎恨的一切稍有觸犯，
那誰也無法預料我們的怒火會造成什麼後果。」[13]

這句妙語到底要把男性和女性置於何種境地啊！這個問題還是留待有識之士去回答吧。此時，我只想研究一個問題：除了生就一副肉體凡胎之外，有什麼理由把女性貶爲愛情和欲望的奴隸？

我知道，對愛情說出不敬的話，對於人們的感受和美好的感情來說簡直是大逆不道。但是我只想說出簡單的眞理，我要跟從理性而非感情。要想從世界上剔除愛情，就好像要從賽凡提斯[14]的書裡剔除唐吉訶德[15]一樣困難，而且也同樣不合理；但是對這種騷動的激情加以限制、證明它不該僭越理性的權力，則是比較合理的。

青年時期是兩性陷入愛情的季節。但是在享受著無憂無慮的快樂的時候，他們也應當爲未來做好準備，以便在生命中更重要的階段能夠讓理性代替感情。但是盧梭，以及許多步他後塵的男性作家，卻熱切地主張女性教育應當全力傾向於愛情這唯一的一個重點，要讓她們學會取悅男性。

讓我對擁護這些觀點的人講講道理：對人性有所認識的人們，會認爲婚姻能夠改變人的本性嗎？一個學習過如何取悅他人的女性，在熱戀之後步入兩相廝守的婚姻之時，很快就會發現她的魅力像斜陽餘暉一樣即將消散，無法再打動她丈夫的心靈。那時她能有足夠的本能去尋找內心的安適、發掘她自己的潛能嗎？更順理成章的可能是，她會試圖取悅其他男性，在征服一個新的崇拜者的幻想中忘掉婚姻所帶給她的、對她愛情與尊嚴的屈辱。丈夫的愛慕之情不可避免地會消逝，這個女子取悅於人的欲望也隨之變得淡薄，或者又會成爲她痛苦的根源；而愛情，這所有感情中最無常的一種，也許就會被嫉妒或空虛所取代。

我們再來看看那些堅守原則或者說是被偏見所束縛的女性。這些被丈夫無情冷落的女性，雖然未行私通之事，卻熱衷於享受男性的殷勤奉承，或者日思夜想，沉迷於遇到一個靈魂相屬之人的白日夢，弄得自己健康敗壞、精神苦悶。既然如此，爲什麼還要要求她們必須學習取悅於人的偉大藝術？那是情婦才用得上的技藝。作爲忠貞的妻子、端莊的母親，女性應當只把取悅他人的能力作爲對美德的一種修飾而已；來自丈夫的愛情能夠幫助她緩和持家辛勞的安慰，讓她的生活更加幸福。但是，無論是被愛著還是被忽視了，她應該首先關注的都是讓自己成爲可敬的人，而不是把她所有的幸福都寄託在一個與她同樣受制於人性弱點的男人身上。

可敬的葛列格里博士在這個問題上犯了同樣的錯誤。我尊重他的用心，但對於他那享有盛譽的《父親的贈女遺言》[16]則完全不敢苟同。

他建議女兒們培養對於服飾的癖好，因爲他認爲這是女子的「天性」。我無法理解他和盧梭頻繁使用這個含義模糊的詞是要暗示什麼？如果他們是想說，女性在誕生之前，她們的靈魂中已存在這種對於對服飾的熱愛，並且一直被帶進她們在塵世間的生命裡的話，我會對這話一笑而過，就像每次我聽到有人說「天生的優雅」這個詞的時候一樣。但是，如果他們只是想說，應當透過鍛鍊這方面的才能來培養這一癖好的話，我就無法同意他們。這不是「天性」，是「養成」；就好像男性被培養成沉迷權力、野心無邊的人一樣。

葛列格里博士的主張遠遠不只如此；他實際上是要天真的女孩們學著虛偽，欺騙自己的感情。他告誡她們不要隨心所欲地起舞，因爲流暢的舞步會洩露心底的歡愉，而女孩子可不能讓自己的舉止有失端莊。看在眞理與常識的份上，爲什麼一位女孩不可以承認她比其他女性更加勤於鍛鍊身體呢？或者，換句話說，爲什麼她不能承認她的身體比其他女性更健康？爲什麼要讓天眞無邪的快樂變得死氣沉沉？爲什麼要暗地裡跟她說，男性會根據她的行爲對她下一些她根本沒想過的結論？就讓那些輕浮人們愛怎麼想就怎麼想吧；但是，我希望，明智的母親不要拿這種不入流的警告去限制年幼的女兒們，讓她們失去天然的襟懷坦白。言爲心聲[17]；一個比所羅門更有智慧的人說過，人的心靈應該純潔正派，但不要總爲瑣事縈懷；一個心中充滿邪惡的人，也不難嚴格遵守那些瑣碎的規矩[18]。

女性應當讓自己的心靈保持純潔；但是她們能做到嗎？未經培育的理性，讓她們做事與取樂都完全依賴感覺；沒有什麼高貴的追求能把她們帶離日常生活的空虛；她們也沒有能力駕馭自己那雜亂無章的感情，就像蘆葦，只消一絲風來就會隨之擺動。她們想要得到一個高尚男子的愛情，不裝模作樣難道就做不到嗎？

女性的身體確實生來比男性柔弱；但是我想問，如果她們因爲承擔女兒、妻子和母親的角色而鍛鍊了身心，保持著健康的體格和精神，難道她們還必須要屈就於那些取悅的技藝、做出一副蒼白柔弱的姿態，來留住丈夫的愛情嗎？柔弱或許能激起柔情，滿足男性傲慢的虛榮；但是來自於守護者的傲慢的照顧，不能滿足一顆渴望也值得尊敬的高貴心靈。輕憐蜜愛不過是夫妻間友善情誼的可憐的替代品！

我承認，在蘇丹的後宮裡這些取悅於人的技巧都是必須的；帝王就像美食家，必得精心裝扮的美色來刺激，不然就了無興致。但是女性的抱負眞會如此卑微，以致於能滿足於這樣的處境嗎？她們是否夢想擺脫充斥著享樂或乏味沉悶的生活？她們是否想要追求理性的快樂，讓自己因爲追求人類高尚的美德而爲世人所矚目？把生命都消磨在打扮自己上的女性，也許能以她們的笑容和小把戲幫著男性打發掉工餘的無聊時光、撫慰他們的憂慮，但她們不可能擁有不朽的靈魂。

並且，身心強健的女性，會因爲管理家庭和追求美德而成爲她丈夫的朋友，而不是從屬於他的依賴者。如果她一直都表現出這些良好品質，那麼她就值得她丈夫的尊敬，她既不會覺得有必要隱瞞她的感情，也沒有必要僞裝出一副不自然的冷淡性情來挑起丈夫的激情。事實上，翻開歷史，我們就會發現，那些最傑出的女性，既不是女性當中最漂亮的也不是最溫柔的。

造物主，或者更恰當地說是上帝，已經安排好了所有的事情；但是男性覺得他們與其他的造物不同，破壞了這種秩序。我說的是葛列格里博士的一段文章，他建議妻子不要讓丈夫知道她眞實的感受與情感。這種預防欲望消退的手段既無效又荒唐。愛情從本質上來講就是短暫易逝的。想要找到能讓它永恆不變的祕訣，就像尋找點金石與萬靈藥一樣瘋狂，也同樣不會有結果，對人類更沒有任何好處。人與人之間最神聖的聯結是友誼，就像一位眼光獨到的諷喻詩人[19]所說的那樣：「眞正的愛情已然難尋，眞正的友情更加珍稀。」

這是很顯然的道理，原因也不難理解，稍加思考即可明白。

在愛情裡，運氣和感覺取代了選擇和理性，這種感情絕大多數人都或多或少能體會到；在這裡的分析中，我們沒必要再對愛情分出各種差別。愛情在懸而未決或遭遇阻撓時會自然地加強，讓人的理性脫離常態，燃起熱烈的情感；而婚姻的保障，則會讓愛情的狂熱逐漸平息。可是那些沒有足夠才智的人，無力以寧靜親切的友誼和相互尊重的信任，取代盲目的讚美和肉體上的吸引，婚姻中感情的正常熱度對他們來說索然無味。

愛情必將繼之以友誼或冷淡，這是自然的法則。這個規律看起來與人類精神世界中普適的支配規律完全一致。熱情激發了行動，人的眼界因此得以開闊；但當目標達成之後，人們心滿意足的停歇下來，那熱情便淪落爲赤裸的欲望，自私地只關心自己轉瞬即逝的滿足感。那些野心勃勃的人們，在奮鬥時尚有著一些美德，但在達成目標後卻常常會變得荒淫霸道；這些昏庸的人們會被幼稚的任性和盲目的嫉妒沖昏了頭，還像情人一樣對待妻子，把人生的重任拋在腦後，把本該給予子女以取得他們信任的愛憐照顧都濫用在他那大一號孩子般的妻子身上。

爲了履行人生的責任，爲了有充沛的精力去進行各種有益德行的活動，一個家庭的男女主人不該再繼續狂熱地相愛。我的意思是，他們不該沉溺於這種有違社會常理的感情，侵占了本該用於關注其他事情的注意力。人的心靈需要活力，不應該長久地被單一的事物所占據；總是想著同一件事情的心靈，是衰弱的。

女性接受了錯誤的教育和許多有關性別的偏見，養成了狹隘而缺乏教養的心靈，這些都使得女性比男性更加忠貞；但是我暫不討論這個問題。我還想更進一步地說明，不幸的婚姻對家庭有利，而被冷落的妻子更有可能成爲最好的母親。如果女性的心智能夠得到充分的發展，她們也都會像我這樣想。這是因爲，造物主總有這樣的安排：當下的歡愉是在消耗生命的寶藏，這是經驗之談；我們無法在及時行樂的同時，還收穫到勤勞與智慧的寶貴果實。路就擺在我們面前，我們必須選擇其一；那些選擇享樂生活的人，就不能再抱怨她們沒能得到智慧和值得尊敬的品格。

我們暫時做個假設，假設靈魂並非永恆不朽，那麼人類生來便只活在當下；我們就有理由抱怨說，愛情眞是幼稚的喜好，總會漸漸變得乏味，甚而令人生厭。在這種情況下，「讓我們饕餮暢飲吧！讓我們沉醉於愛情吧！因爲明天我們就將死去」，就是合理的說法，甚至稱得上是至理名言。除了傻子，誰會捨下眼前，去追求那稍縱即逝的幻影呢？人的行爲只有在與無限的未來以及偉大的願景聯繫在一起的時候，才會顯示出它的高尚與重要。所以，如果我們能夠意識到思想那令人敬畏的、改進的力量，我們一定不會把我們的願望以及想法再侷限於如此卑微的境界裡。那我們還有什麼必要去做這些錯誤的事情？又爲什麼非要違反神聖的眞理，去留住那些會侵蝕美德基石的虛假美好呢？爲什麼女性的心靈一定要沾惹賣弄風情的技巧，就爲了滿足那些好色之徒？爲什麼要阻止愛情轉化爲友情，或者當建立友情所需的要素還不具備時，轉化爲溫柔的憐惜？讓最誠實的心靈展現它本來的面目吧！讓理性引領感情聽命於天道吧！讓追求美德與知識的高尚之舉帶領心靈超脫於人類的感情之上吧！若無心靈施加適當的節制，它們只會在生命之杯中斟滿苦酒而非佳釀。

以上所述並不針對那些偉大天才的浪漫愛情，誰能壓制那樣的感情呢？但是這偉大愛情所帶來的有限的歡愉，與投入其中的無限熱情不成比例；這熱情完全源於人內心的感覺，也只能賴其維持。那些以持久著稱的熱烈愛情總是不幸的，它們能夠得以維持都是因爲愛人的離去或求之不得的悲傷。距離產生美，而親密則可能令傾慕變爲反感，或至少是無感，於是空閒下來的想像力會開始尋找新的對象。我合理的推測，盧梭就是出於這種想法，才讓他的精神戀人愛洛伊絲在生活日漸無味之時愛上聖・普瑞[20]；但這並不足以成爲熱情可以不朽的證據。

出於同樣觀點，葛列格里博士向女性建議，如果她們決定結婚，就不要再嚮往浪漫的愛情。這個判斷與他之前的建議完全一致，但他認爲做出這樣的決定並不體面，所以殷切地叮囑女兒們盡可按此行事，卻不可將之宣諸於口；好像擁有人類天性中的欲望是見不得人似的。

眞是高貴的道德準則啊！正好適合那些無力超越眼前狹小世界的謹小愼微的靈魂。如果培養女性智慧的唯一目標只是爲了讓她們學會如何依賴男性，如果她把找個丈夫當成人生目標，如果她那卑微的自尊心可以滿足於成爲某人妻子的可憐冠冕，那就讓她一直滿足於這卑躬屈膝的處境吧；她的所作所爲簡直與動物沒什麼兩樣。但是，如果她正在爲了追求高尚的使命而奮鬥，那就讓她能夠心無旁騖地提升自己的智慧吧，不必顧忌她命定的伴侶將會是怎樣的人。讓她不要過於渴求眼前的歡愉，而專注於追求那些能夠讓理性的生靈變得更加高貴的品質吧。一個粗魯不文的丈夫也許會因爲不合她的品味而讓她難受，但卻不能撼動她心靈的安寧。她會忍受伴侶的不足，但不會讓自己的靈魂去遷就他的缺陷；他的性格也許會帶給她困擾，卻不能阻礙她對美德的追求。

如果葛列格里博士所言只是對恆久愛情與相知之情的浪漫期待，他應該知道，這種活躍的幻想會導致理智的缺乏，旁人的忠告不能讓我們停止做夢，只有在自己接受了教訓之後，我們才會不再耽於幻想。

我承認女性常對感情抱有一種不切實際的浪漫幻想，日復一日把生命都浪費在想像如果丈夫能夠以一種與日俱增的熱烈情懷來愛慕著自己的話，會有多麼幸福[21]。她們無論是否已婚都覺得痛苦，幻想有個完美伴侶和有個不堪的丈夫都一樣讓她們鬱悶。我可以肯定，適當的教育，或者更確切地說，得到充分發展的理性，足以讓單身女性過上體面的生活；但是那種認爲女性不應培養自己的品味，以免她因爲丈夫與她的品味不合而受到打擊的說法，實在是因噎廢食了。老實說，我不知道如果一個人不能坦然面對生活中的不如意，或者不能由單純的心靈活動中獲得源源不斷的喜悅，那麼她培養高尚的品味有什麼用？有品味的人，無論已婚或單身，都會厭煩那些無法觸動心靈的事物。這個結論當然不足以支持我們的論點；但是在人類能夠享有的全部喜悅中，品味眞的能被視爲是天賜福惠嗎？

這個問題的答案，取決於品味會帶來更多地痛苦還是快樂？它將決定葛列格里博士建議的正當性，並且會告訴我們他的建議是多麼荒謬和專斷：他想要用來教育人們的規則，並非出自純粹的理性且適用於全人類，實際上是在建立一種奴役制度。

溫和有禮、克己容讓、恆久忍耐，都是如此令人敬愛的神聖品行，以至於神聖的詩篇都讚頌它們是上帝的德行。也許在上帝所有的神聖之行中，再沒有什麼其他德行能像祂無限的慈悲與寬容一樣，如此有力地維繫著人類對祂的熱愛了。從這個角度來看，溫柔是一種偉大的特質，是強者對弱者優雅的遷就。可是人們可能因爲各種原因而表現得溫柔順從：有時候它是依賴者因爲想要得到保護而做出的順從的表示，因爲其軟弱的愛情需要支援；它也可能是弱者因爲無力反抗傷害而不得不忍氣吞聲。這是多麼悲慘的境況啊！但這就是在那些關於完美女性的建議之下，一位有教養的女士活生生的生活。那些徒有其名的理論家們把女性的完美與人類的完美完全切割開了。或者，他們（參見盧梭和斯韋登伯格的著作[22]）最好把那根肋骨物歸原主，重新再創造出一個亦男亦女的有道德的人出來；並且要記得賦予此人「順從的魅力」[23]。

我們沒有聽說過那些未曾婚嫁的女性是如何生活的[24]。因爲道德家們一面認爲男性生活的要義在於不斷地透過各種歷練爲未來做好準備，一面又有志一同地建議女性只要活在當下就好。於是，溫柔、順服、如寵物般的惹人憐愛被當成了女性美德的金科玉律。更有一位作家，不顧不可違抗的自然法則，聲稱沉思的女性太男性化了。女性生來就該是男性的玩物，像個波浪鼓一樣，在任何他不想思考、需要找點樂子的時候，叮叮咚咚地作響。

事實上，勸導女性要溫柔基本上是合理的，因爲脆弱的人理當如此。但是如果忍耐到了混淆是非的地步，溫柔就不再是一種美德。雖然有個溫柔的伴侶對於一個人來說是很便利的，但這樣的伴侶時常會被認爲低人一等，只能被對方施捨似的溫柔以待，並且這溫柔還會很容易退化爲輕蔑。即使如此，如果這些建議能夠讓那些本性並不認同溫柔這一美德的人們變得溫柔的話，那麼事情也能在某種程度上變好一些。可是，就像我們接下來要證明的那樣，如果這混淆是非的建議只能讓人變得裝模作樣、只能在人們逐漸成長與改善性情的道路上添設障礙的話，那麼女性將無法從這些建議中得到多少好處：她們犧牲了眞正的美德以換取浮華的優雅，卻不過得來三年五載的風光顯赫罷了。

作爲一個哲學家，我對於男性用來柔化他們冒犯女性的行爲的那些似是而非的說法感到憤怒。作爲一個道德主義者，我想問他們：諸如「美好的缺點」、「可愛的弱點」這一類自相矛盾的說法到底有何意義？如果道德只有一個標準，而且是給男性制定的，那麼女性似乎生來就懸於道德的虛空之中，就像那個關於穆罕默德石棺的粗俗故事所說的那樣[25]，她們既沒有動物一樣可靠的本能，也無力修正人們關於完美女性模式的觀念。她們生來就得被愛慕，卻不能希望獲得尊重，否則社會就會以男性化爲理由孤立她們。

但是如果我們從另一個角度來看呢？消極怠惰的女性眞的是最好的妻子嗎？就看當下的現實好了，讓我們來看看這樣軟弱的人會如何扮演她的角色？這些女性學得了一些膚淺的才藝教養，她們的行爲強化了盛行的偏見。她們是否僅僅只是在取悅她們的丈夫，她們施展魅力是否只是爲了娛樂他們？而且這些早年裡接受了太多消極的順從思想的女性，眞的有足夠的能力去管理一個家庭和教育後代嗎？答案是否定的。在檢視了女性的歷史之後，我只能同意一位非常尖刻的諷刺作家的意見：女性是兩性中比較軟弱也比較受壓迫的一方。歷史記載中的女性，除了低劣，沒有給人留下其他印象。有多少女性能夠在男性統治的籠罩之下把自己解放出來？太少了！以致於我由此想到一個關於牛頓的奇思妙想：說他很可能是誤投人身的精靈。按照這個說法，我不禁猜想，那些極少數的超凡脫俗的女性之所以能夠脫離性別所限定的軌道，是因爲她們其實是誤投了女兒身的男性。但是如果靈魂與性別無關，那麼女性的低劣一定是由生理結構造成的；或者是在上帝摶土造人之時，天堂之火沒能一視同仁地對待兩種性別的泥胎[26]。

但是截至目前，我一直都避免直接地比較兩性群體，或者根據目前兩性的表現而承認女性本質低劣。我一直強調，在女性幾乎已經達不到理性生物基準線的情況下，男性又進一步加重了女性的低劣。我們應該給女性以充分的空間去施展她們的才能、鞏固她們的美德，然後再來判定這個性別的人是否應當被認為是有理性的生物。同時請讀者記住，我是在為了全體女性而非少數傑出的女士爭取地位。

我們是平庸的凡人，很難想像當那阻礙我們每一次進步的專制制度煙消雲散之時，人類的成就與進步會到達何種高度。但是當人類的道德得以建立於一個較當前更為堅實的基礎上的時候，我不必有先知先覺的靈力，也敢於預測，女性要麼會成為男性的朋友，要麼會成為他們的奴隸。無論如何，我們都不會像現在這樣，再去懷疑她是有道德的人，還是介於男性與牲畜之間的一種生物。如果那時女性如牲畜一般，主要是為了供男性驅使才被創造出來，他們也會使她們安於鞍轡，不會再用空洞的讚美來嘲弄她們；而如果她們的理性得到了提升，男性將不再只為了自己肉欲的滿足而阻礙她們的進步。男性將不再花言巧語地勸誘女性，建議她們放棄理性，毫無保留地跟隨男性的領導。對於女性教育的問題，他們不會再主張女性永不應有運用理性的自由，也不會再教唆想要像他們一樣獲得人類美德的女性變得狡詐虛偽。

如果道德建立在永恆的基石之上，那麼人就只有一條正確的路；任何一個犧牲美德去換取眼前方便的人，或者以這樣的方式去履行責任的人，都只是在混日子，不會成爲一個負責任的人。

所以，詩人實在不該用這樣的句子譏諷女性：「軟弱的女人，一旦迷失，責怪指路的星斗多過她們自己。」[27]這是因爲：除非可以證明女性永遠無法運用自己的理性、無法自立、無法超越別人的觀點、無法感受一個理性的人只向上帝折腰的尊嚴；除非可以證明她們無法欣賞和效仿那些構成美德的品行，即使這些品行帶給人的美好遠遠超過迷亂情思所帶來的快樂；除非可以證明在這莫大的宇宙裡，她們通常只記掛著自己以及心中熱切嚮往的完美女性形象；那麼她們被命運的鎖鏈緊緊束縛才是必然的。

我不想讓人覺得我只是善辯之人，但我認爲理性能讓女性清醒。如果她們能夠表現得像個理智的生物，就不要把她們當成奴隸；也不要在她們與男性的交往中，讓她們像任人處置的牲畜一樣必須依賴於男性。讓女性的心智得到培育，讓她們受到有益原則的約束，讓她們只依賴上帝而不是其他凡人，並從中體會到尊嚴。讓她們接受與男性同樣的教育，遵從自然的法則，讓她們成爲具備美德的人，而不是只讓她們更能取悅於人。

更進一步地說，就算經驗告訴我們，她們無法在心智、堅忍與勇毅等方面達到與男性相當的程度，也應該讓她們遵從同樣的美德，只是無法達到同樣的水準而已。這樣的話，男性的優越性即使沒有比現在更突出，至少也和現在一樣清晰。而眞理，作爲兩性共同遵守的基本準則，也不需要任何修改。而且，當前的社會秩序也不需有任何變化，因爲女性將只能安守理性賦予她們的位置，不再能靠著耍些小花招來改變兩性的相對地位，更不要說讓它翻轉。

這些也許被認爲是不切實際的夢想。但我感謝上帝在我的靈魂裡播下這夢想的種子，感謝祂給我足夠的心智力量，敢於行使我自己的理性，直到我能夠只依賴祂來幫助我堅守美德。我對那些奴役女性的錯誤觀點，感到憤慨。

我對男性抱有一種平等的愛。男性的特權，無論是眞實的還是篡奪的，都無法令我低頭，除非他們的理性值得我的尊敬；而即使我順從，對象也是理性，而不是某一個人。事實上，一個負責任的人，他的行爲必然會受到其理性的規範；否則上帝的尊嚴何在？

女性受到了損害，因此我不嫌辭費，論及上述顯而易見的眞理，我認爲這是必要的。女性被剝奪了生而爲人應當具備的美德，被教授以各種造作的優雅，以博取曇花一現的好時光。在她們心中，愛情取代了其他所有更爲高貴的情感，她們唯一的抱負就是成爲一個美人兒，喚起男性的激情而不是尊敬；這種卑微的追求，就像是君主專制國家所培育出的奴性一樣，毀掉了一切品格的力量。自由是美德的基石，如果女性生來就是奴隸，不被允許自由呼吸那生機勃勃的空氣，她們會永遠像異鄉孤旅之人一般感到苦悶，成爲造物主美麗的錯誤。請注意，她們也是萬能的造物主手下唯一的錯誤。

要求女性馴服的觀點，反過來也會作用於男性。多數人總是被少數人統治；而且總是那些幾乎不具備絲毫人類美德的怪物，在欺壓著他們成千上萬的同胞。有什麼理由讓才華卓著的人聽命於這種怪物？整體來看，國王們無論是在才能還是品德上，都還不如隨便找來的一群數量相仿的普羅大眾，這難道不是大家的共識嗎？然而，國王們卻曾經並且仍然在享有某種程度的尊榮，這難道不是對理性的羞辱嗎？中國並不是唯一一個會把活著的凡人美化成神祇的國家。男性屈從於上位者的權勢，以換取短暫的歡愉，女性不過做了和他們相同的事情。因此，除非我們能證明那些徹底放棄了人類與生俱來的權利的權臣乃是行屍走肉，否則我們就不能只因爲女性一直處於被統治的地位，而指責她們在本質上比男性低劣。

哲學家們在闡釋關於判定兩性差別最爲有用的知識時猶豫不決，未有定論；這證明，世界仍被野蠻的力量統治，而政治科學仍處於它發展的初期。

我深信，當善政得立、自由廣傳之時，包括女性在內的整個人類，都將變得更加明智與有德；不會再有什麼比這個論斷更能表達我對此事的美好期望了。

◆註解◆

【1】約翰・彌爾頓（John Milton, 1608-1674），英國詩人，思想家。因其史詩《失樂園》和反對書報審查制的《論出版自由》而聞名於後世。《失樂園》以《聖經・舊約・創世紀》為原型創作，主要描述了墮落天使路西法（撒旦）反叛上帝失敗後再重新振作，化身為蛇，引誘亞當和夏娃違反神的禁令，偷嚐智慧樹的果實，導致人類被逐出伊甸園的故事。彌爾頓融合了異教信仰、古典希臘文獻以及基督教信仰，在長詩中探討了多樣的主題。從婚姻、政治到君主政體，同時也辯證了許多困難的神學議題。——譯注

【2】指夏娃。——譯注

【3】法蘭西斯・培根（Francis Bacon, 1561-1626），英國散文作家、法學家、哲學家、政治家、自然科學家，古典經驗論的始祖。他是一位經歷了諸多磨難的貴族子弟，所獲最高爵位為聖阿爾班子爵。下述引文出自其出版於一六二四年的作品《論說文集》。——譯注

【4】《聖經・舊約・創世紀》的第二章和第三章中記載，亞當和夏娃是人類的始祖，最初他們無憂無慮地居住在伊甸園內，上帝吩咐說園內所有的果子都可作食物，唯獨知善惡樹上的果子（即智慧之果）例外。但魔鬼撒旦變成了狡猾的古蛇，哄誘夏娃吃了智慧之果，並也給亞當吃了，上帝遂將亞當和夏娃逐出伊甸園。智慧之果被認為是智慧、理性的來源，此處瑪麗認為夏娃和亞當既然都吃了智慧之果，則女性也當與男性擁有同樣的理性。——譯注

【5】《失樂園》第四卷，第六三四—六三八行。這一段是夏娃對亞當說的話。原文為斜體，中譯採用朱維之譯本，參見上海譯文出版社一九八四年版，第一五六頁。——譯注

【6】《失樂園》第八卷，第三八一—三九二行。原文為斜體，中譯採用朱維之譯本，參見上海譯文出版社一九八四年版，第二九八頁。——譯注

【7】約翰・葛列格里（John Gregory, 1724-1773）是十八世紀蘇格蘭的著名醫生、醫學作家和道德學家。他最為知名的作品是《父親的贈女遺言》（*Father's Legacy to his Daughters*），寫於一七六一年其妻過世之後，體現了他對於女性教育的看法。葛列格里過世之後，其子於一七七四年將這些文字出版，成為當時的暢銷書。——譯注

【8】為什麼女性因為愛慕穿紅色制服的軍人，就活該遭到憤怒的惡毒譴責？難道不正是她們所受的教育，令她們與軍人比勝過於與其他任何階層的人都更處於平等地位嗎？

【9】蘇菲（Sophia）是盧梭關於教育的名著《愛彌兒》中的女主角，是男主角愛彌兒的戀人和妻子，是一位美麗、溫柔、順從的女性。本書所引的篇章許多都出自《愛彌兒》未完成的續篇《愛彌兒與蘇菲》（*Emilius and Sophia, Or, A New System of Education*, 1783），中譯本《愛彌兒》中未包含此部分內容。——譯注

【10】彌爾頓對天堂的幸福圖景那動人的描繪，也曾激起我心中同樣的感情；然而我並不欽羨這一對可愛的伴侶，而要以高矜的神氣和魔鬼般的驕傲到地獄去，尋求更崇高的東西。我以同樣的態度去觀看某處非常著名的人造奇跡時，也曾按我所讚賞的順序探索來自上帝的美妙，直到已經由令人眩暈的頂點降落下來，我才發現自己正沉思冥想著一切人類名勝中最宏大的景象；因為幻想很快就會把一個被擯棄在幸運之門以外的人安置在孤獨的隱居處，使他超脫激情和不滿。

【11】參見《創世記》2:18-22。此處作者指的是《聖經．舊約．創世記》第二章第18-22節中，關於上帝從第一個男人身上取出一根肋骨造出第一個女人的故事，在上帝「為他造一個配偶幫助他」這一描述中，女性是作為男性的助手而被創生的。《舊約》中最古老的前五部，《創世記》、《出埃及記》、《利未記》、《民數記》和《申命記》相傳是猶太人的先知和早期民族領袖摩西所著，又被稱為「摩西五經」，故作者說這是「摩西的史詩故事」。——譯注

【12】亞歷山大．蒲柏（Alexander Pope, 1688-1744），十八世紀英國傑出詩人，以其諷刺詩和對古希臘史詩的翻譯著稱，是第一位受到整個歐洲大陸關注的英國詩人。——譯注

【13】參見蒲柏，《致一位女士：論女性的性格》（*Epistle to a Lady: of the characters of Women*）第五一—五二行。此詩是蒲柏的長篇書信體詩歌《道德論》（*Moral Essays*）中的一篇，諷刺了女性的性格比男性更矛盾多變、反覆無常。——譯注

【14】米格爾．德．賽凡提斯．薩維德拉（Miguel de Cervantes Saavedra, 1547-1616），西班牙小說家、劇作家、詩人，被譽為西班牙文學世界中最偉大的作家，其小說《唐吉訶德》諷刺了當時的騎士，體現強烈的人道主義精神，被稱作文學史上第一部現代小說。——譯注

【15】唐吉訶德即賽凡提斯的小說《唐吉訶德》中的男主角。——譯注

【16】參見約翰．葛列格里及他的《父親的贈女遺言》一書，參見前注7。——譯注

【17】參見《馬太福音》12:34。——譯注

【18】參見《路加福音》11:31。《路加福音》中此句原文為「當審判的時候，南方的女王，要起來定這世代的

罪。因為她從地極而來，要聽所羅門的智慧話。看哪，在這裡有一人比所羅門更大。」意思是說，所羅門的智慧曾驚動了南方的示巴女王千里迢迢親自前來，她這種追尋智慧的虔敬表現讓這個不信神的世代相形見絀，而這裡的耶穌基督比所羅門更有智慧。——譯注

[19] 參見拉羅什富科，《箴言集》，一六八七年，第四七三則。弗朗索瓦·德·拉羅什富科（François VI, duc de La Rochefoucauld, 1613-1680），法國著名作家，生於貴族家庭，早年熱衷政治但政途坎坷，後退居鄉間，潛心著作。其著名作品包括《回憶錄》（*Memoires*）和《箴言集》（*Reflexionsou sentences et maxims morales*），後者對愛情等人類行為的動機多有質疑譏諷。——譯注

[20] 參見盧梭，《茱莉，或新愛洛伊絲》（*Fulie, ou La Nouvelle Heloise: Lettres de deuxamans, habitants d'une petite ville au pied des Alpes*），一七六一年。《新愛洛伊絲》是法國文學家盧梭創作於一七六一年的書信體小說，被譽為十八世紀最重要的小說。全書共分六部分，小說情節從一七三二年到一七四五年，由一百六十三封信組成。書名借自十二世紀少女愛洛伊絲和她的老師，法國哲學家阿貝拉爾的愛情悲劇。小說講述了女主角茱莉和她的老師——平民聖普樂相戀，但遭家庭阻礙，茱莉被迫與貴族沃爾瑪結婚。聖普樂周遊世界歸來，想跟茱莉再續前緣。茱莉雖亦舊情復燃，但作為妻子又保持了忠貞，並將往事告訴了丈夫，夫妻二人對聖普樂真誠相待。最後茱莉為救落水的兒子染病身亡。女主角茱莉可謂是盧梭心目中的完美女性形象之一。——譯注

[21] 例如那群小說家。

[22] 伊曼紐·斯韋登伯格（Emanuel Swedenborg, 1688-1772），瑞典科學家、哲學家和神學家，神祕主義者，其著作傳世不多。此處作者可能是指他的一些名言如「愛情存在於奉獻的欲望之中，並把情人的快樂視作自己的快樂。」——譯注

[23] 參見《失樂園》第四卷，第四九八行。譯文採用上海譯文出版社一九八四年版朱維之譯本。——譯注

[24] 參見《馬太福音》22:30；《馬可福音》12:25；《路加福音》20:35。這三段經文均提到在基督教所應許的未來新世界中，人是「也不娶也不嫁」的。——譯注

[25] 傳說伊斯蘭教的先知穆罕默德死後，其棺「懸浮於天地之間」。有傳說是因由無形的天使托棺，也有傳說是因為墓室和棺槨是用磁石所造，亦有人指此事為子虛烏有。此傳說在當時的歐洲頗為流行。——譯注

[26] 伊薩克·牛頓爵士（Sir Isaac Newton, 1643-1727），英格蘭物理學家、數學家、天文學家、自然哲學家

和煉金術師。其作品《自然哲學的數學原理》對萬有引力定律和三大運動定律進行了描述，為此後三個世紀的物理學發展奠定了基礎，也是現代工程學的基礎，推動了科學革命。因在科學和數學領域的多項研究而被稱為是「科學史上最有影響力的人」。——譯注

【27】參見馬修·普賴爾〈漢斯·卡維爾〉一詩，出自其作品《詩歌集》，一七七九年。（馬修·普賴爾 Matthew Prior, 1664-1721），英國詩人、外交家，其詩多為諷刺作品。《詩歌集》（*The Poetical Works*）是在其死後出版的作品集。——譯注

第三章　再論關於兩性特質的普遍成見

強健的體魄本來是英雄人物的優秀特性，如今卻遭到了不恰當的輕蔑，無論男性還是女性，都認爲它無足輕重。女性認爲，好體魄會有損於她們的女性魅力，讓她們失去可愛的柔弱之態——這可是她們謀取特權的手段；而男性則認爲強健的身體有損於他們的紳士氣質。

我們很容易證明，他們都矯枉過正了。但是也許我們應該先來看看，當一個錯誤的觀點在一定程度上被採信之後，人們是如何以果爲因，得出錯誤結論的。

天賦出眾的人，時常因爲專注研究而不注意健康令體質下降。對學習的狂熱愛好就是他們活躍智慧的重要支撐，以致於「劍利傷鞘」也是常有的事情。淺薄的人們看到這個，就斷定天賦出眾的人都生來體弱，或者用更時髦的話說，是纖柔文弱。然而在我看來，事實恰恰應該是相反的：經過仔細的研究，我發現，在大多數情況下，智慧高超的人常常也有超人強健的體魄。他們是生來就擁有一副好身體；而不是僅僅從體力勞動中鍛鍊出粗疏的神經與發達的肌肉，卻缺乏足夠的腦力，甚至只懂得幹手藝活。

普利斯特里博士曾經在他自傳的前言中寫道[1]，大部分偉人壽命都在四十五歲以上。這些人輕率揮霍著他們的體力：爲了鑽研鍾愛的學問，他們通宵達旦不眠不休；沉醉於詩意的幻境時，他們浮想聯翩、心動神移，不到神遊引發的激情讓身體疲憊到無法支援他們再繼續幻想下去的時候，都不肯醒來[2]；考慮到以上的因素，他們一定都有鋼鐵一樣強健的好身體。無力的手指[3]握不住莎士比亞的如椽巨筆，膽小的人不會有彌爾頓的膽量敢放撒旦逃出牢獄[4]。他們的作品充滿了神奇的想像，絕不是愚人的胡言亂語或神經質的病態發作；若是要時時受限於體力，他們如何能夠沉浸在這「神奇的狂放」[5]裡？

我知道，上述言論會把我帶向比人們以爲我所要談論的內容更加深遠的層面。但我追隨眞理，並始終堅守著我最初的觀點：我可以承認男性在體力方面似乎生來強過女性；而且這也是男性優越地位唯一有力的證據。但我仍然堅持認爲，兩性之間無論在德行還是知識方面都不應該有實質性的差別，即使他們能達到的程度會有所不同。女性不應該像盧梭的低俗幻想[6]所期望的那樣，被教養成徒有其表的半人；她們不但應該被當作是有道德的人，也應該被當作是有理性的生靈，應當用與男性一樣的方法去追尋人類的美德（或者說是完美的狀態）。

但是，如果強健的體魄眞的是值得人類誇耀的事情，那麼爲何女性會如此執迷於爲身體羸弱的缺陷而自豪呢？盧梭爲此提供了一個看似有理的藉口，而這種藉口只有男性才能想得出來，因爲只有他們才被容許有如此狂放不羈的幻想，再精細地把它們包裝成體面的樣子。他說，女性這樣做也許是因爲如此一來她們便能有一個理由去聽從自然的欲望，又不破壞她們富有浪漫氣息的端莊，而這正可以滿足男性的虛榮傲慢與享樂之心。

女性被這些觀點欺騙，時常以自己的柔弱爲榮，狡猾地利用男性的弱點來攫取權力；她們也總是會爲自己不正當的權力而感到異常驕傲，因爲她們就像土耳其的帕夏[7]一樣，掌握著比主人更大的實權；可是她們的所作所爲，是爲了一時的歡愉而犧牲了美德，因片刻的勝利而放棄了一生的尊嚴。

女性在家庭中所實際掌握的權力，或許要比根據理性原則建立的法律所賦予他們的要多。透過進一步的比較可以發現，在獲取權力的過程中，他們的品格墮落了，並且向整個社會散布著放蕩的風氣。多數人被壓迫，少數人作威作福。我由此大膽地斷言，除非女性能夠獲得更爲合理的教育，否則人類美德的提升與知識的進步都會不斷遇到阻礙。如果我們承認女性被創造出來不只是爲了滿足男性的欲望或者成爲照顧他們飲食起居的管家婆，那麼，那些眞正關注女性教育的父母們首先應該關心的問題就是：如果不能增強女孩的體質，至少不要再因爲那些關於美貌以及女性魅力的錯誤觀點而損害她們的身體。女孩們也不應該再被那種認爲缺點能夠被一些奇妙的思維過程轉變爲優點的錯誤觀念毒害。我很開心地發現，我國所出版的最有益處的童書之一的作者在這方面與我的思想不謀而合；我將引用一些他的一些相關評論，他那可敬的權威意見會幫助加強我的推理[8]。

即使可以證明女性天生比男性體弱，但從哪裡能證明還應該讓她們的身體變得比生來的還弱？這一類觀點，不但是對常識的侮辱，還飽含著情欲的意味。人們認爲夫權如同君權，俱出天授。但我希望在如今進步的時代裡，反抗夫權已不會令我們遭遇險境。並且，雖然我的觀點，也許仍無法說服許多夫權的狂熱擁護者，但當盛行的偏見遇到挑戰之時，明智的人會認眞思慮；而那些偏執愚頑之人，就讓他們對著新思想繼續牢騷滿腹吧！

希望自己女兒擁有眞正高貴品格的母親，必須無視那些無知者的嘲諷，選擇一套與盧梭所鼓吹的模式完全相反的教育方法。這位先生巧言如簧，極盡詭辯之能事，想合理的包裝他那一套荒謬的理論，他武斷的說法雖然自相矛盾，但也確實迷惑了一些沒有能力駁倒他的人們。

整個動物界的所有幼小生靈都在不停鍛鍊身體，嬰兒時期的人類也應當服從這一法則，透過沒有危險的運動鍛鍊自己的手腳，他們不需要事無鉅細的指點或者保姆無微不至的關注。事實上，孩子在鍛鍊中會學到必須要對自我保護投以必要的關注，這是他們的理性自然而然在進行最初的練習，這與他們在玩耍中那些自娛自樂的小創意會幫助鍛鍊想像力是同樣的道理。但是自然界這一偉大的設計卻因我們錯誤的溺愛或盲目的熱情而無法發揮作用。孩子們，尤其是女孩們，沒有一刻能按自己的意志行事，他們就這樣變得依賴他人，而我們卻以爲他們生來就有依賴性。

爲了維持優美的體態——這才是女性值得引以爲傲的東西嘛，當男孩們在戶外玩耍，女孩子們卻被比中國的裹腳布還要糟糕的服飾捆綁著，並被告知她們應當安坐度日，這讓她們肌肉乏力、精神渙散。按照盧梭和後來附和他的那些作家們的觀點，女孩自出生到世上便喜歡洋娃娃、衣飾和閒聊，這與教育無關；他們的觀點幼稚得不值一駁。一個被迫一坐幾個小時、聽保姆無知閒話或陪著母親打扮的女孩，會嘗試著加入談話，實在是很自然的；這天眞可憐孩子，她會模仿著母親或阿姨打扮她的樣子，裝扮她那毫無生氣的玩偶以自娛自樂，這無疑也是再自然不過的事。即便是才華卓著的男性，也很難有足夠的力量完全超脫於他們所處的環境；如果天才也時常會被其所處時代的偏見誤解和埋沒，那麼像君王一樣總是要藉由錯誤的媒介認識事情的女性，就更應該得到諒解。

從這個角度看，我們不必設定女性想要取悅她們所依附的男性，也能很容易說明爲什麼她們會特別熱衷於服飾。簡而言之，就算不考慮女孩子所受到的那些會過早煽動起她們幻想的不恰當的教育，和那種假設女孩生來就愛賣弄風情、認爲她們具有因種族繁衍的自然衝動所激發的欲望的觀點，其荒謬之處仍然清晰可見。這些觀點是如此違背邏輯，以致於像盧梭這樣敏銳的觀察家，若不是因爲慣於爲了滿足自己的獵奇之欲與立異之心，而放棄理性與眞理，是不會接受這樣的觀點的。

對於一個如此熱烈而完美地爲靈魂的不朽進行辯護的人來說，透過性別來將心靈分類與他奉行的原則並不相符——在他的假設面前，眞理的力量簡直不值一提！盧梭尊敬（幾乎說得上是崇拜）美德，然而他放任自己的情感沉溺於肉欲。他那源源不斷的想像支撐著高漲的欲念，然而他的心靈又不得不熱烈地嚮往著諸如克己堅忍之類的英雄主義的美德，爲了調和這種矛盾，他不惜歪曲自然法則，編造有害的教條，損害人類最高的智慧。

他不考慮日常生活中的實際情況，編造荒謬的故事，想證明女孩生來就在乎她們的容貌體態，這可眞是卑鄙。他說有個小女孩只是因爲注意到自己寫字母O時的姿態不夠美麗，就放棄了寫字的樂趣，他認爲這對女孩子而言是正當的趣味；這樣的故事簡直就像想找到一頭博學多才的豬一樣異想天開[9]。

我也許比盧梭有更多的機會觀察年幼的小女孩們。我仍記得自己年幼時的感受，並且我也在不斷觀察周圍的人。然而，我不但無法同意盧梭關於女性天性的觀點，我還要大膽斷言：如果一個女孩子，她的精神沒有被無聊的生活敗壞、她的天眞沒有被錯誤的羞恥感玷汙的話，她會一直是個活潑的孩子；洋娃娃也不會激起她的興趣，除非封閉的生活令她沒有別的選擇。簡而言之，要不是人們很早就開始向孩子們灌輸男女之別的觀念，女孩和男孩在自然的性別差異產生之前本可以毫無障礙地一起玩耍。我還要進一步斷言，在我的觀察範圍裡，大多數表現得像個理性生物或者有些見識的成年女性，都曾因緣際會得以自由發展；這一點毋庸置疑，但很多優雅的女性教育家卻對此語帶譏諷。

在嬰幼兒與少年時期不注重身體健康的惡果比我們想像的要大，身體上的依賴性必然會導致精神上的依賴性。而且，如果女性把大部分時間都用來提防和忍受病痛，她如何能夠成爲好妻子和好母親呢？我們又如何能指望，一直以造作的美麗和虛僞的情感爲行事出發點的女性，能夠不斷努力地增強體質以及戒除那些會令人衰弱的放縱行爲呢？大多數男性有時不得不忍受身體的不便或經歷嚴寒酷暑；而文雅的女士們，簡直可以說是身體的奴隸，竟然還以此爲榮。

我曾結識一位身體柔弱的時尚女士，她極其爲自己的纖細嬌弱和多愁善感而感到驕傲。她認爲挑剔的胃口和袖珍的食量乃是人類完美的最高標準，並且對此身體力行。我曾看著這柔弱世故的人，把一切人生責任擺在一邊，洋洋自得地斜倚在沙發上，自誇食欲不振以證明自己的敏感纖柔，而這纖柔敏感正與她那過分的多愁善感互爲表裡：這種荒唐的理論眞令人莫名其妙。而且，那時我還看到她對一位可敬的年長女士態度不敬，這位女士因意外之禍而只得依附於她那驕矜的救濟，但在往昔境況好時是曾幫助過她的。一個人，是如何才會變得如此衰弱和墮落的？就算是像錫巴里斯人[10]一樣耽於享樂的人，如果品行尚未全然敗壞，會如此行事嗎？就算是那些從未被道德戒律——這些規則雖然是爲了防止人們作惡，但實際上卻只是理性的一個蹩腳的替代品——約束的人，會如此行事嗎？

古羅馬的君王因爲掌握了缺乏法律約束的權力而墮落，這樣的一位女士不會比他們更像是毫無理性的怪物。然而由於君王更多地受限於法律與榮譽的約束（雖然這約束十分無力），所以歷史中並不是隨處可見這種違背人性的、愚頑殘忍的例子。將美德與天賦扼殺於萌芽之中的專制暴政也沒有席捲歐洲——這種暴政曾經毀了土耳其[11]，不但扼殺人的才能，也令土地變成不毛之地。

隨處都有女性陷入這種可悲的境地；這是因爲，人們爲了保持她們的天眞——實際上這不過是無知的美稱，而不讓她們接觸到眞理。在她們的才能得到任何發展之前，她們已經被賦予了造作的性情。她們自幼就被教導美貌就是女性的權勢所在，她們的心靈被困囿於肉身，圍著自己的皮囊打轉，所思所想不過是如何令其更加美麗。男性有很多可以分散注意力的工作和追求，這開闊了他們眼界；但是女性，被迫只能一直想著她們最無關緊要的部分，極少能看到眼前得失之外的東西。她們的認知被男性的傲慢和欲望所奴役，沉迷於那像暴君一樣作威作福的短視的欲望；一旦她們擺脫了這些東西，我們就會爲曾經出現在她們身上的那些弱點感到吃驚的。接下來，請容許我把討論進行得更深入一些。

如果聖經的寓言故事[12]中所說的那個四處擇人而噬的魔鬼是存在的，那麼也許他最能使人類墮落的手段莫過於給予一個人絕對的權力。

這個觀點可以從幾個方面來論述。出身、財富以及所有天生的優勢，可以讓一個人不需要花費什麼心力便淩駕於同胞之上，但這實際上卻讓他無法透過努力成才。這個人有愈多弱點，就愈會被狡詐的人玩弄利用，直到他身體裡住著的那個自大的魔鬼喪失了全部人性。而人們就好似一群溫順的綿羊一樣追隨著這樣的人，這種不合理的情形只能被解釋爲他們見識短淺、只追求眼前的享受。人們被訓練得像奴隸一般依賴他人，在奢靡與懶散中變得衰弱無力，到哪裡去找敢於爲主張人類的權利而站出來的人呢？有道德的人才應該享有特權，他們獲得優越地位的唯一途徑就是有人爲他們主張這種權利，可是又到哪裡去找敢於這樣做的人呢？人們仍然被君王權貴奴役，這個世界要擺脫這種奴役還有很長的路要走，而壓迫者也在拼命阻擋著人們思想的進步。

因此如果男性仍然以權勢自矜，他們就不要再使用與暴君讒臣如出一轍的理由，再去錯誤斷言：女性應該保持服從，因爲她們一直如此。如果到了男性受到合理的法律約束、享受天賦自由的時候，而女性仍不懂得享受它們，那時男性再來嘲笑她們吧；在那光榮的時代到來之前，當他們大談女性的愚蠢時，可千萬別忘了他們自己的缺點。

女性確實透過不正當的手段攫取權力，她們自己做出或鼓勵不道德的行爲，不是成爲了卑下的奴隸，就是成爲了無常的暴君；這顯然與理性賦予人類的秩序不符。在追求權力的過程中，她們失去了所有的天眞質樸和精神的尊嚴，就像男性在透過類似的手段攫取權力的過程中所做出的表現一樣。

該是徹底革新女性氣質，交還給她們失落的尊嚴，讓她們成爲人類一部分的時候了；她們重塑自己行爲的同時也會改變世界。該將不可改變的道德與一時一地的風俗區分清楚了。如果男性只是被神化的人，憑什麼要求我們女性去侍奉他們？如果女性是否有靈魂是像牲畜是否有靈魂一樣有爭議的話題，如果她們的理性不足以指引自己的行爲卻又缺乏正確的本能，那她們確實是所有生靈裡最悲慘的一種，只能匍匐在命運的鐵拳之下，承認自己是造物中的一個**美麗的缺陷**【13】。但是，要證明上帝如此創造女性是合理的【14】，要找出一些無可辯駁的理由來證明有必要讓如此大比例的一部分人類有能力爲自己負責卻又不能爲自己負責，即使是最狡猾的詭辯家也會爲此而大傷腦筋。

道德唯一可靠的基礎就是上帝的品質；我滿懷敬畏之心看到，上帝品質中的每一種屬性都**必然**要求另一種屬性的存在，這各種屬性之間的平衡就是上帝品質的和諧性所在。祂必然是公正的，因爲祂是智慧的；祂必然是善良的，因爲祂全知全能。以犧牲另一種同樣高貴並且不可或缺的屬性爲代價，去提高某一種屬性，是善變的人類一時頭腦發熱才會做出的事情。蒙昧時期的人類習慣於服從權力，就算到了文明已經證明思想的力量遠比肉體的力量優越的時候，人們也很少能讓自己擺脫這種野蠻的偏見；他們的思想即使是在想著上帝的時候，也仍然被野蠻的觀點所蒙蔽。在他們看來全知全能是上帝所有屬性中至高的一種，如果有人認爲上帝也是透過智慧來實現自己的全知全能的話，就會被他們認爲是在企圖限制上帝的權力。

在考察過自然之後，我無法認同那種只獻給上帝的謙遜。至高無上的上帝，與永恆同在，無疑會有很多我們無法想像的屬性；但是理性對我說，它們不會與我所崇拜的那些屬性相衝突，我無法忽視這個聲音。

人類想要追求卓越是很自然的事情，方式或者是透過追求他們崇拜的東西本身，或者是通過給這東西盲目地披上完美的外衣，這些都可以理解。但是這後一種方式的崇拜對於一個理性生物的道德行爲會有什麼好處嗎?他屈從於權勢；他崇拜黑暗的力量，這力量也許會爲他帶來一線希望，也許會突然對他發怒起來；這虔誠的人將無法瞭解那無常的怒火是因何而起。並且，假如他所信奉的神是在一種缺乏約束的意志的一時衝動之下行事的話，那麼這個人做事的時候也會跟隨他自己的衝動，或者是遵循一些從他自己都認爲無禮的原則中推導出來的規則。無論是熱忱的思考者還是冷靜的思想家，當他們想要使人脫離上帝品質所指引的合理觀念的時候，都會遇到類似這樣的兩難境地。

審視上帝的屬性並非不敬之舉：事實上，哪個磨練自己才能的人能不這樣做呢？對於一個追尋美德或知識的人來說，唯一有益的熱愛上帝的方式，就是將祂視爲智慧、美好與力量的源泉。盲目易變的感情就像人類的欲念一樣，能占領人的意識、溫暖人的心靈，但是它們也會讓人忘了要公正行事、寬容他人以及謙恭地追隨上帝。葛列格里博士認爲宗教是一個情感或品味的問題[15]；我對此不能苟同，稍後我會更加深入討論這個問題。

讓我們回歸主題：我期望女性會對她們的丈夫抱有愛慕之情，這種感情應該與對信仰的愛建立在相同的基礎上。這是家庭幸福唯一的基石。她們應該注意不要被所謂的「愛情」迷惑，那通常不過是肉欲享樂的粉飾之語。因此，我認爲女性要麼應該像東方的王子一樣自幼便過著與世隔絕的生活，要麼就該教給她們獨立思考和行事。

爲什麼男性會在這兩種意見之間猶豫不決，期待不可能的事情發生呢？我們文明社會的制度即使沒有將女性變成惡毒之人，也已經讓她們變得軟弱，爲什麼要期望這樣的奴隸能具備美德？

我知道，要根除感官主義者所播下的根深蒂固的偏見需要相當長的時間；我們也需要一些時間才能讓女性明白：當她們爲了「嬌美」而讓自己變得或裝得很柔弱的時候，她們是在極大地違背自己眞正的利益。而女性的惡習與愚鈍，都是由人們對美色（一般來說人們習慣用「美貌」這樣比較和緩的說法）的充滿欲望的推崇而來。有一位德國作家曾經敏銳地指出：幾乎所有的男性都承認，年輕貌美的女性是欲望追逐的目標；而一位富有智慧之美的女性，雖然能夠激起一些男性更加高尚的感情，卻也時常被一些耽於享樂的男性忽視或冷落。我知道我顯然會受到反駁：既然男性一直都是這樣不完美的生物，他必將或多或少爲欲望所累；而那些憑藉取悅占主導地位的男性而獲取最大權力的女性，她們的墮落，即使不是道德上的必然，也是身體上的必然。

我承認，這個反駁有它有道理的地方。但是就像那偉大的戒律所言：「潔淨自己，因你的天父是潔淨的。」[16]這樣看來，男性的美德並未受到唯一有資格約束它的上帝的約束；而他原本可以義無反顧，不去想抱有如此崇高的心願是否超越了自己能力所及的範圍。曾有人對著滔天巨浪說道：「你只可到這裡，不可越過；你狂傲的浪要到此止住。」[17]浪潮只能聽從於號令一切的偉大神明，空自翻騰咆哮，似在軌道上運行的行星一般無法越雷池一步。但是一個不朽的靈魂，並非爲力學規律所支配，它能努力讓自己擺脫物質的枷鎖，它會促成而不是破壞造物主的秩序；它與上帝一道，試著按照支配宇宙的永恆戒律（在某種程度上這超越我們所能想像的範圍）來要求自己。

而且，如果女性被教導要依賴他人，也就是說，依另一個同樣容易犯錯的人的意志行事，不問對錯只服從於權力，那我們的界限又將在哪裡呢？她們只有做個代理人的小小許可權嗎？只能去以行動貫徹一個更高的意志卻連對錯都不能問嗎？

不難證明，這樣一個他人意志的代表，將與那些被恐懼所控制的男性們一般行事，並使子女和僕從都處於其專橫的控制之下。她們缺乏理性，因此她們的言行無論是善良還是殘酷其實都無一定規律可循，不過是一時興起罷了。要是遇上她們恃強淩弱，那也沒什麼稀奇的，她們很享受施壓於弱者的惡毒樂趣。

但是，假設一位被調教得很順從的女性與一位明智的先生結婚了；他引領她做出自己的判斷，卻不讓她感到自己要服從到低三下四的地步；他傳授給她理性，並幫助她達到在理性的光輝照耀之下可以達到的最好程度。然而她無法保證這位守護者能活得長長久久，他也許會英年早逝，那她就得獨力支撐一個大家庭。

對於孩子，她得一身擔起父母雙親的責任：不但得塑造他們的素養，還得保全他們的財產。但是啊！她從來都未曾自己想過事情，更別說獨立做事了。她只學習過如何取悅男性[18]、如何姿態優雅地依附於他們；但如今有了孩子的牽絆，她哪裡還能再找到另一個守護人，一個爲她提供理性的丈夫呢？我們並非生活在一個充滿浪漫的世界裡，所以一位理智的男士，也許會覺得某位拖家帶口的女士是個美麗溫順的美人，但他不會娶她，世上還有很多其他年輕貌美的姑娘呢。她會變成什麼樣呢？要麼輕易地被卑鄙的騙子騙到手，他會奪走本應由她的孩子繼承的財產，讓她陷於痛苦淒涼，要麼成不甘的犧牲者以及盲目的縱容者：她既無力教育自己的孩子，也無法獲得他們的尊重，如果人們本身不值得尊敬，那麼即使占據著重要的位置，也無法贏得敬意；我這麼說可不是在玩文字遊戲，她將爲自己的徒勞無力而追悔莫及。她的靈魂被毒液侵蝕，年輕時的放蕩終將令她痛苦，或許還會同時帶給她貧苦的生活，除了死亡無以解脫[19]。

這不是誇大其詞，相反的，它很有可能會發生，善於觀察的人們不難在自己身邊發現類似的事例。

雖然經驗顯示，盲者即使走在平坦的路上也一樣容易跌倒，我仍假定她會一切順利。雖然不太可能，但是假如眞有一個人只會取悅他人，並且還一直爲此而洋洋自得；那她對於她那天眞的小女兒來說，會是一個多麼愚蠢、甚至可以說是罪惡的榜樣呀！這位母親會在與女兒的鬥豔中敗下陣來，她會爲此而嫉妒自己的女兒，無法與她們成爲朋友；她視女兒爲自己的對手，而且是比其他所有人都更加殘酷的競爭對手，因爲人們總愛拿母女來做比較，而從未嚮往過理性的母親被女兒奪走了美麗的桂冠。

我們無需生花妙筆或是漫畫家的功底，也很容易就能描繪出這樣一位女主人所能散播的家庭不幸以及瑣碎惡行。其實她只不過是做了按照盧梭的理論體系所培養出來的女性該做的事情。她無論如何無法讓人指責她有男子氣概，或者做出超越本分的事情；不但如此，她還會恪守盧梭提出另一條偉大的信條：要小心翼翼保護自己的名聲不受玷汙，好讓人們認可她是位好女人。然而她有哪裡能稱得上是好呢？確實，她沒有犯什麼重罪，不過這不用多大努力就能做到；但是她是怎麼履行她的責任的呢？事實是，她只有時間關心打扮自己以及保養嬌弱的身體，根本顧不上責任的事情。

關於信仰，她從來不想自己做出評判；作爲一個依賴者，她篤信從小在教堂儀式上被灌輸的那些東西，相信所有的事情都已經被比她聰明的人安排好了：對她而言，完美就意味著從不懷疑。她拿薄荷與小茴香繳什一稅[20]，感謝上帝沒有讓她像其他一些女人一樣繳不起稅[21]。上帝保佑，這就是那有益的教育的結果！這就是身爲男性伴侶的美德[22]！

我得轉而描繪一個不同的形象，才能舒緩一下我此刻的心情。

現在讓我們來想像一位多少有一點理性的女性，我這麼假設是因爲不想離開現實大眾太遠，她運動健身，身體有充分的活力；同時她的思想漸漸開闊，能夠理解人生的道德責任、理解人類的美德與尊嚴因何而來。她透過履行與自己地位相稱的責任而得到這些素養。她因愛而締結婚姻，卻並未被感情蒙蔽，而是看到了比婚姻幸福更加重要的東西：在夫妻變得熟悉之後，愛情之火必然熄滅，她沒等到必須得靠耍小花招來取悅丈夫以挽救那奄奄一息的感情時，便先一步得到了他的尊重。在他們之間，友誼和寬容取代了之前熱烈的感情。愛情自然而然消逝了，他們沒有爲了想要努力挽回它而傷及家庭的寧靜和睦。這裡我也假設她丈夫是位正直的人；要不然她也許一直都還在努力爭取按照自己的原則獨立行事的權利，夫妻之間不可能達成我之前所描述的那種關係。

可惜命運拆散了他們，她變成了寡婦，也許還沒什麼家產：可是她過得並不淒慘！她當然會覺得痛苦，但這劇烈的悲痛漸漸散去，時間撫平了她的傷口，她雖然傷心，可是終究順從了命運的安排；她開始加倍關愛她的孩子，爲了供養他們殫精竭慮，她的愛爲母親的職責增添了神聖的英雄主義色彩。孩子是她的所有慰藉，她知道他們會看到她那至善的努力，他們的贊許就是她的生命；她也在悲傷所激發的想像中仍懷抱著微茫多情的希望，希望那雙她曾用顫抖的雙手合上的眼睛也同樣能看到她是如何克制著自己的感情，只爲了可以憑一己之力善盡父母雙親的職責。厄運激發了她的勇氣，讓她在又一段感情自然萌生之時，便結束了這尚未成熟的愛情；她在如花的年華裡忘掉了自己是個女人，忘掉了重新開始一段愛情可能會帶來的愉悅歡暢。她不再想著取悅於人，清醒的尊嚴也使她不會因爲別人對她行爲的讚美而沾沾自喜。她仍常常懷念著那墳墓裡的人，但是她愛著她的孩子，他們是她最光明的希望。

我好像看見了孩子們環繞在她左右，報答她的教養之恩。他們看向母親的眼中閃爍著智慧之光，豐盈的頰上掛著天眞健康的笑靨；他們長大成人後，充滿感恩之心地照顧著母親，彌補了她生活的艱辛。她看到她根據原則所著力培養的美德已經變成固定的習慣，看到孩子們養成了足夠堅強的性格，在面對艱難困苦時，他們總不會忘記母親的榜樣。

她一生的使命至此圓滿完成，她平靜地等待著死亡來臨，當她從墳墓來到天堂，她可以對上帝說：「看啊，您給了我一千銀錢，現在變成了五千銀錢了。」[23]

我想簡短總結一下我說過的話。我對傳統觀念提出挑戰：我不同意美德有性別之分，就算柔順也不例外。眞理——如果我算是懂得這個詞的意思的話，對於男性和女性必須是一致的；然而詩人和小說家竭力吹捧的那些幻想中的女性特質，卻要求犧牲眞理與純眞，美德變成了一種相對的概念，唯一的基礎就是是否實用，而這種實用性是男性爲了自己的方便而做出的專制的評判。

我同意，女性也許需要履行一些與男性不同的責任；但是兩性的責任都應當是人類的責任，我堅持認爲，用於規範這些行爲的原則應該是一致的。

女性要想成爲值得尊敬的人，必須要練習使用她們的理性，捨此無它能夠支撐起獨立自主的性格；我想明明白白地講出來，她們必須要做到只向理性的權威折腰，而不是成爲聽命於輿論的、卑微的奴隸。

在上流社會裡，別說是要找出一個才華出眾的人，就算只是要找個一般人出來爲什麼都很難？在我看來，原因很清楚：他們生活在一個非自然的環境裡。人類的品格從來都是在個人或階級所從事活動中形成的；要是一個人的才能沒有在實際需要中得到鍛鍊，就無法發展。這個觀點也完全適用於女性：女性很少專心地做什麼正經事，追逐歡樂的生活讓她們養成了瑣碎的性格，這就是**貴族女性**如此乏味的原因。出於同樣的原因，她們都缺乏堅定的意志，性格迫使她們投身於喧囂的消遣和造作的情感之中，直到交往中產生的所有感情都變得空虛，人性在她們身上已所剩無幾。當前的市民政府對此卻頗爲贊成，以致於女性的柔順像財富一樣，都變成了令人墮落的東西，這兩者產生的原因其實是一樣的。但是如果我們承認女性是有理性的生物，她們就應當受鼓勵去獲得屬於**她們自己**的美德；一個理性的人，如果沒有透過自己的努力去得到一些東西，如何能贏得大家的尊重呢？

◆註解◆

[1] 參見約瑟夫．普利斯特里，《傳記圖表解說》，一七六五年，第二五—二六頁。約瑟夫．普利斯特里（Joseph Priestley, 1733-1804）博士，英國化學家、牧師、教育家、「革命協會」組織的領袖，以對氧氣的早期研究而著稱。其在一七六五年出版的《傳記圖表》（*A Chart of Biography*）及所附《解說》（*Description*），涵蓋了從西元前一二〇〇年到西元一八〇〇年代的兩千名著名歷史人物，是當時重要的教材。——譯注

[2] 參見《暴風雨》第四幕，第一場，第一五一行。《暴風雨》是莎士比亞的一部悲喜劇，被認為是莎士比亞最後一部獨自完成的戲劇。作者此處引文出自劇中人物普洛斯彼羅的臺詞：「如同這虛無縹緲的幻景一樣，入雲的樓閣、瑰麗的宮殿、莊嚴的廟堂，甚至地球自身，以及地球上所有的一切，都將同樣消散……」。——譯注

[3] 參見《馬克白》第二幕，第一場，第三三行。《馬克白》是莎士比亞最短的悲劇作品，也是其最受歡迎的作品之一。——譯注

[4] 參見《失樂園》第二卷。關於彌爾頓及其《失樂園》，可參見第一章注釋1。——譯注

[5] 參見《仲夏夜之夢》第五幕，第一場，第一二行。《仲夏夜之夢》是莎士比亞在一五九〇年前後創作的浪漫喜劇。此句引自劇中人物忒修斯的臺詞「詩人的眼睛在神奇的、狂放的一轉中，便能從天上看到地下，從地下看到天上……」。——譯注

[6] 「探求抽象的、純粹理論的真理以及科學上的原理和定理——簡單說，就是一切意圖對我們的觀念進行概括之類的事——不是女性的本分；她們只該研究實際事物。她們的本分是去應用男性發現了的原理。她們應該發表意見，以使男人更好地建立一般原理。女性的思想，除了一切與她們的本職有直接關係的事之外，都應該用在對男子的研究上，用在取得美好的才藝以增添情趣上；因為天才的工作是她們力所不及的，而且要想在嚴密的科學上取得成就，她們也沒有足夠的精細頭腦和注意力；至於自然界的知識，那僅屬於最靈活、最富有研究精神、能夠理解最多不同對象的男人們，換句話說這是只有那些具有最強大力量並且最能運用它們來判斷感官知覺與自然法則之間關係的人們，才能研究的事情。天生懦弱、思想狹隘的女性，為了幫助她們的軟弱，要知道如何對她所引起的那些活動做出判斷和正確的推測，這種活動就是男人的情欲。她所運用的巧妙手段，遠比我們男性有力量，因為她的一切手段都能打

動人心。……」——引自盧梭的《愛彌兒》第四卷、第五卷。我希望讀者還記得我此前對女性和弄臣進行的比喻。

【7】帕夏（Bashaw，土耳其語：paşa），是當時的奧斯曼土耳其帝國行政系統中的高級官員，通常是握有強大實權的總督或軍事長官。——譯注

【8】一位可敬的老人寫下了這段實用的文字，講述他教養女兒的方法：「我努力使她的精神和身體都具備一定程度的活力，這兩者在女性中都非常少見。她一有足夠的體力，能做些輕便的農活和園藝的時候，我就時常請她當我的助手。瑟琳，我的女兒，很快就能靈巧操持這些鄉下人的農務了，這真是讓我既開心又讚嘆。如果女性多是身心孱弱的，與其說是她們生來如此，不如說是教育使她們變成這樣。我們鼓勵她們好逸惡勞無所事事，還錯誤地稱之為纖柔典雅；我們不用理性與哲學的嚴格準則去淬煉她們的心智，卻教導她們無用的才藝，那些東西只能讓她們變得虛榮放蕩。在我遊歷過的大多數國家裡，女孩們學習不到比聲樂或者無用的搔首弄姿更高深一點的東西；她們的時間不是用來懶散消閒就是做些瑣碎小事，這些小事成了她們唯一關心的事情。我們似乎忘了，我們的家庭幸福以及子女的教育都與女性的素質息息相關。而一個從小就被灌輸了腐朽觀念、對人生責任一無所知的人，能提供什麼幸福和教育呢？我在大多數文明國家所見的女性，所學不過就是擺弄樂器的無用技巧，以及在懶散放蕩的年輕男人面前賣弄她們天生或裝扮出來的魅力，或者一時興起把丈夫的祖產揮霍在一些不必要的名義上。這腐朽的根源所產生的後果，必然是個人的痛苦和被奴役的公眾。……但是，瑟琳的教育遵循的是另一種理念，並且奉行一些較為嚴格的原則，如果可以把引導心靈接受道德與宗教責任稱為是『嚴格』的話。這些原則會有效地保衛人們的心靈，使其免於生命中那些難以回避的罪惡。」——湯瑪斯．戴《桑福德與莫頓》第三卷（關於湯瑪斯．戴和《桑福德與莫頓》，可參見「前言」注釋1。——譯注）

【9】「我認識一位年輕姑娘，她在學會讀書前就學著寫字，在會用筆之前她就開始用針寫字了。一開始，她其實只想學寫字母O，她不停地寫著大大小小的O，但總是寫不好。不幸的是，有一天當她寫字母的時候，她突然在鏡中看到了自己的樣子，她不喜歡自己寫字的時候身體緊繃的樣子，於是她丟開了筆，以雅典娜女神般的智慧決定，從此再也不寫這個字母了。他的兄弟也同樣不喜歡寫字；然而他的不喜歡，是因為他感覺被拘束了，而不是因為寫字的時候身體的姿態不美。」——盧梭《愛彌爾兒》（關於盧梭及《愛彌兒》，可參見第一章注釋3和第二章注釋9。當時據說有一頭豬經過訓練，可以完成很多小把戲，這一般是由訓練有素的狗或者馬來完成的，參見一七九一年鮑斯韋爾（James Boswell）所寫的著名傳記《詹森博士的一生》（*The Life of Dr. Johnson*）。——譯注）

【10】錫巴里斯是古希臘一座以驕奢淫逸而聞名的城市，英語中「奢侈享樂者」（sybarite）一詞就是由「錫巴里斯人」這個詞根演化而來的。——譯注

【11】此處作者應指奧斯曼土耳其帝國的衰落。該帝國由土耳其君主奧斯曼一世創立，初居中亞，後領土擴張至小亞細亞，極盛時地跨歐亞非三大洲，控制了整個西歐到東方的通道，是名副其實的強大帝國。但由於實行君主專制統治，在十七世紀後逐漸衰落，領土不斷被沙俄和英法等國蠶食。——譯注

【12】參見《彼得前書》5:8。《聖經．新約．彼得前書》此段經文為「務要謹守，警醒。因為你們的仇敵魔鬼，如同吼叫的獅子，遍地遊行，尋找可吞吃的人」。——譯注

【13】參見《失樂園》第十卷，第八九一—八九二行。關於彌爾頓和《失樂園》，可參見第一章注釋1。——譯注

【14】參見《失樂園》第一卷，第二五—二六行。

【15】參見約翰．葛列格里，《父親的贈女遺言》，第一一頁。參見前文第二章注釋7。——譯注

【16】參見《馬太福音》5:48；《約翰一書》3:3。兩處經文分別為「所以，你們當成為完全的，就像你們的天父是完全的」和「凡向祂有這指望的，就潔淨自己，像祂潔淨一樣」。——譯注

【17】參見《約伯記》38:11。《約伯記》出自《聖經．舊約》，是《聖經》全書中最古老的典籍之一。此句是上帝在告訴約伯自己有止住風浪的能力。——譯注

【18】兩性結合之後，雙方都追求一個共同的目的，但是用的方式不同。由於這種方式的不同，他們與各自的道德關係之間，就產生了最初的、決定性的差別。一個是積極、強壯的，而另一個是消極、軟弱的；所以前者需要具有力量和意志，而後者只要稍微產生一點阻力就行了。

這個原理一旦建立，我們就可以說女人是特地為取悅男人而造的。如果說義務是相互的，男人也應該反過來取悅女人，那也只是一種不太直接的需要：男人的最大優勢是他的體力，他僅僅因為強壯就能取悅女人。我必須承認，這不是一個美好的愛情準則；然而，它是一個自然法則，先於愛情本身而存在。

假如女人生來就是為了取悅男人、服從男人的話，那麼毫無疑問，她的本分就是，使自己能受男人的喜愛，而不是挑戰男人的情欲。男人欲望的強度取決於女人的魅力；因此，她應該利用這些魅力迫使他運用自然所賦予他的力量。激發這些力量最有效的辦法，是製造阻力，使他不得不運用這種力量；在這種情況下，自尊心也被激發起來，結合著欲望，這樣在一方被迫取得的勝利中，另一方也得以凱旋。因此，兩性之間就產生了各種各樣的攻擊和防禦的方式：一方是勇敢的，另一方是膽怯的；一言以蔽之，

就是弱者拿出自然所賦予她們的武器——嬌媚含羞的樣子，征服了強者。」——盧梭，《愛彌兒》，第四卷、第五卷。

對於這段妙文，我除了說它是淫蕩的哲學外，真是無話可說了。（關於盧梭和《愛彌兒》，可參見第一章注釋3和第二章注釋9。——譯注）

[19] 參見《李爾王》，第一幕，第四場，第二八七—二八八行。《李爾王》（*King Lear*）是威廉・莎士比亞最著名的悲劇作品之一，取材於傳說中羅馬人統治時代前不列顛國王李爾的故事。此處似為作者化用李爾王詛咒其女兒高納里爾的「讓她也感覺到一個負心的孩子，比毒蛇的牙齒還要使人多麼痛入骨髓」一句。——譯注

[20] 參見《馬太福音》23:23。什一稅一般指猶太教和基督教的宗教奉獻，其希伯來文原意是「十分之一」，即將所獲的十分之一奉獻給神。作者所引的這句經文，是耶穌批評一些教徒雖然按時繳納什一稅，卻並不真的遵行正道，原文為：「你們這假冒偽善的文士和法利賽人有禍了！因為你們將薄荷、茴香、芹菜，獻上十分之一，那律法上更重的事，就是公義、憐憫、信實，反倒不行了。這更重的是你們當行的；那也是不可不行的。」——譯注

[21] 參見《路加福音》18:11。是耶穌為「仗著自己是義人，藐視別人」的人所設的比喻，是說一個以能繳得起稅而自高自得的人，在神面前比不上一個因自知有罪而自卑懺悔的人。——譯注

[22] 「哦，她的天真無知是多麼可愛啊！」盧梭談到蘇菲時聲稱，「命中註定去教導她的那個男人是多麼幸福啊！她永遠不會試圖裝作丈夫的老師，而是滿足於做他的學生。她不僅遠遠不會試圖讓丈夫服從她的品味，還會使她自己去迎合丈夫的品味。如果她已經有學問了，也不會比現在受到丈夫更多的重視：因為他會在教導她的過程中得到一種樂趣。」——盧梭，《愛彌兒》第四卷，第五卷。

我只想簡單地問一句：當愛情消失以後，友情要如何才能在導師和他的學生之間維持下去呢？

[23] 參見《馬太福音》25:14-30。這是耶穌所講的一個寓言，說一個主人出門前將銀錢交給三個僕人，一年之後，有才幹的僕人又賺了五千銀錢，而無能的僕人只是將拿到的一千銀錢埋藏在地裡。——譯注

第四章　論導致女性墮落的各種原因

我想我們已經很清楚：女性到底是天生軟弱，還是因爲各種因素的共同作用而墮落了。在這裡，我要將女性的境遇與另一種常見的論調做個簡單的對比：支持貴族統治的聰明人總是說，不能太把民眾當一回事，否則那些卑躬屈膝、甘受役使的奴隸們，就會意識到自己的重要性，並且要掙脫束縛他們的鎖鏈。他們進一步陳述說，受到奴役的人們其實只需揚起頭來即可自束縛中解脫，可他們卻處處屈服於壓力；他們不去堅持主張與生俱來的權利，卻默默地埋首屈從，還說：「我們就吃吃喝喝吧！因爲明天就要死了。」[1]與此相類似，我認爲，女性的墮落也是出於同樣的習性，她們盡情享受當下，以致於到最後沒有足夠的德行來爭取自由，於是她們反過來輕視自由。接下來，我必須就此做出更詳盡的說明。

人們一致認爲，對心靈的培養與性別無關；可是一談到智力，女性就一直被認爲不如男性[2]。人們認爲女性能夠擁有的理性實在是少得可憐，她們只是「純然地可愛」[3]；既然她們的天賦和判斷力都遭到了否定，也就很難再找到其他能夠代表智力的東西了。

人類的靈魂之所以能夠得以不朽（如果我可以用這個詞的話），是因爲人類的理性在不斷地完善。這是因爲，如果一個人生來就是完美的，或者在他成年以後知識的洪流就會充盈他的腦海，使他不會犯任何錯誤，那麼我會懷疑，在肉體消散後他的靈魂是否還將繼續存在。而目前的情況是，有很多問題人們討論不出結果，連深刻的思想家和洞悉的天才也對它們束手無策；這些正是我論證靈魂不朽的論據之一。理性當然是人類進步的基本動力，或者更確切地說，它給予我們辨識眞理的力量。每個人的理性都自成一個世界。一個人的理性可能比另一個人出眾一些；但是如果它是來自神性的力量，是聯繫上帝與他的造物的關鍵，那麼所有人的理性的本質就一定是相同的。未曾透過理性自我完善的靈魂，怎能被銘刻以天堂的影像[4]？然而女性的靈魂卻不被允許得到這份殊榮，縱使她那精心妝扮的外表，是如此活色生香、令男性感到愉悅，「讓他可以鄭重其事地愛她[5]」（參見彌爾頓的作品）。可是，男性永遠都站在女性和理性之間：她總是被描繪成生來就只能透過他這個糟糕的媒介去看事物、並對他的觀點不加深究地接受。但是，如果我們摒棄這些異想天開的理論，將女性視爲一個完整的人，讓她成爲自己而不只是男性的一部分的話，那麼我們就要問：她是否有理性？如果女性具有理性——我認爲這是一定的，那麼她被創造出來，就不會只是爲了成爲男人的安慰品，人性也不會因爲女性的存在而被破壞。

男性之所以陷入這種謬誤，或許是因爲他們在以錯誤的眼光看待教育：他們沒有將教育作爲引導一個人逐漸臻於完美[6]的第一步；而僅僅認爲它是在爲人們日後的生活進行準備。在這一錯誤論斷（我認爲這是一種感覺論的錯誤）的基礎上，人們建立起了一套錯誤的女性行爲規範體系，它剝奪了全體女性的尊嚴，將她們無論美醜都一概視作扮美人間的花朵。這就是男性一直以來所持有的論調，而女性則懼怕被人指責說缺乏這種預設她們應當具有的性別特質，甚至是見識過人的女性也接受了這樣的說法[7]。嚴格說來，這造成了一個結果：女性被認爲不能夠擁有理性；而她們天生的直覺，也因爲生活所迫，逐漸演化爲機巧和狡詐。

一個不朽的靈魂所應獲取的、唯一能眞正稱得上是「知識」的東西，就是歸納思想的能力，也就是從對個別情況的觀察中得出全面結論的能力。對事物只做觀察而不試圖探究原因，也許能（以一種極不完備的方式）爲人們貢獻一些生活常識；但當肉體消逝，我們還能憑藉什麼去顯示靈魂的存在呢？

那些作家不只否認女性具有這種能力，而且還堅持認爲，除了少數例外，這種能力有違女性的性別特質。要是他們眞能證實這一點，我就承認女性是只爲男性而存在的。不過，我必須先指出，這種歸納思想的能力，在相當廣泛的層面上，在男性和女性中都不常見。但這種訓練能夠眞正地培育理性；而所有這些現實因素疊加在一起，使得在女性之中培育理性遠比在男性之中更爲困難。

這些討論自然的進入到了本章的主題：我將試圖指出一些使女性墮落，並阻礙她們自己對觀察結果進行歸納總結的原因。

我不必翻閱古老的歷史去追尋女性的發展歷程；我們只要知道她們一直都是奴隸或者暴君，而且這兩種情況都同樣會阻礙其理性的發展就足夠了。我一直認爲，女性的愚行和惡行在很大程度上是由心智的狹隘所造成的；市民政府的法制本身對培育女性的理性設下了幾乎難以克服的障礙，可是美德又不可能建立在理性之外的其他基礎上！富人們也面臨著同樣的障礙和後果。

「需要乃發明之母」；這一諺語也可被用於美德。美德是後天養成的結果，並且必須以犧牲享樂的代價來獲得；但是一個人，如果他的心智尙未在困境中變得開闊而堅強，也沒有需求驅使他去追尋學識，誰會犧牲已經到手的享樂呢？需要爲了生活而奮鬥的人們是幸福的；因爲這樣的奮鬥會使他們不至於因懶惰而陷入耗損精力的惡行！但是如果人們生來就活在只消享樂度日的環境裡，他們會能夠振奮精神去履行自己生命的職責嗎，還是會全然忘我地投入到愛情裡？

按照當前的社會風氣，女性的人生要務就是享樂；長此以往，這些軟弱的人將一事無成。她們從世上第一位女性那裡直接繼承了天生的缺點——憑藉美貌去呼風喚雨。爲了維持這個特權，她們放棄了運用理性去取得她們與生俱來的權利，寧願選擇去做個短命的女皇，也不去努力獲得來自於平等的、眞正的快樂。她們爲自己的卑下地位而洋洋自得（這話聽起來簡直自相矛盾），以女性的身分要求別人的尊敬仰慕。然而經驗教會她們：大多數男性對女性的尊崇，都是專斷無禮的，是出於抬高他們自己的目的；他們喜歡女性的軟弱，是爲了想控制她們，實則卻對此非常鄙視。他們時常重複休謨[8]先生的意見，他在比較法國人和雅典人的性格時，曾提到女性說：「我對雅典人說，這個古怪的民族（法國）很特別的一點，就是他們會把你們在農神節[9]時主僕顚倒的鬧劇經年累月地當一回正經事反覆進行著，乃至持續終生；而且還要加上一些更爲荒誕不經的特點。你們的遊戲不過是將生來卑下的人們抬高幾天，而在法國，同樣卑下的女人們，在消遣中卻可能眞的永遠淩駕於你之上。這個民族竟然會莊重地讚美這些生來低下的人，這些低劣和軟弱到不可救藥的人。女人，儘管無德，卻成了他們的主子和統治者。」

唉！我滿懷關切地追問，女性爲何要屈尊接受陌生人的這份關注與仰慕呢？這種關注與仰慕，並非出自人性或文明的禮尙往來。爲何她們不懂，她們在「美貌盛極」[10]之時被奉若女皇的待遇，其實只是用以迷惑她們的空洞敬仰，只會持續到她們被迫放棄或不再擁有那天生的美貌所賦予的特權之時呢？她們就像被囚禁的籠中之鳥，除了搔首弄姿，裝模作樣地在棲木上跳來跳去，什麼也做不了。誠然，她們無須勞作便衣食無憂【11】，但這是要以健康、自由和美德爲代價的。可是世人中哪裡能找到這樣堅定的意志，足以使一個人放棄這些突如其來的特權呢？又有誰能以冷靜理智的尊嚴去超越偏見，敢於爲人類天賦的特權而自豪呢？當傳統的力量扼殺了人的情感、並將理性消滅於萌芽之時，這種期望是無從實現的。

女性就這樣被男性的欲望捧上了寶座；而且，除非人類能夠變得更加理智，否則女性恐怕仍然會爲這種毫不費力即可取得的、無可爭議的權力，而利用她們自己。她們會微笑，沒錯，她們會微笑，即使被告知——

> 「在『美貌』的統治之下，沒有中間道路可尋，
> 女人要麼是女王，要麼是奴隸，
> 崇拜過後即是侮辱。」【12】
> 但崇拜在先，她們便不會預想到侮辱。

尤其是路易十四【13】，他傳播虛僞的風氣，冠冕堂皇地讓整個國家都陷入了他的圈套：他巧妙地打造出專制的鎖鏈，讓大眾爲了自己的利益而尊重他的位置、支持他的權利。他以無聊的殷勤奉承所有的女性，在他統治期間，女性獲得了王侯般的尊榮；這對理性和美德而言是致命的傷害。

國王永遠是國王，女人永遠是女人【14】。國王的權勢、女人的性感，永遠是他們之

間順理成章的交換物。我同意女性在與愛人相處時應當如此，她的感情會自然地使她力求以自己的性感激起回應，但這是爲了滿足她的心而非虛榮。我認爲，這並不是輕浮，而是樸實的自然衝動；我所反對的，是那種與眞心無關、想要透過性來征服他人的欲望。

這種征服欲也不只侷限於女性；賈斯特菲爾德伯爵[15]曾說：「我曾竭力去獵取二十個女子的芳心，雖然對她們本身我毫不在乎。」與這樣冷酷的流氓（我喜歡用這樣有分量的詞）比起來，一個在激情驅使之下利用異性毫無戒備的柔情的浪蕩子，都像是個聖人。既然女性只被教導過取悅別人，她們當然就總是在找機會去取悅於人。她們簡直是奮不顧身致力於獵取眞心，卻只是爲了在達成目標或勝券在握之時，再拋棄或拒絕它們。

我必須對這個問題追根究底。

我爲女性因爲受到一點微不足道的殷勤就整個墮落而感到傷心。男性認爲這樣向女人獻殷勤是男子氣概，但實際上他們是在藉由侮辱別人來維持自己的優越感。向不如自己的人低頭並不能讓人高人一等。事實上，在我看來這些禮節太可笑了，以致於每當看見一位男士熱切地起身，鄭重其事地爲女士們拾起手帕或關上門時，我都幾乎忍俊不禁；畢竟女士們只要挪上一兩步，就可以自己辦到這些事。

此刻一個熱切的願望自我心底浮上腦海，縱使人們會因此而大肆嘲笑我，我也無法忍住不將它說出來。我十分懇切地希望看到，除了那些在愛情驅使之下的行爲之外，社會上將不復存在其他的性別差異。因爲我堅信，這種差異正是那種人們所謂的女性性格特質的弱點所在；它令女性勤於獲取個人才藝卻疏於培養理智，看重優美雅致卻忽視崇高的美德。

無論是什麼樣的人，都希望憑藉某些條件贏得愛與尊敬；而芸芸眾生總是會走捷徑來實現他們的願望。財富與美色作爲獲取尊敬的條件，是最爲確定無疑的，當然也就最容易吸引凡夫俗子的庸俗眼光。男性想要從中等階層躍身於顯赫之位，必須要具備才華與品行；大家都知道，這自然會導致中等階層成爲最富有才華與品行的人群。因此，至少是某一個社會階層的男性，有機會體面地以一種能夠使理性生物有所提升的方式來提高自己的社會地位。但是所有的女性，在她們的品格形成以前，都處於和富人相同的境況；因爲她們生來（我所說的是文明社會的情形）就享有某種性別特權，而她們既然能無緣無故地享受著這些特權，當然也就幾乎沒有人會想到要再額外做些什麼，以獲得少數卓越者的尊重了。

我們何曾聽說過，出身寒微的女性敢於因自己出色的才華和崇高的品質來要求尊重的？到哪裡找這樣的女性呢？「這些人所尋求的一切，不過是被觀看，被照料，被施以充滿同情、滿足和贊許之情的注目。」[16]我的男性讀者見此可能會說，這就對了！但是在他們得出任何結論之前，我想提醒一句，這段文字原本並不是在描寫女性，而是富人。在亞當・斯密博士所著的《道德情操論》[17]中，我看到了有錢有勢者的一般性格，我認爲這些都可以非常恰當地被用來描述女性。我請睿智的讀者作一番全面的比較；但我必須要先引用一段文字，來支援我所堅持的觀點，它也是反對性別特質的最確鑿的論據。因爲，如果說貴族之中除了戰士之外沒有出現過任何一種偉大的人物的話，那麼這難道不能清楚地表明：是有侷限性的處境埋沒了他們的才華。女性的處境也具有同樣的侷限性（如果我可以這麼說的話），這兩種人形成了類似的性格；他們都被所處的地位和殷勤的禮儀給限制住了。上流社會的淑女們，不會當眾遭到反駁，也不被允許進行任何體力活動；如果人們眞希望她們能具有什麼美德的話，那也只能是諸如忍耐、溫順、隨和、柔韌之類消極的品德，它們與任何心智上的蓬勃發展都毫不相容。此外，因爲女性大部分時間都待在一起，很少有眞正獨處的時間，所以她們會更容易受到人們情緒的影響，而不是聽從自己內心的感情。而若要使願望具有熱情的力量、若要令想像力能夠發展到更廣泛的領域、將想像的對象變成最值得嚮往的東西的話，幽居和沉思都是必不可少的。對於富人來說，道理也是一樣的：他們沒有足夠的能力自冷靜的思考研究中提煉得到基本的規律，無法從中建立堅強的性格、樹立偉大的理想。來聽聽一位敏銳的觀察家是怎樣說這些大人物的吧[18]：

「那些大人物對於自己是以多麼低廉的代價贏得了公眾的欽羨是否毫無所知呢？或者他們是否想到過，這種欽羨對他們，應該像對別人一樣，是必須以血汗來換取的呢？年輕的貴族由於祖先的美德而得以高踞於眾人之上，他們知道應該以什麼樣的重大成就來維護他的階層的尊嚴、讓自己成爲配得上那個超群於大眾之上的地位的人嗎？他知道他應該具備學識、勤勞、寬容、克己，以及其他的美德嗎？他的一言一行都會被人注目，所以他養成了注意自己日常行爲細節的習慣，並且學會了按照最嚴格的禮節來履行所有的瑣碎職責。他意識到自己是多麼引人注目，又有多少人在等著贊同他的一切意願，所以即使在最無足輕重的場合，他的舉止也帶著由這種意識中所自然產生出來的灑脫風度和高貴儀態。他的風度、舉止、儀態無不顯示出他那高人一等的地位所帶來的高雅優越，生來地位低下的人對此望塵莫及。他靠著這些手段讓人更輕易地服從他的權勢，隨心所欲地支配著人們的意志；在這方面，他很少會失手。

在一般情況下，有這些善用地位權勢的手段就足以統治世界。路易十四在其統治期間的大部分時候，不僅在法國，而且在整個歐洲都被看成是一個偉大君主的完美典範。但是他有什麼天才和美德能配得上這等盛譽呢？他在任何時候都能一絲不苟和堅持正義嗎？他爲此而遭遇到巨大的危險和困難嗎？或者他會爲此孜孜不倦、不屈不撓嗎？他是有廣博的知識、敏銳的判斷力，還是超人的膽識呢？他根本沒有任何這些素養。但是，首先，他是歐洲最有權勢的君主，因而在諸王中占據著最高的地位；其次，據其史官所說：『他雍容華貴的儀態，威嚴俊美的容貌，勝過他所有的廷臣。他的嗓音高貴動人，深得人心，每一出場都令人肅然起敬。他的步態和舉止非常獨特，只和他及他的地位相稱，放在任何其他人身上都會顯得滑稽可笑。他令與他談話的人局促不安，他爲此暗自得意，更覺自己高人一等。』[19]無疑他也具備某種程度的才華與美德，但似乎並不比常人高明多少；他就靠著這微不足道的美德，以及一些無足輕重的成就，當然主要還是他的地位，成爲了那個時代裡受到敬仰的君王，甚至在後世也廣受尊重。在他的時代，在他的面前，同之前說到的這些手段相比，其他一切美德似乎都無足輕重。學識、勤勉、膽略和仁慈在它們面前全無立足之地，徹底喪失了尊嚴。」

女性，也以類似的方式「成就了她自己」[20]，透過所有這些微不足道的手段，改變了事物的本質：

「她的所言所行都是最聰明、最正當、最好，最深思熟慮的。

一切高等的知識，在她面前
都要降格，『智慧』對她談話
也茫然若失，看來像傻子。
權威和理性像是一開始
就是特別造來侍候她的。」[21]
所有這些都建立在她可愛的魅力之上！

讓我們繼續進行比較：在中等階層的生活中，男性在青年時期就開始為職業生涯做好準備，婚姻在他們的生活中並不是什麼了不起的事情。對於女性，情形卻正好相反，她們沒有什麼砥礪才華的計畫。占據她們注意力的，不是事業、偉大的計畫或任何遠大的抱負；不，她們的思慮沒有放在規劃這些高貴的人生願景上。若想進入更高的社會階層，並且任意地自由享樂，她們就必須締結一樁有益的婚姻；她們把大好年華都投注在這上面，她們的婚姻往往只是在合法地出賣自己的身體。男性一旦開始了職業生涯，就會持續關注自己未來的發展（因爲全神貫注於一點，他們的心智也更爲堅強有力），把全部精力都用在了工作上，只把享樂看成是工作之餘的放鬆；而女性，卻把追求享樂當成生活的主要目的。事實上，由於她們在社會上所接受的教育，對享樂的愛好可以說是支配了全體女性；但這是否能證明靈魂有性別之分？如果眞是這樣的話，那麼那些由法國毀滅性的專制體制所造就出來的宮廷弄臣們，就都不能算是男人了，因爲他們都爲了虛榮享樂而放棄了自由、美德與人性。這是一種控制了全體人類的、致命的欲望啊！

整體而言，女性教育的全部旨趣就在於培養她們對享樂的愛好，這令女性在大部分時候都糾結在瑣碎的小事上；例如，她們總是關注一些次要的事情；也常爲新鮮事物眼花撩亂，而忽視了自己應盡的責任。

男性在開始一段旅途時，一般會直奔終點；而女性卻大多關注途中的各種偶然際遇：她想著旅途中可能發生的新鮮事，還有她可能給旅伴留下的印象，而最重要的還是她的穿著打扮。當她要出席一個新場合，或者用法國人的妙語來說，是當她要「一鳴驚人」之時，衣著甚至成爲了她整個人最重要的一部分。只關心這種瑣碎事務的人，能有什麼精神上尊嚴嗎？

簡而言之，女性與富人從總體上來看，沾染了文明社會的一切愚蠢及惡劣的行爲，卻沒有得到文明的有益成果。我無須時時表明，我所指的是女性的總體狀況，一些例外情況並不在討論範圍之內。一般的女性，她們的情感易被激發，智力卻遭到了忽視，於是她們成爲感官的俘虜（人們將之美稱爲「善感」），每一陣感情的波動都能讓她們無法自持。文明社會的女性因爲矯揉造作的教養變得如此軟弱，她們的道德水準要遠遠低於她們在自然狀態下本應達到的水準。她們永遠都心神不定，坐立不安，她們過分發展的感性不僅使她們自己不舒服，而且也讓別人——說得輕一點——覺得麻煩。她們的心思全部都集中在那些容易激發情感的事情上；在應當理智的時候也感情用事，所以她們的行爲不堅定，她們的想法左右搖擺，這種搖擺既不是出於深思熟慮也不是因爲她們在以發展的眼光看待問題，而是由於她們心中的感情在彼此衝突。她們時不時地會對許多事情產生熱情；然而這種熱情絕不會發展成堅持不懈的力量，很快就會冷卻下來；它要麼自行耗盡，要麼就又遇到什麼其他在理性看來毫無意義的一時衝動，她於是躊躇不定、無法抉擇。這是多麼地不幸啊！一個人的心靈被培養得只會煽動激情！我們應當明確，激起感情和令感情堅強持久之間是有區別的。這樣一個放縱情感卻無判斷力的人，能得到什麼好結果？毫無疑問，只能是瘋狂和愚蠢的混合物！

這種觀點並不僅僅適用於女性，不過在這裡，我只將它用在女性身上。

小說、音樂、詩歌和男性的殷勤，都會使女性成爲感性的生物。於是她們在學習個人才藝的同時，就會養成敏感的性格；而才藝卻是社會唯一鼓勵她們爭取達成的進步。這種過分發展的敏感，自然削弱了心靈的其他力量，使智力不能取得其應有的統治地位。而一個理性的人，如果想要自安其位並有益於人，就必須讓智力引領自己的精神。因爲人生的自然規律告訴我們：馴服激情的唯一法門，就是在生命的發展進程中踐行理性。

過度享樂也會導致另外一種非常不同的結果，我經常爲一段關於精神毀滅的、有力的描寫感到震撼：它描繪了靈魂永遠饑渴無望地徘徊在腐朽的肉身之旁，仍然企圖追尋享樂，卻因爲已經喪失了感官，而無法再享受任何樂趣。然而，女性已然成爲她們感官的奴隸，因爲她們就是憑藉著自己的多愁善感來獲取現在的這種特權的。

道學家們是否仍要假惺惺地堅持，就是應該鼓勵占人類半數的女性繼續對她們的處境保持無動於衷和逆來順受呢？仁慈的導師們啊！我們被創造出來是爲了什麼呢？他們也許會說，是爲了保持天真；這意思其實是保持一種幼稚的狀態。要不是男性需要女性來到這世上，以使他們獲得高貴的理性特權和辨別善惡的能力，女性根本就不會來到這個世界。她們來自於塵土，如今又安於塵土，永不得翻身[22]。

女性因爲流行的偏見，而陷入卑賤、煩惱和憂鬱之中，這種種情況眞是不可勝數。這種偏見認爲，女性生來就是感性的而非理智的，她們若要獲得什麼權力，也必須得靠她們的嫵媚和軟弱，即：

「因缺陷而美麗，因軟弱而可愛！」【23】

由於這種可愛的軟弱，女性除了她們運用那不正當的影響力所獲取的東西之外，其他一切都要完全依賴於男性，不僅要受他們的保護，還要聽從他們的忠告。她們忽視了只有理性才能指明的責任，畏於接受旨在加強她們心智的考驗，卻只是絞盡腦汁地爲自己的缺點罩上優美的外衣，以便使自己在酒色之徒眼中更具魅力，儘管這些做法令她們德行有虧，可是對於在她們這樣處境的人來說這有什麼好奇怪的嗎？

從任何意義上講，她們都很脆弱，不得不仰賴男性取得一切可能的慰藉。哪怕碰到最微不足道的「險情」，她們也會像寄生蟲一樣緊緊地黏著人，可憐兮兮地要求他們幫助；於是她們天生的護花使者就會伸出手臂，或是提高聲音，來保護這可愛的小可憐。可是她們到底遇到了什麼危險呢？也許是老牛一聲低吼，也許是老鼠竄過眼前。一隻老鼠就已經是重大險情了；看在理性甚至是常識的份上，這樣的人縱使再柔媚動人，又怎能不被輕視呢？

這些膽怯的模樣若不是裝腔作勢，倒也可能相當動人；可這本身就是一定程度的愚蠢低能的表現。女性就這樣不知不覺降低了自己作爲一個有理性的人的身分——因爲愛慕和尊重是完全不同的兩回事。

如果允許女孩子們進行足夠的鍛鍊，而不是被關在密不透氣的屋子中，直到她們的肌肉變得無力、消化機能也遭到破壞，那麼我完全相信我們不會再看到這一類幼稚的景象。進一步說，假使社會不是去培養、甚至是製造女孩子的膽怯，而是像對待男孩子那樣斥責她們膽小怯懦的行爲，那麼我們很快就會看到女性有尊嚴的模樣了。的確，那時她們也許不能再被稱爲在男性生活之路上微笑的鮮花了；但是她們一定會成爲更值得尊重的社會成員，並在自身理性之光的照耀下，承擔起人生的重大職責。盧梭說：「像教育男性那樣教育女性，她們和我們男性愈相似，她們支配我們的權力就愈小。」[24]這恰恰就是我的目的：我並不希望她們有權力支配男人；只希望她們有力量支配自己。

我也聽到有人用同樣的論調反對窮人接受教育；許多反對的聲音都建立在貴族的臆想之上。他們說：「教會窮人讀書寫字，會讓他們不再安於本分。」一位能言善辯的法國人曾經對此進行了反駁，我要借用他的意見：但是他們不知道，當他們讓人成爲獸類時，就要隨時準備看到人變成兇殘的惡獸。人沒有知識，就不會有道德。

把無知作爲美德的基礎實在是太脆弱了！然而，一些最熱衷於主張男性優越論的作家們卻一貫堅持認爲，無知恰是女性之所以爲女性的必要條件。男性比女性的優越，不在於程度高下，而在於兩性的本質不同。然而，爲了柔化自己的觀點，他們又拿出騎士那種彬彬有禮的勁頭兒，努力地證明，男女兩性是不應被拿來比較的；男性爲理性而生，女性則爲感性而生：他們在一起，就是靈與肉、理性與感性美好地交融在一起，從而成爲一個最完美的整體。

那麼感性究竟是什麼？「感覺敏銳、知覺敏銳、高度敏感。」這是詹森博士[25]給出的定義；這個定義告訴我，感性只不過是精心打磨過的直覺。無論是從感覺上來講，還是推究它的實質，我都看不到其中有一絲「神的形象」[26]。即使再精製七十個七次[27]，感性仍然是官能性的；它不是理性的居所；就像火永遠不能把鉛煉成金子！

再回到我之前的觀點上來：如果我們承認女性具有不朽的靈魂，那麼作爲人生的一項任務，她們必然也具有需要不斷發展的理性。如今她們一心想著讓眼下的境況更加合意，雖然一切事物都能證明這一時的好處與人生的偉大目標相比不過是冰山之一角，可她們還是爲了這一點點好處而忘記了後者。這是違背自然的，除非她們生來只是爲了生育後代，然後便腐朽死去。要不然，我們就要承認各種獸類也具有靈魂（雖然是不具備理性的），此生它們運用直覺和感性，正是向來生獲得理性邁出的第一步。因此，它們將永遠落後於男性，因爲他們從一開始便被賦予了獲得理性的能力，雖然我們不知道這是爲什麼。

當我像討論一個公民或父親的特殊職責那樣來討論女性的特殊職責時，我並沒有暗示說她們中的大多數應該脫離家庭生活。培根勳爵說：「男人有了妻子兒女，就像是有人質在命運之手；因爲妻兒是偉大事業的阻礙，無論這事業是高尚的還是有害的。毫無疑問，最美好的事物和對社會最偉大的貢獻，都是由獨身或沒有子女的男人創造的。」[28]我認爲這對女性也適用。但是，社會的幸福並非建立在偉大人物的努力之上；並且，如果社會能夠以更加合理的方式組織起來的話，那麼我們對偉大以及崇高美德的依賴還可以更少一些。

管理家庭和教育子女，都非常需要眞正意義上的理性——身心都要堅強有力；然而男性作家卻透過他們的作品，處心積慮將女性豢養在家中，他們受到低級欲望的驅使（這種欲望在得到滿足之後，已經演變成了過分的挑剔），竭力使女性變得身體柔弱、精神狹隘。即使男性眞的用這些歪理邪說說服了女性，讓她們感到樂於待在家中善盡作爲母親和女主人的職責，但是由於女性這樣做並非是出自理性的選擇，所以即使它讓女性做了正確的事情、盡了她們應盡的職責，我也要對此提出謹愼的反對。進一步說，經驗告訴我們，與女性因爲嚴肅認眞地追求智識（雖然很明顯大多數人都從來不曾求知若渴）[29]而未能善盡家庭責任的程度比起來，她們因忽略理性而未能善盡家庭職責的程度，是同樣的——不，是更嚴重的；我還要說，理性能夠幫助女性善盡所有的責任；而且我必須再次強調，敏感不是理性。

我仍要將女性與富人進行比較；因爲既然男性會忽略爲人的職責，女性自然也會效仿；兩者都不假思索地被同樣的潮流裹挾向前。財富和名譽會阻礙男性理智的發展，並且顚倒了先有耕耘後有收穫的自然法則。與此相類似，女性也可以毫不費力地享樂，這種享樂消磨了她們的精力。但除非是世襲的財產終於散盡，否則我們怎能期待男性會以美德爲榮？而除非他們做到了以美德爲榮，否則女性仍將用最直接的方式來統治男性，不管那些無聊的家務，捕捉轉瞬即逝的聲色之娛。

有位作家說過，「感性就是女人的力量」[30]。男性並不瞭解這會帶來什麼後果，卻盡其所能地幫助這種力量勝過其他一切。那些持續運用自己的感性的人是多愁善感的，例如詩人、畫家、作曲家[31]。然而，當女性爲了提升感性而犧牲了理性甚至想像力的時候，那些冷靜的男人爲何又開始抱怨她們善變呢？男性對女性含有欲望意味的關注，對於女性的感性總是特別起作用，她們從很小就開始在訓練這種感知能力。做丈夫的不可能既熱烈又持久地對妻子投以這樣的關注，去激發妻子心中的熱烈感情，於是妻子那已經慣於活躍情感的心便會轉向新的情人，或者在道德準則與謹慎原則的規範之下悄然枯萎。我的意思是，當心靈眞的已經變得如此多愁善感的時候，品味就已經定了型；以我在時髦社交生活中所看到的景象，我能夠下結論說，現在的教育方式以及我一直反對的這種兩性交往方式，更容易讓人變得虛榮而非敏感；而女性賣弄風情也往往是出於虛榮心，而非極度的多愁善感所導致的善變。

還有一個我覺得很有分量的論據，我認爲它對每一個善良體貼的人都會有些說服力。那些沒受過什麼像樣教育的女孩們，常常被父母殘忍地拋在身後，沒有任何生活來源。於是，她們不得不在精神和經濟上雙重地依賴於自己的兄弟。我們往最好的方面想，假定這些兄弟都是好人，樂於給予同父同母的姐妹與自己相同的權利。這種權利沒有保障、依靠他人施捨的境況，雖說是令人蒙羞，但是性情溫順的女孩也許還能過上一段算是舒心的日子。可是，一旦這個兄弟結了婚——這是很可能發生的情況，她將不再被當成家庭的女主人，反而成爲了令人討厭的入侵者，一個依賴男主人和他的新伴侶的善心過活的、多餘的負擔。

誰能說得清許許多多這樣不幸生靈的悲慘呢？她們的身心同樣孱弱，既無力工作，又無顏乞討，受盡了折磨。而那位冷漠又狹隘的妻子（這樣的假設並非失實；因爲現行的教育方式既不會發展女性的理性，也不會開闊她們的心靈），對丈夫給予自己親人這一點善意也感到嫉妒；她的感性並沒有昇華到合乎人性的程度，所以很不樂意看到**她的**子女的財產被浪費在無助的小姑身上。

類似的情況一再在我眼前發生。結果顯而易見：妻子不敢公然反對，便用狡詐的手段暗中破壞手足親情；她不惜淚水和撫愛，直到這個對如何應付困境毫無準備的

「奸細」被趕出她的家門，拋到外面的世界裡去；有時她會出於禮節的考慮，或是想要彰顯自己的慷慨大方，而給小姑安排一筆津貼，那個女孩就帶著這筆錢和未經磨練的心智開始了鬱鬱的獨居生活。

這兩類女性，在理性和人性方面的表現可能半斤八兩；易地而處，她們還是會做出同樣自私的行爲。但是如果她們受到的是另一種不同的教育，情況可能會完全不同。妻子不會再有那種要以自己爲中心的感覺，理性會教導她不要期望丈夫爲了寵愛她而輕忽了重要的責任，更不要爲之自得。她愛自己的丈夫，不只是因爲他愛她，而是因爲他的美德；而那位姐妹也會有能力自己去奮鬥，不必再食嗟來之食。

我確信教養和身體官能的加強（後者的作用可能表現得不很明顯），可以讓人的心靈和理性都變得開闊。我現在說的不是心血來潮的情緒，而是眞摯的情感。也許對於兩性而言，教育中最困難的一點，都是提供這樣一種指導：它不會限制理性的發展，也能在青春萌動之時讓活力所激起的情感溫暖人們的心靈，不會讓他們因爲將精力都用在了研究與生活無關的問題上而使情感冷淡乾涸。

說到女性，她們接受了精心的教育，要麼成爲淑女，多愁善感、時常有離奇幻想；要麼就不過是個善於持家的主婦。後者往往是友好、誠實的人，有著精明的見識和世俗意義上的謹愼，這使她們比多愁善感的淑女們更有益於社會，雖然她們沒有崇高的精神也缺乏品味。知識世界的大門對她們緊閉著；一旦離開了家庭和熟悉的生活環境，她們就會無所適從。她們的精神無所寄託，文學作品之中雖然有豐富的趣味，但是她們從來沒有想到過要去欣賞，反而時常對其表示鄙夷。在她們看來，更有教養的人們的情操和品味都十分可笑；即使是那些她們因緣巧合或因血緣關係而愛著的人們，也不例外；如果是泛泛之交，她們乾脆就覺得人家是在裝腔作勢。

一位明智的男士若是愛上了這樣的女性，那只能因爲她是女性；若尊敬她，只能因爲她是個可靠的僕人。他讓她責罵僕從，穿著料子最好的衣服去教堂，不過是想圖個清淨。一個與她智力相當的男人，可能就不會這樣遷就她；因爲他也許想親自管理一些家務，這就侵犯了她的特權。總之，這些女性沒有透過教育來開闊自己的心胸，也沒有透過思考來克服天生的自私情懷，她們非常不適合管理家務。如果手握過多權力，她們就會採取專制的方式進行管理，來維持她們那種只能建立在財富基礎上的優越地位。她們的惡行有時更爲嚴重，僕人們沒有絲毫自由，被迫超負荷地工作，只是爲了能讓她排布出更氣派的宴席，或者是在服飾和排場上把她的鄰居們都比下去。如果她負責照顧子女，她通常會極盡奢華地打扮他們，這無論是出於虛榮還是溺愛，都同樣有害。

此外，有多少這樣的女性鬱鬱終日——至少是在夜晚。丈夫承認她們是好管家和忠貞的妻子；卻仍然離家去尋求更能令他們愉悅的，或者，請允許我用一個意味深長的法語詞——更**刺激的**（piquant）社交生活。而這容讓的苦人兒，就像磨房裡的瞎馬，完成了她的工作，應得的報酬卻落了空——她應得的報酬，就是丈夫的關懷；但這些女性自身所有的資本是那麼地少，不得不逆來順受容忍著被人剝奪了她們自然的權利。

與此相反，一位淑女會被教導要輕蔑地看待日常生活中的瑣事，可是她也只學到了一些在程度上略勝於基本常識的才藝而已。這是因爲，除非她的智力能夠藉由鍛鍊得到加強，否則即使是體力方面的才藝，她也難以達到任何精妙的程度。沒有道德原則作爲基礎，品味難免流於膚淺；優雅也不是單憑模仿就能學到的東西。可是在學習才藝的過程中，她們的幻想卻被激發出來，她們的感情即使沒有淪於世故也變會得過於苛刻；要不然就是，她們的心靈已然太過敏感，卻仍舊蒙昧未開，所以無法做出恰當的決斷。

這些女性通常是可親可愛的；相較於那些粗疏不文的、勞苦的家庭主婦，她們的心靈的確能感受到更爲廣泛的仁善，也對文明社會生活中的各種情緒更爲敏感。但是，由於缺乏應有的深思和自制，她們只能喚起男性的愛情；當她們能夠博得丈夫的歡心時，就會表現得好像是丈夫的情人；她們也會和丈夫的男性友人保持著精神層面的情誼。這些人眞是造化的美妙過失；她們被創造出來，似乎不是爲了得到男性的友誼，而是要藉由磨平男性個性的稜角，並且用玩笑一般的調情使得他們親近女人的欲念不致有失體統，來拯救男性使他們免於墮入徹底的獸性。全人類的偉大的創造者啊！您創造出女人這種生物，她能從您的造物中探查到您的智慧，她能從屬於您的萬物中感受到您獨一無二的藝術，您的高高在上——您帶她來到世間，難道沒有更高尙的意圖嗎？難道她能相信她被創造出來只不過是爲了服從和她同等的一個生靈——像她一樣被送來這個世界上學習美德的男人？她的靈魂明明有能力向您的身邊飛升而去，難道她能同意僅僅被用來取悅男人和妝點這個世界嗎？當她應該與男性一起攀登知識的險峰時，難道她只能懶洋洋歇在那兒，完全指望著他們的理性？

如果愛情就是至上的美德，那就僅僅教育女性如何去喚起愛情好了，讓她們發揮所有魅力去魅惑人們的感官吧。但是，如果她們是有道德的生物，那就給她們一個機會去成爲有才智的人吧；讓她們對男性的愛情，成爲大愛的熊熊火焰中的一朵，普濟眾生，而後再昇華爲對上帝的感恩崇拜。

履行家庭責任需要很大的決心，以及一種眞正的毅力；這種毅力需要比感情更堅實的基礎，無論那感情有多麼活躍和眞摯。要成爲一個秩序井然的榜樣，需要一個富有美德的人嚴格地克己自律；一個自幼就被自己的感覺所左右的人，很難做到的這一點。任何在理智上想要有所作爲的人，都必須有一套行動的計畫；即使是在承擔最簡單職責的時候，我們也常常不得不違背一時的心軟或同情。嚴厲往往是對感情最可靠和最崇高的證明；這種控制感情的力量以及高尚尊貴的愛，會讓一個人意識到所愛之人未來的幸福要比當前的滿足重要，而這也正是人們所缺乏的，所以才有那麼多溺愛子女的母親寵壞了自己的孩子。這種情況向我們提出了一個問題：忽視和縱容，哪個更加有害？我傾向於認爲是後者。

人們似乎都認爲童年時期的孩子應該由母親來管教。可是從我能觀察到的一切情形來看，敏感的女性恰恰是最不適合完成這個任務的人選，因爲她們必然會受到情緒的控制，寵壞了孩子的性情。對性格的培養是教育中最初也是最重要的部分，要求施教者有清醒堅定的理性；教育計畫則既不能專制也不能縱容；而感性的人卻恰恰最容易落入這兩個極端，總是無法做到恰如其分。我還沿著這一推理更進一步得到結論，一個才華卓著之人是最不適合從事教育工作的，無論是公共教育還是家庭教育。這一類罕見的人看待事物的眼光過於寬廣，他們中即使有好脾氣的人，也是極少的。有些人總是快快活活，這就是我們所說的老好人，他們通常既沒有偉大的智慧，也缺乏強烈的感情。而那些滿懷興味和欽佩，去追隨天才軌跡的人；或是以比較冷靜的贊許之情，汲取深刻的思想家爲人們精心準備的教導的人——他們若發覺了天才的暴躁，或是思想家的沉悶，是不應感到厭惡的；因爲活躍的想像力和堅韌的理解力，與柔順的彬彬有禮難以相容，這種彬彬有禮至少會使得一個人更容易屈服於他人的觀點和偏見，而不是直率地與之相對抗。

但是，當我們討論教育或者禮儀規範的問題時，可以不去考慮智力超群的人，就讓他們聽其自然地發展吧；需要獲得教導、容易受到周遭環境影響的，是能力平平的大多數人。對於這數量可觀的大眾，我認爲，無論男女，都不該以犧牲他們的理性爲代價，放任他們的感官在奢侈懶散的溫床上滋長。這是因爲，除非有理性作爲基石，否則人們永遠不可能具備美德或者享受自由：一個擁有財富或者某些優秀才能的上等人，永遠會淩駕於那些時而怯懦時而殘暴的、情緒的奴隸之上。

有人從另一方面來看待這個問題，也提出了無數看似有理的論點；他們假定男性是根據自然法則才總是在身心兩個方面都貶低女性的。我必須要評介幾則這一類的論點。

人們在談論女性的理性的時候時常語帶輕蔑，因爲女性的理性成熟得比男性早。在回應這個論點時，我不打算提及考利[32]、彌爾頓、蒲柏[33]等人早熟的理性和天才作爲證據；我只想透過經驗來判斷一下那些早早步入社會的年輕男性（這樣的例子現在很常見）是否就不會像女性一樣地早熟。這樣的情形已經如此地深入人心，以致於只要提上一提，所有出入社交界的人們眼前自然就會浮現出這樣的畫面：一群大搖大擺的小男人，在本應轉陀螺、滾鐵環的年紀就被送入了社會，他們的理性都因此而變得狹隘。

某些博物學家宣稱，男性直到三十歲才算完全長成了；而女性則在二十歲以前就成熟了。我認爲他們立論的基礎有誤，他們被男性的偏見引入了歧途，認爲美就是一個女子達到成熟的標誌，而在世俗的觀念裡，女性的美僅僅指其容貌形體之美；而男性的美卻可以與心靈才智相關。說到體力以及面貌特徵，也就是法國人所謂的「面相」（physionomie），女性和男性一樣，在三十歲之前都尚未發育完全。孩子們稚拙的小花招確實是格外令人愉悅的；然而，一旦青春的鮮活可愛褪去，這種稚拙的舉止就成了故意的裝腔作勢，會使得任何一個有鑑別力的人感到厭惡。在小女孩臉上我們所看到的不過是活潑愉快和羞怯靦腆；但是過了青春期，我們就期望能夠在她們臉上看到清醒的穩重，此時激情的跡象也已取代了質樸的笑靨；我們期望看到她們的獨特個性，這才是愛情唯一的關鍵[34]。我們希望能與她們相互交談，而不是親暱的愛撫她們；希望她們能夠帶給我們想像的空間和心靈的悸動。

二十歲的時候，男女兩性的美不相上下；但是男性出於自己的放蕩思想，而對它們做出了區分。遲暮的美人也往往持有與他們相同的觀點；她們一旦無法再喚起別人的愛情，就會將精力都用在追求青春的生機活力上。法國人對美的觀念中包含了更多精神因素，他們認爲三十歲的女性是最完美的。我的意思是，他們認爲當活潑被理性和嚴肅認眞的性格所代替的時候，女性才眞正達到了成熟、不再生長發育，那時她們才達到了最美的狀態。二十歲以前的青少年時期，人的身體還在發育；到三十歲的時候身體漸漸結實起來；柔軟的肌肉也一天天變得堅硬，使得面容具備了自己的特徵；這些都像是命運的鐵筆[35]，記錄了人們心靈的活動，不僅告訴我們人的身軀中蘊含著怎樣的力量，也告訴我們它們是如何被運用的。

我們還應該注意一點，那就是成熟得晚的動物，都是最長壽、也最名貴的品種。但是男性在特別長壽這方面，不能說具有任何天生的優越性；因為大自然在這方面並未讓男性有什麼特別之處。

多妻制是女性地位不彰的另一種表現；這種習俗毀滅了一切家庭美德，卻有一種似是而非的論點想要透過一個已經過證實的事實來為它進行辯護，那就是：在建立了多妻制的國家裡，出生的女嬰要比男嬰多。這看起來是自然現象，而面對自然就連理性的思考也必須屈服。顯然，進一步的結論就是：如果多妻制是必然，那麼女性一定比男性低等，而且是為他們而生的。

我們對於胎兒在子宮中的發育過程所知甚少；但在我看來，這種現象可能只是由偶然的生理原因所導致的，可以證明它並非是自然的法則。我剛好在福斯特所著的《南海諸島遊記》[36]中看到過一些相關的觀察記錄，可以佐證我的觀點。他觀察了雌雄兩性的動物，發現體質最強健、情緒最旺盛的那個性別往往占優勢，並生產出更多的同性後代；他補充道：「如果將這一規律應用在非洲居民上，很顯然那裡的男性習慣了多妻制的習俗，由於與太多女人縱欲而變得衰弱，所以他們的精力不那麼充沛；而女性則正好相反，她們的精力比較旺盛，這不僅是因為她們有更為敏感的神經和身體組織，以及更為活躍的想像力；也同樣是因為她們在婚姻生活中被剝奪了在一夫一妻制下獨屬一人的那份肉體之愛；由於以上原因，令大部分新生兒為女性。」

「在歐洲的大部分地區，最精確的死亡率統計表證明，男性與女性的比例幾乎相等，如果說有所差別的話，也是男性新生兒多於女性新生兒，兩者比例為一〇五比一〇〇。」

由此可見，多妻制是沒有必要的。然而，如果一個男人誘姦了一個女人——我想這該是所謂的「左手婚姻」[37]，那麼這個男人應該在法律上承擔起責任，贍養她和她的孩子們；除非這兩人是通姦，這種行爲是自然的離異，法律不應予以保護。只要女性的軟弱仍然使得「誘姦」一詞被用作她們的脆弱和缺乏原則的藉口，這條法律就應當一直有效；不僅如此，只要女性仍然無法運用自己的雙手和頭腦生活，而需要依靠男性維生，這條法律也應該一直有效。可是在這樣的關係當中，女性不應被稱爲是完整意義上的妻子，否則就破壞了婚姻眞正的意義：因爲兩人之間若不是靠著愛情或友誼而使心靈結合在一起，那麼婚姻之中所有出自於個人忠誠的、使雙方關係變得神聖的親密情感，都將淪落爲自私自利的行爲。雖然我發自內心地認爲，男性與女性有必要爲了撫養後代而共同生活，但自然之意絕對不會是一名男子可以有多位妻子。而且，這些女性如果能夠忠於自己孩子們的父親，就應當受到尊敬，不應被視爲妓女。

儘管我非常尊重婚姻，將它視爲幾乎一切社會美德的基礎，但我無法不對那些因「破壞婚姻」而被社會拋棄的不幸女性感到最深切的同情，她們只因一次過錯就被剝奪了所有有益於心靈的情感和人際關係。在許多時候她們甚至不能說是做錯了事。許多無辜的女孩只是付出眞心的傻瓜；而更多的女孩，我想強調的是，她們是在還不懂得區別善惡的時候就「被毀了」：她們只受過惡劣的教育，並因此而成爲了聲名狼藉之人。救濟院或妓女收容所不是補救這種弊害的正確方法。這個世界缺少的不是慈善，而是公正！

一個女人一旦喪失名譽，可以想見她會悲慘到無以復加，至於恢復她從前的地位，那是絕不可能的；任何努力都無法洗去這個汙點。再沒有任何人來鼓勵她，她也沒有任何其他方法可以謀生，賣淫成了她唯一的出路。這個悲慘的人無力對抗環境的影響，她的品格會迅速地墮落，除非她心高氣傲並且具有非同尋常的理性。男性從來不曾因爲生活所迫，而以賣淫爲業；可被迫一步步走上這條罪惡之路的女性卻數不勝數。這在很大程度上是由女性被教育出來的懶惰所造成的，女性總是被教導說要依賴男性生存，並且以她們的身體回報男性對她們的贍養。於是，娼妓般的裝模作樣和那一整套淫蕩的學問成了比食欲和虛榮更加有力的刺激；而這一點又助長了流行的觀念，那就是，貞操是女性唯一值得尊敬的東西。女性的品行就取決於是否遵守了這唯一的一種美德，而她們心中卻只培養著一種激情，那就是愛情。不僅如此，女性的名譽甚至根本無法由她自己的意志來決定。

理查森[38]一定是對名譽和美德有著奇怪的觀念，才會讓克拉麗莎告訴拉夫雷斯，他奪走了她的名譽[39]。因爲，一切悲慘中最悲慘的莫過於此：一個人不經自己的同意就被認爲是墮落的！我曾聽說有人爲這種過分嚴酷的行爲辯護，說它是一種有益的錯誤。我要用萊布尼茨[40]的話回敬：「錯誤往往是有益的；但是這通常是爲了補救其他錯誤。」[41]

生活中有太多的不幸，都來自於對一時享樂的過分欲求。要求女性在婚後順從，就屬於這種情況；一個順從的妻子，因爲依賴權威，她的頭腦自然會變得軟弱，她不再使用自己的力量，變成了一個軟弱懶惰的母親。或者，假設結果並不總是這樣，但僅僅培養女性消極的美德，這就幾乎沒有考慮到她們未來的生存狀況。因爲在對待道德，尤其是女性的道德問題時，作家們總是在一個非常有限的意義上考慮美德這個詞，只將它建立在單一的、世俗功利的基礎上；更有甚者，他們還以男性自私而多變的感覺作爲美德的標準，將他們那偉大的論說邏輯建立在了一個更爲脆弱的基礎上。是啊，美德，正如宗教，已經要由個人的口味來決定了。

若非男人以自負的荒唐到處攻擊我們，那麼看到他們是多麼急切地貶低女性，卻又號稱正是從女性身上得到了人生的主要樂趣，就幾乎能讓我輕蔑地笑出來了。我時常滿懷信心地用蒲柏[42]的諷刺來反擊男人；或者確切地說，在我看來這段妙語適用於整個人類：看起來，用熱愛享樂或熱愛統治就可以劃分人類了，做丈夫的在自己的家裡說一不二，他只想到自己的享樂或便利。長此以往，那些已經結婚的男子們——無論是謹慎男子，還是想要找個可靠伴侶的回頭浪子，都必然會在過分迷戀享樂的驅使之下，引誘自己的妻子走向墮落。海門[43]趕走了羞怯，純眞之愛也隨風而逝。

愛情作爲一種肉體的欲望，不可能只靠著它本身就一直存在下去。愛情火焰的熄滅，通常是毫無預警就發生了。可是因愛欲而變得放蕩的妻子，卻要設法在丈夫的殷勤消逝後塡補它所留下的空虛；因爲在一度被當作女神一樣地對待以後，她已經無法再滿足於僅僅做一個高等女僕。她仍舊青春貌美，不願將熱情轉移到子女身上，只想享受生命的歡愉。而且，有很多丈夫是如此地缺乏常識與父愛，以致於在當初愛欲沸騰之時，他們不允許妻子親自哺育子女。妻子們只管盛裝打扮，爲取悅丈夫而活：而愛情，若因縱欲而忽略了履行責任，即使是純眞的愛情，也很快就會淪爲淫亂。

身體上的親密固然是令人愉悅的夫妻情誼的基礎；然而，當兩個善良正直的年輕人結了婚，如果有一些境況使得他們的激情經受考驗，那可能是件好事。如果他們能夠回想起在此之前所擁有的親密關係、或已逝的戀情的話，那麼他們至少能在某一方面使他們的婚姻得以建立在尊重的基礎上。這樣一來，他們的眼光就會更長遠，並試著規劃一段恆久的關係，維持一段至死不渝的友誼，這會令他們的整個人生都値得尊敬。

友誼是一種莊嚴的情感；它是一切情感之中最爲崇高的一種，因爲它建立在原則之上，並且隨著時間的流逝而日漸堅實。而愛情可以說恰恰與之相反。在某種程度上，愛情和友誼無法同時存在於一個人的心中；如果這兩種感情是由不同的對象激起，那麼它們彼此之間就會互相削弱和破壞；而對同一個對象，愛情和友誼只能先後存在。對空虛的恐懼和因愛欲而生的嫉妒，這兩者相互交融，爲愛情煽風點火；而它們都與友誼的悉心信任、眞誠敬重絕不相容。

愛情，就像才子們的生花妙筆所描繪的那種愛情，在世上根本就不存在，或者說僅僅存在於勾勒出此等危險圖畫的那些熱烈狂想之中。這種對愛情的描述是危險的，因爲它不僅爲那些以多情的名義來掩飾其赤裸肉欲的好色之徒提供了一個好聽的藉口，而且還傳播了虛僞做作的風氣，敗壞了道德的尊嚴。美德，就像這個詞本身所含的意義，即使不意味著苦行，也應當具備相當的嚴肅性；而人們卻將這個詞語等同於「美麗」的別名，企圖將它塞進「享樂」的外衣裡，這無異於是想在流沙之上抬高它的地位；這是以表面的尊重來促使美德墮落的最陰險的企圖。事實上，在現實生活之中，美德和享樂並不像一些善辯的作家所力圖證明的那樣緊密相連。享樂爲我們備下了行將凋謝的花環，調製了令人沉醉的美酒；然而美德所給予的果實，則是辛勤勞動的報酬：我們眼看著它日漸成熟，只感受到平靜的滿足；而且，它看起來只是事物自然發展的結果，幾乎難以覺察。麵包是常見的食物，支撐著我們的身體，維持著我們的健康，卻極少被當作是天賜之福；盛宴上的精緻菜肴，令人歡欣愉悅、大飽口福，即使其中潛藏著疾病甚至死亡的威脅，人們也仍然喜愛宴飲。活躍狂熱的幻想，正是以這樣的方式描繪出了愛情的圖畫，就像它大膽幻想著自彩虹上竊取閃閃發光的色彩，去描繪出其他一切圖畫那樣；它渴望透過一種這個世界所不能達成的盡善盡美，來證明愛情的高貴的起源；永遠地追尋著它自己也承認是夢幻泡影的東西。這種強烈的幻想可以使虛幻的東西變得實在，讓朦朧的遐思變得堅定，它們本是頭腦面對乏味的現實所自然產生的結果。這幻想將愛情描畫得有如天國般美妙，並沉迷於這個偉大完美的幻想對象之中；它能幻想出一種可以淨化靈魂且永恆不滅的彼此愛慕，因爲它是「天國的標竿」[44]；而且，就像是對宗教的虔敬一般，它能夠淨化一切卑下的情感與欲望。愛人在彼此的臂彎裡，就像在高聳入雲的神廟之內，與世隔絕，也隔絕了一切不能培育純潔愛情和永恆美德的思想與願望。永恆的美德！唉，盧梭，您這可敬的空想家！您的天堂樂土很快就要被一些不速之客的闖入給玷汙了。就像彌爾頓[45]的樂園，它只能容納天使，或是已經喪失了理性生命之尊嚴的人。幸福不是一件東西，它看不見也摸不著！然而，每個人都按照自己的想像去熱切追求「幸福」，正是這一行爲，宣示了人是塵世的主宰，能成爲有靈性的生物——不是被動接受，而是主動地去尋求幸福。因此，那些抱怨激情欺騙了自己的人，忘記了他們所反對的恰恰是靈魂不朽的明證。

不過，讓那些出眾的頭腦去糾正他們自己，爲他們的經驗付出高昂的代價吧；必須注意的是，我希望藉由訓練理性來保衛女性的心靈，不是爲了反對強烈而持久的激情，而是要反對浪漫而搖擺的情緒；因爲這些天堂樂土般的遐想，常常是無所事事的夢幻，而不是活躍的想像力的產物。

女性很少能有足夠嚴肅的工作來平息她們的情緒；她們身心的全部精力，都被消磨在了一連串的瑣碎小事和虛榮的追求上，這自然會使她們徹底淪爲感官的奴隸。簡而言之，在我們的社會裡，女性教育的全部宗旨，就是使環境最好的女性變得浪漫而無常，使其餘的女性變得虛榮而卑鄙。在目前的社會狀況下，我擔心這些弊端難以得到哪怕是最細微的補救；若是一種更值得讚美的理想得以在社會上流行，女性也許能更接近自然和理性，成長爲更加值得尊重的人，變得更有道德、也更有能力。

然而我敢斷言，當大多數人的首要願望還是向世人炫耀尊榮的時候，女性的理性將永遠不會有足夠的力量去改善她們的行爲。就爲了這個卑劣的願望，自然的情感和最有益的美德都被犧牲了。女孩子們結婚的目的——借用一句意味深長的俗話——只不過是爲了**向上爬**，而且她們是如此精準地控制著自己的心靈，直到一個家財萬貫的男人前來求婚，否則她們絕不會**墜入愛河**。這個話題我打算在以後的章節中詳談；現在只需稍提一下，年輕女性太常受到成年人自私的精明所害，以致於冷卻了青春的熱情，變得墮落。

還有另一個同一類型的觀點認爲，年輕女孩應當把大部分時間用在針線活上；然而，這比其他任何她們能做的事情，都更加限制她們的才能，因爲針線活使得女孩子的注意力被侷限於她們的外表之上。男性請人爲他們製作服裝，交代完後，就算完事；女性卻要自己製作衣服，無論是必需的還是裝飾性的，並且不停地談論它們；她們的腦子也在跟著手轉。縫製必要的衣物不會削弱她們的頭腦，可是製作花俏的禮服卻會令她們思想孱弱。一位處於較低社會階層的女性爲她的丈夫和孩子縫製衣服的時候，是在履行她的職責，這是她工作的一部分；但如果女性是爲了能穿上自己負擔不起的漂亮衣服而勞作，其害處就不僅僅是浪費了時間。若要使貧苦的女性享有美德，必須讓她們能有份工作；而中產階級的女性，如果不想效顰貴族女性的時尚，去追求她們那樣的安逸，正好可以雇用這些貧苦的女性，同時她們可以自己管理家庭、教育子女和鍛鍊自己的心智。園藝、實驗哲學和文學藝術可以成爲她們思考和聊天的題目，這會在一定程度上鍛鍊她們的理性。法國女性不會整天僵坐在椅子上，織衣襟、結緞帶，她們的談話固然常常很膚淺，不過我認爲，還遠不及英國女性談話的無聊；而英國女性把時間都花在了做各種男女帽子、裝飾品之類的東西上面，更不用說買東西、討價還價一類的事情了。而恰恰是那些謹愼體面的女性最容易讓自己陷入這些事情；因爲她們的動機不過是爲了滿足虛榮。那些會運用品味來使自己更加誘人的放蕩女性，她們要考慮的事可就多了。

這些評述都來自於一個我之前提到過的、概括性的觀點，我對它再如何反覆強調也不爲過。這是因爲，說到男性、女性和職業，我們都會發現，無論是對整體還是個人，思維的運用都會塑造人的性格。女性的思維永遠圍著她們的外表打轉，那麼她們把外表當作是最有價値的東西又有什麼奇怪？但即使是爲了塑造美麗的外表，也需要有一定程度上的心靈自由；這也許就是一些溫順的妻子除了性別本身的吸引力之外，再沒什麼其他魅力的原因之一。此外，久坐不動的工作使得大部分女性都柔弱多病，而對女性美的錯誤觀念卻讓她們以這種嬌弱爲榮；其實這是束縛女性的另一副枷鎖，它使得女性不斷地關注自己的身體，從而禁錮了她們心智的活動。

上流社會的女性很少親手縫製衣服，因而在穿著方面只需要運用她們的鑑賞力。於是她們梳妝完畢就不怎麼再去想那些服飾了，所以能夠有一份安然自得的氣度。在那些只爲了打扮而打扮的女性中，就難得見到這樣的舉止。事實上，我之前關於中產階級最富有才幹的言論，並不適用於女性。上流社會的女性，由於至少對文學略知一二，又能更多地與男性討論一些一般性的問題，能夠得到更多知識，勝過那些只是模仿她們的時髦作風和缺陷，卻沒有分享到她們的優點的其他階層的女性。而說到美德，從廣義上來看，我在下層女性中見得最多。許多貧苦的女性胼手胝足養育兒女，維持著因丈夫的惡行而瀕臨破碎的家庭；而上流社會的女性卻太過懶惰，不會主動培養美德，文明教化與其說能使她們更完善，倒不如說讓她們更軟弱了。我確實在很多無緣接受教育卻表現出高尚美德的貧苦女性身上，看到了理性，這有力地證實了我的觀點：是瑣碎無聊之事把女性變成了無聊之人。男性占有了女性的身體（蘭格爾說：「我占有她的身體」[46]），卻任其頭腦繡蝕；所以在肉欲之愛（這其實是他們最喜愛的消遣）讓他們感到疲憊的時候，他們會盡力地控制和奴役女性：誰知道還要經過多少世代，這些悲慘的奴隸[47]的後代才能得到自由，擁有生機勃勃的美德和才幹呢？

在探索那些在我看來會導致女性墮落的原因時，我只談論對全體女性道德和行爲產生影響的因素，並且我清楚地看到，所有這些問題都源自理性的缺乏。只有時間才能告訴我們，這究竟是自然規律，還是偶然的、能力上的缺陷。我不打算太過強調少數因爲接受了男性教育，而具備了勇氣與決心的女性的例子[48]；我只想指出，與女性處境類似的男性，養成了和她們類似的性格——我所指的是一般的男性，而那些才華超群的男性都是出自於同一個階層，在那個階層根本沒有女性的位置。

◆註解◆

[1] 參見《詩篇》72:9；《哥林多前書》15:32；《以賽亞書》22:13。這句話表達的是及時行樂，不求改變現狀的觀點。——譯注

[2] 當男性不依照原則的指引來進行辯論的時候，他們會陷入怎樣的矛盾啊。女人、軟弱的女人被他們比作天使；然而若她們是這種比人類優越的生靈的話，就該假設她們比男性具有更多的才智，否則這種優越性要如何維持呢？根據同樣的論調，暫時丟開冷嘲熱諷，女性的確被認為是具有更多的善心、虔誠和仁慈。儘管這種說法非常殷勤，但我懷疑這是否屬實，除非愚昧無知成了虔誠之母；因為我堅信，一般說來，美德和知識的和諧，遠超過人們平常的設想。

[3] 參見《失樂園》第八卷，第五四六—八五四行。這裡談到認為女性美貌卻理性不足的觀點，強調了夏娃外貌的美麗和她對亞當的順從，但又說「她外表精美而內心稍有欠缺」等等。關於彌爾頓和《失樂園》，可參見第一章注釋1。——譯注

[4] 蒙博杜勳爵說：「野蠻人始終停留在自然為他們安排的狀態之下，直到如今我們將文明賜予他們，從而提高了他們天然的本能。」（譯注：蒙博杜勳爵，即詹姆斯・伯奈特（一七一四—一七九九），是蘇格蘭法官，作為一名學者，他研究語言的進化、自然神論和哲學。他是當時學者中持有早期進化論觀念的人，也是現代的歷史比較語言學的早期奠基人。引言出自其作品《語言的起源與進化》（*Of the Origin and Progress of Language*），一七七四年，第一三七頁；全書六卷，是其重要著作之一。）

[5] 參見《失樂園》第八卷，第五七—五八行。關於彌爾頓和《失樂園》，可參見第一章注釋1。——譯注

[6] 完美一詞用得不完全合適，但我找不到更好的詞來代替。

[7] 「享樂只是下等動物的本分／而榮耀和美德才是上天為人預備的。」

巴鮑爾德夫人在寫出這兩行詩句以後，怎麼又能再寫出下面這種低劣的比喻！

「與一幅花兒的圖畫同贈一位女士：鮮花贈美人

我對您獻上這些花朵／以早春的消息向您致敬／花兒甜美歡愉嬌柔似您／它們象徵天真與美麗／美慧三女神用鮮花束起金髮／花朵的桂冠戴在兩心相印的情人的頭上／花兒是大自然唯一的奢華／曾在純潔無罪的伊甸園中生長／更以崇高的形式承擔更艱巨的任務／遮蔭的橡樹抵擋狂風暴雨／堅韌的紫杉擊退敵軍的進擊／高聳的蒼松長成未來的艦隊／但唯有嬌柔的鮮花無憂無慮／生來僅僅是為了享樂和快活／歡

愉而沒有勞苦，可愛而沒有心機／它們盛放是為使人賞心悅目／不要臉紅，美人兒，承認你和它們一樣吧／你最好的，最甜蜜的統治之權，正是討人歡喜！」

男人們也對我們這樣說：但理性告訴我們：唯有通過艱苦的勞動、與世間的憂慮做有益的鬥爭，才能獲得美德。

（這兩段詩文分別引自安娜・利蒂提婭・巴鮑爾德的作品《詩集》的第四七頁和第九五頁。安娜・利蒂提婭・巴鮑爾德（Anna Letitia Barbauld, 1743-1825），英國女詩人、兒童作家、編輯，也稱安娜・利蒂提婭・艾肯，艾肯（Aikin）是其父姓。一七七三年出版的《詩集》是其一部大獲成功的作品。——譯注）

[8] 大衛・休謨（David Hume, 1711-1776），蘇格蘭哲學家、經濟學家和歷史學家，被視為是蘇格蘭啟蒙運動以及西方哲學史中最重要的人物之一。下述所引用的文字引自其一七七七年再版的文集《對若干問題的短著與論文》（*Essays and Treatises on Several Subjects*），第一卷，「對話」（A Dialogue），第三八六頁。——譯注

[9] 農神節是古羅馬的節日，一般在十二月下旬，是古羅馬人祭奠農神的狂歡節。在農神節期間，一切工作與交易都暫停，人們可以自由地交換節日禮物，一些傳統的道德規範也被放寬。奴隸們會獲得短暫的自由，甚至指使主人滿足他們的願望。這也就是文中所說的「主僕顛倒」的習俗。農神節中的許多元素被認為影響了後來的耶誕節。——譯注

[10] 參見沃斯通克拉夫特在一七八八年的《分析述評》（*Analytical Review*）一書中，關於Adam Beuvius的作品Henrietta of Gerstenfeld的述評。——譯注

[11] 參見《馬太福音》6:28：「何必為衣裳憂慮呢？你想野地裡的百合花怎麼長起來，它也不勞苦，也不紡線」。——譯注

[12] 參見艾肯《詩集》第七〇頁，《歌謠五》第一六——一八行。關於艾肯和她的《詩集》，可參見本章注釋7。——譯注

[13] 路易十四（Louis XIV, 1638-1715），法國波旁王朝在位時間最長的君主之一，自號「太陽王」。他在位期間修建了奢華的凡爾賽宮，讓地方貴族都搬來宮廷居住，並設計繁複禮節和諸多舞會宴席等等，使貴族們沉迷聲色，並被迫為衣飾耗費鉅款，從而逐漸喪失其統治地方的權力。路易十四通過這一手段逐漸削減了貴族的權力，為成功建立中央集權國家邁出了重要的一步。路易十四統治下的法國由此逐漸強大

並屢屢對外征戰，但在其晚年終於使國家經濟破產，不得不徵收重稅。路易十四的統治引發了貴族以及新興市民階層的不滿，不少歷史學家認為這是導致一七八九年法國大革命發生的重要原因。——譯注

【14】還可以加上一句：小聰明永遠是小聰明：因為想要用小聰明來引人注意、贏取勝利，和用美貌一樣都是徒勞的愚蠢行為。

【15】參見賈斯特菲爾德伯爵《致兒書簡》（*Letters to his son*），一七七四年，第二卷，第二九九頁。菲力浦・道摩・斯坦霍普（Philip Dormer Stanhope, 4th Earl of Chesterfield, 1694-1773），賈斯特菲爾德第四代伯爵，英國政治家和文學家，以寫給其私生子的書信而聞名，這些書信文風優美，直到現在「賈斯特菲爾德式」（Chesterfeldian）一詞仍有文風儒雅之意。——譯注

【16】參見亞當・斯密，《道德情操論》，一七九〇年第六版。亞當・斯密（Adam Smith, 1723-1790），現代經濟學的主要創立者，曾在格拉斯哥大學擔任邏輯學和道德哲學教授，其間出版了《道德情操論》。他的《國民財富的性質和原因的研究》（*An Inquiry into the Nature and Causes of the Wealth of Nations*），簡稱《國富論》（*The Wealth of Nations*），至今仍是經濟學領域最有影響力的經典著作，奠定了現代自由貿易、資本主義和自由意志主義（Libertarianism）的理論基礎。亞當・斯密終生未娶，和母親相依為命。——譯注

【17】《道德情操論》是亞當・斯密的倫理學著作，他一生中共六次修訂此書，作者所引為第六版。在此書中，他主要研究個人與社會其他成員的互動，從人類的情感和「同情心」出發，討論了善惡、美醜、正義、責任等一系列倫理學概念，在當時獲得學術界很高的評價，成為傳世的經典之作。——譯注

【18】下述引文出自亞當・斯密，《道德情操論》。——譯注

【19】此處為亞當・斯密所引用的伏爾泰著作中的文字，出自伏爾泰作品《路易十四時代》（*Siècle de Louis XIV*），一七五一年版。伏爾泰（Voltaire, 1694-1778），原名弗朗索瓦—瑪利・阿魯埃（François-Marie Arouet），伏爾泰是其筆名。法國啓蒙時代思想家、哲學家、文學家，啓蒙運動公認的領袖，被稱為「法蘭西思想之父」，其著作對美國革命和法國大革命均有影響。他曾於一七四五—一七四七年擔任王家史官，得以查閱大量資料，完成《路易十四時代》一書，記錄了當時法國各方面的社會面貌。——譯注

【20】參見《失樂園》第八卷，第五四八行。關於彌爾頓和《失樂園》，可參見第一章注釋1。——譯注

【21】參見《失樂園》第八卷，第五四九—五五四行。關於彌爾頓和《失樂園》，可參見第一章注釋1。——

譯注

[22] 此處應指《聖經・舊約・創世記》中的故事。聖經中說上帝從塵土中造了亞當，又取亞當的肋骨造了夏娃；而夏娃聽從蛇的引誘，摘下了「分辨善惡樹」上的智慧之果，和亞當一起吃了，人類才獲了得理性和辨別善惡的能力。但這違反了上帝的禁令，所以上帝懲罰人類，令人從此「本是塵土，仍要歸於塵土」（即有了死亡）。作者作為一名虔誠的信徒，在此處卻提出女性的「罪行」其實正是人類獲得辨別善惡能力的來源，頗為挑戰傳統的宗教觀念。——譯注

[23] 參見蒲柏，《致一位女士：論女性的性格》，第四十四行。關於蒲柏與此書，可參見第二章注釋12。——譯注

[24] 參見《愛彌兒》第四卷。關於盧梭與其作品《愛彌兒》，可參見第一章注釋3和第二章注釋9。——譯注

[25] 詹森博士，指撒母耳・詹森（Samuel Johnson, 1709-1784），英國文學史上重要的詩人、散文家、傳記家和詞典編撰家，其所編撰的《英文字典》對英語的發展貢獻很大。此處所引就是其在《英文字典》中對「感性」的定義。——譯注

[26] 參見《聖經・舊約・創世記》1:27，「神就照著自己的形像造人，乃是照著祂的形像造男造女。」——譯注

[27] 參見《聖經・新約・馬太福音》18:21-2，「那時彼得進前來，對耶穌說：主啊，我弟兄得罪我，我當饒恕他幾次呢？到七次可以嗎？耶穌說：我對你說，不是到七次，乃是到七十個七次。」——譯注

[28] 參見弗蘭西斯・培根，《論說文集》（*The Essays*, 1612），第五篇，「關於婚姻和單身生活」（Of Marrige and single life）。關於培根勳爵，可參見第二章注釋3。——譯注

[29] 大多數人都聽命於自己的低級欲望，而非追求的熱情。

[30] 參見葛列格里《父親的贈女遺言》。關於葛列格里和此書，可參見第二章注釋7。——譯注

[31] 這樣的男人們將感性傾注在他們的作品中，使感性熔合於粗糙的材料，再用熱情將其澆築成型，為無生命的形體賦予靈魂；然而，在女人的想像之中，只有愛情才能凝聚這些靈光。

[32] 亞伯拉罕・考利（Abraham Cowley, 1618-1667），十七世紀英國最重要的詩人之一，早在十歲時就創作了一部浪漫史詩，十五歲就詩名遠揚。後文的彌爾頓、蒲柏也是早慧的著名詩人，前者參見第一章注釋1，後者參見第二章注釋12。——譯注

【33】我還可以加上很多其他人。

【34】愛情的力量，一般來說，是與一個人對所愛之人特質的迷戀成正比的。

【35】「鐵筆」這一形容可能是來自於《聖經》中的典故。《舊約．耶利米書》17:1，「猶大的人民哪，你們的罪過是用鐵筆寫的，是用鑽石針刻在你們的心裡，雕刻在你們的祭壇角上的。」——譯注

【36】福斯特（J. R. Forster, 1729-1798），德國著名博物學家，有蘇格拉血統的，對歐洲和北美早期鳥類的考察做出過重要貢獻。但是作者本段所述的內容並非出自其《太平洋南部海島記》（*Account of the Isles of the South-Sea*），而是出自其《環球航海觀察記》（*Observations Made During a Voyage Round the World*）：下段所引用的關於歐洲男女比例的資料，也並不出自他的作品，應是作者記憶有誤。——譯注

【37】左手婚姻（left-handed marriage），通常指貴族男子和平民女子之間「門不當戶不對」的關係。在當時的歐洲，妻子在這種情況下無權繼承丈夫的遺產，所生的兒子也沒有繼嗣權。但從下文來看，此處也可能是指婚外情。——譯注

【38】愛德華．楊格也有同樣觀點，他在他的戲劇中談到過那種「見不得光」的不幸。（譯注：關於愛德華．楊格，可參見作者小傳注釋5。撒母耳．理查森（Samuel Richardson, 1689-1761），英國作家和出版人，他的小說富有道德說教意味，而且認為即使是被迫違背了清規戒律的人，也同樣有罪，要遭到報應。他最著名的作品之一就是一七四八年出版的《克拉麗莎》（*Clarissa, Or the History of a Young Lady*），講述了女主角克拉麗莎的悲劇故事，是最長的英文小說之一。）

【39】參見《克拉麗莎》第五卷。克拉麗莎出身上流社會，是一個活潑樂觀的女子，遵守道德規範，但不想接受父母的包辦婚姻。在她猶豫不決的時候，一名追求者拉夫雷斯（Lovelace）幫助她逃出家庭，但是隨後迷姦了她，使得克拉麗莎深受打擊，在歷經折磨之後終於死去。——譯注

【40】哥特弗萊德．萊布尼茨（Gottfried Wilhelm Leibniz, 1646-1716），德國哲學家、數學家，世上罕見的通才，在數學史和哲學史上都有重要的地位，對物理學和技術的發展也做出了重大貢獻，並提出了涉及諸多學科的一些概念。——譯注

【41】參見萊布尼茨，《神義論》（*Essais de Théodicée*）序言。——譯注

【42】關於蒲柏及其著作，可參見第二章注12、13。——譯注

【43】海門（Hymen，也寫作Hymenaeus）是古希臘神話中的婚禮之神。——譯注

【44】參見《失樂園》第七卷，第五八八—五九二行。關於彌爾頓和《失樂園》，可參見第一章注釋1。——

譯注

【45】關於盧梭、彌爾頓及其作品中對愛情的觀點，可參見第一、二章相關注釋。——譯注

【46】未找到蘭格爾（Ranger）的相關作品，不過同時期其他男性作家／詩人也常常使用這句話，如Benjamin Hoadly一七四七年出版的《多疑的丈夫》（*The Suspicious Husband*）第一章，和William Congreve一七一〇年出版的《著作集》（*Works*）中的〈即興詩〉（*Poems upon Several Occasions*）中的一首。——譯注

【47】「假設女性是自願的奴隸——任何一種奴隸制度對人類的幸福和發展都是不利的」。（參見諾克斯《文集》。維塞斯莫・諾克斯（Vicesimus Konx, 1752-1821），英國牧師和散文家。引文後半句出自其一七八二年的《道德和文學文集》（*Essays, Moral and Literary*），不過「假設女性是自願的奴隸」一語並非諾克斯原文，而是作者自己的話。——譯注）

【48】比如薩福、埃洛伊薩、麥考利夫人、俄國女皇、迪昂女士等等。她們和許多女性也許會被認為是女性中的例外：可是所有的男英雄和女英雄一樣，不也是超出一般規律的例外嗎？我希望女性既不是英雄也不是牲畜，而是有理性的人。（譯注：薩福（Sappho，約西元前六三〇—西元前五七〇），古希臘著名女詩人。埃洛伊薩（Eloisa），應是指中世紀的法國修女、作家、學者、女修院院長Heloisa（法語名Héloïsed›Argenteuil, 1090-1164）。麥考利夫人，應是指凱薩琳・麥考利（Catharine Macaulay, 1731-1791），英國歷史學家和當時著名的政治活動家。俄國女皇，應是指葉卡捷琳娜二世（Екатерина II Алексеевна, 1729-1796），英語也稱她為凱薩琳大帝（Catherine the Great），她在位期間使得俄羅斯成為歐洲最強大的國家之一，俄羅斯帝國歷史上僅有她和彼得大帝被尊稱為「大帝」。迪昂女士（Madame d'Eon, 1728-1810），法國間諜，在俄國和英國偽裝成貴婦參與政治活動，影響頗大。死後經驗屍被確認為男性，但在作者的年代尚被認為是傑出的女性。）

第五章　反駁某些對於女性抱有近乎侮辱的憐憫態度的作家

在當下一些討論女性品格和教育問題的讀物中，時常出現一些看似合理的意見，而大多數涉及女性問題的言論都過於輕率地保持著與它們一致的觀點；現在，我們就來檢視一下這些意見。

盧梭

我將從盧梭開始，用他自己的話來概括他對女性品格的看法，並在其中加入我的評論和回應。我的評論，確實只是出於一些基本的原則，也都可以從我之前的話中推論出來；但是盧梭所建構的那一套理論是如此精妙，以致於我們有必要對之進行更加詳盡的批駁，我決定自己來作這件事。

盧梭認爲，蘇菲堪稱完美的女性典範，就像愛彌兒是完美的男性典範一樣[1]；爲了證明這一點，他必須要檢視自然所賦予女性的品格特質。

於是他開始證明，女性應當是柔弱的和被動的，因爲她們在體力上不如男性強壯；然後他又推論說，女性生來就是爲了取悅男性，並服從於他們；所以，女性的天職就是使自己成爲令主人感到**滿意**的伴侶，這就是她生活的偉大目標[2]。不過，爲了好歹給欲望留點面子，他堅持認爲，男性在求歡時不應使用強力，而要憑女性的心甘情願。

「因此我們根據兩性之間身體構造的差異推導出第三種結果；那就是，強壯的男性只是表面上的控制者，實則卻依賴著較爲軟弱的女性；這種依賴並不是指男性獻給女性的各種小意殷勤，或者是他們以保護者自居的虛榮心，而是因爲無法改變的自然法則讓女性長於激發男性的欲望並令其得到滿足，男性依賴著女性所給予的歡愉，這歡愉會令他反過來竭力地取悅女性，**好讓她同意他是最強壯的男子**[3]。在這種情況下，爲了贏得女性的歡心，男性最樂於做的事情，莫過於去猜測女性是會因其自身的柔弱而折服於他超群的力量，還是她一向欣賞他這樣的男子；而女性則會非常有技巧地讓他一直猜不到答案。從這個角度看，女性的理性和她們的體質完美匹配：她們絕不會爲了自己的柔弱而感到羞慚，相反，她們覺得這是值得稱讚的；她們柔軟的肌肉本來就沒什麼力氣，卻還會假裝連最微不足道的分量也提不起來，要是被人說強壯她們是會臉紅的。她們爲什麼會這樣做呢？這不單是爲了彰顯自己的嬌弱，也是她們一個技巧性的預防措施：她們預先爲自己找好了一個藉口，好在需要的時候有向人示弱的權利。」[4]

我引用了這段文字，以免讀者懷疑我故意歪曲作者的推理，來支持我自己的觀點。我之前已經表達過自己的觀點，根據這些基礎原則來教育女性，會讓她們成爲狡猾放蕩的人。

假設女性生來就只是爲了取悅男性，並服從於他們，那麼這個結論就是對的：她應該爲了讓男性感到稱心如意而犧牲其他一切考慮；如果能證明這野獸般的、自我保護的欲望就是她命運的牢籠，她的人格應當不顧一切精神和肉體的差異，伸縮扭曲只爲能與它相適合，那就讓這欲望成爲她一切行動的主要動力吧。但是如果就像我所認爲的那樣：我們可以證明，整體來看，即使只是現世的目標，也已經被這種建立在卑劣基礎上的、實用性的規則所破壞，那麼我就可以懷疑，女性究竟是否是爲了男性才被創造出來的。雖然人們會因此而叫囂，指責我漠視宗教甚至說我是無神論者，我還是要坦然宣稱：即使有一個天使從天而降，告訴我摩西那優美如詩的創世之說和關於人類墮落的記載[5]，確確實實都是眞的，我也無法相信我的理性所告訴我的一切是對上帝的不敬；我不害怕看到魔鬼出現在我面前，我敢於宣稱這是理性的啓示，而不是將我的弱點歸咎於那第一個誘騙軟弱女性的魔鬼[6]。

盧梭接著說道：「現在已經證明了，男性和女性在氣質及性格上，不是而且也不應當被認爲是相同的，這當然就證明了他們不該以同樣的方式接受教育。他們的確應當跟從自然的引導共同協作，但是他們不應該做同樣的事情：他們最終追尋的目標應當是一致的，不過他們實現目標的手段應該是不同，因而他們的趣味和愛好應當是不同的。」（盧梭《愛彌兒》，第三卷，第一七六頁）。

* * * * * * * * * * * * * *

「無論是透過檢視她們的特殊使命、觀察她們的興趣愛好還是評價她們的責任，所有的事情都殊途同歸地爲我指明了適合於她們的、特殊的教育方法。女性和男性註定彼此依賴，可是他們相互依賴的程度不同。男性依賴女性只是因爲他們的欲望，而女性依賴男性則不只是因爲她們的欲望，也是因爲男性是她們生活中所不可缺少的人；男性沒有女性，會比女性沒有男性好過一點兒。」

* *

「爲此，女性所受的教育應當總是與男性有關。如何取悅我們，如何成爲對我們有用的人，如何讓我們愛上她們、尊重她們，如何教育男孩子、如何照顧成年男性、給我們建議和撫慰，或讓我們生活得更舒適愉快：這些是女性終生的責任，也是她們應當從小就開始學習的內容。要是不按照這個原則行事，我們就會遠離目標，所有對她們的教導將既無助於她們自己的幸福，也無助於我們男性的幸福。」

* *

「女孩從小就熱愛穿著打扮。她們光是自己漂亮可愛還不夠，還渴望別人也認爲她們漂亮可愛；我們可以從她們微微表露出來的神情，看出這種想法占據了她們的注意力；除非我們告訴她們人們對她們言行的看法，以此約束她們，否則她們幾乎無法聽懂我們在說什麼。然而，以同樣方式去誘導男孩子卻會顯得輕率，因爲這對他們不會起作用：他們只要被允許去愉快地盡情遊戲，就不怎麼在乎別人對他們的看法。要讓男孩子服從於這種誘導需要花費不少時間精力。」

「女孩子無論是從什麼地方學到了這第一課，都是好的。肉體的誕生先於靈魂，所以我們首先應當注意的就是培養身體；這個順序對男女都是共通的，不過兩性培養的目標卻不一樣。男孩應當發展他的體力；女孩則應發展她外表的魅力。並不是說體力或魅力這兩種條件只能分別地爲某一種性別所獨有，但是在培養這兩種條件的次序上，男女是相反的。女性當然需要足夠的體力好能夠優雅地行動，而男性也需要談吐的技巧好讓他們應付裕如。」

＊＊＊＊＊＊＊＊＊＊＊＊＊

「男孩和女孩有很多共同的娛樂活動，也應當如此，難道他們長大後不也是這樣嗎？不過在這一方面，不同性別也有各自獨特的偏好。男孩子喜歡喧鬧而有活力的遊戲，像是打鼓、打陀螺、拖拉小車；另一方面，女孩子則更喜愛表演和裝飾用的東西，比如鏡子、小飾品、玩具娃娃之類；玩具娃娃是女孩子特有的娛樂，由此可見她們的愛好恰恰適合於她們的使命。取悅於人的藝術的外在表現就是穿著打扮；而這也是女孩們在培養取悅於人的技藝上所能夠學到的一切。」

＊＊＊＊＊＊＊＊＊＊＊＊＊

「從這些我們可以看到基本的傾向已經穩固地建立起來，你只需要對此因勢利導即可。小女孩無疑非常渴望知道如何裝扮她的娃娃，爲它做小袖結、荷葉邊、頭飾等等。她必須向周圍的人求助，請求他們幫助她做這些小東西，而若能全靠自己的努力做出這些，她就更會感到十分愉快。因此我們通常把這作爲教給年輕女孩的第一課是很有道理的：我們不是來給她們布置一項任務，而是幫助她們學會一些馬上就會對她們有用的東西。而且，事實上，幾乎所有女孩都不願學習讀書寫字，可她們卻隨時都很樂意投入到針線活兒中。她們愉快地想像著自己已經長大，可以用針線上的本領來打扮自己。」[7]

這當然只是對身體的教養；但不只盧梭一個人曾隱晦地表示，年輕女性有外表就足以取悅於人了，她們不需要任何心智，除非動物本能也算是心智。爲了讓她們的身體變得柔弱，也就是某些人所謂的柔美，人們忽略了她們的理性，女孩們被迫靜靜地坐在那兒玩著娃娃，聽著愚蠢的談話；而這種習慣所產生的結果，卻被堅稱爲是確定無疑的自然表現。我知道，盧梭的觀點是青年時期的最初幾年應該用來培養身體，雖然他在教育愛彌兒時並沒遵從這個計畫；然而使身體強健——智力也在很大程度上依賴於體力——和僅僅讓身體能從容地行動，是非常不同的。

我們應當注意到，盧梭的言論是在一個這樣的國度裡產生的，在那裡取悅於人的技藝日益精深，目的不過是爲了使惡行看起來不那麼粗鄙。他沒有追溯到問題的本質，也許是他那壓倒一切的欲望干擾了理性的運行，否則他不會得出這樣草率的結論。

在法國，對小孩子們尤其是對女孩的教育，僅僅是教授她們如何取悅於人，教會她們打理外表和注意在人前的行爲舉止；爲了讓她們不失禮節，人們早早地就用那些世俗僞善的戒律腐蝕了她們的靈魂。在過去的時代，就連孩子也必須要作深切的懺悔，而懺悔時聖者的提問就足以讓她們對性別特質留下印象了（我說的都是有可靠根據的事實）；而社會給她們的教育就是如何賣弄風情和取悅男性。到了十歲或十一歲，不，甚至常常比這還早，女孩子們就開始賣弄風情，她們談論著如何憑藉婚姻來建立她們的社會地位，卻不會受到任何責備。

簡而言之，女孩幾乎從一出生就被當作是成年女性，聽到的都是恭維而非教導；這些都削弱了她們的心智。大自然在塑造女性這個事後才被想起的生靈時，就像是在扮演一個後母般的角色。

因爲女性不被允許擁有理性，所以她們自然也就不受理性的支配而要盲目地服從於權威；並且爲了使她們服從，盧梭還給出了以下建議：

「女孩應該活潑而勤勉；可這還不夠；她們還應該儘早學會服從約束。如果這對她們眞是一種不幸的話，那也是跟她們的性別密不可分的；如果她們想擺脫這種不幸，就會遭受更殘酷的不幸。她們必須終生服從這種恆常的、嚴格的約束，即禮儀的約束；因此，有必要讓她們儘早習慣這種限制，以免今後付出更大的代價；並且要壓抑她們的任性，這樣她們就能更加服從他人的意志。如果她們眞的會熱愛不停地工作，那有時就該強迫她們把工作放在一邊。如果她們被過分的縱容、寵壞而誤入歧途，她們的天性中就會很容易產生放蕩、輕浮和反覆無常等缺點。要避免這些惡習，我們就該讓她們學到，最重要的一點就是要對自己有適當的克制。因爲我們荒謬的制度，一個端莊的女人往往淪落在永無休止的自我矛盾之中：不過讓女性分擔一下這制度帶給我們的不幸，也沒什麼不公平的。」

一位端莊的女士，爲何她的一生會處在永無休止的矛盾之中？我認爲這是我們的教育制度造成的。端莊、節制、克己是理性所帶來的、自覺的特質；但是當我們犧牲女性的理性並培育她們的感性之時，這些軟弱的人就必然被以專斷的方式管束起來，受制於持續不斷的矛盾衝突；如果能夠爲她們的心智活動提供更爲廣闊的空間，就會有更高尚的激情和動機來支配她們的欲望和情緒。

「一位母親所給予女兒們的、最平常的情感和關懷，就會讓她贏得女兒的敬愛，孩子們甚至可能只是因爲習慣了母親的存在就敬愛著她，除非她做了什麼引起她們憎恨的事情。即使母親對女兒們加以約束，只要處理得當，也只會增加而不是減少孩子們對她的愛；這是因爲女性天生就處於依賴的狀態，她們會發覺自己生來就應當服從他人。」

這是在用未經證實的假定來論證問題；因爲奴役不僅貶低了被奴役者的人格，而且它的影響看起來還會代代相傳。考慮到女性已經做了那麼久的依賴者，她們之中會有些人甘於受縛，像哈巴狗一般地搖尾乞憐，也不奇怪吧？一位博物學家發現，「這些狗兒的耳朵最開始都是豎起來的；但是習慣戰勝了自然，恐懼造成的垂耳現在成了一種美觀。」[8]

盧梭又說：「出於同樣的理由，女性只有，或者說只應當有極少的自由；即使只允許她們享有這點自由，她們也常常會過度濫用它。她們對一切都過分沉迷，甚至在遊戲時會比男孩子更加興致高昂。」

這個問題非常容易解釋。奴隸和暴民一旦掙脫了權威的束縛，也同樣會過度放縱自己。當我們突然放開滿拉弓弦的手時，彎曲的弓就會猛然彈回；而受外部環境所左右的感性的情緒，要麼必須服從於權威，要麼就要受制於理性。

盧梭繼續寫道：「女性習慣了被約束，並且因此而變得順服。這是因爲她們在整個人生中，要麼要服從於男性，要麼要服從於大眾輿論，她們從來不被允許將自己的觀點放在他人的意見之前。女性首先應當具備的、也是最重要的品質，就是要有一副好脾氣（或者說是性情甜美）；她們生來就要服從於男性，而男性卻是如此不完美的生物，時常惡行累累，又總是一身毛病，所以女性就應該儘早學會容忍一切，甚至是那些不公平的境況，並且毫無怨言地忍受丈夫的侮辱；她應當性情溫順，這不是爲她丈夫著想，而是爲了她自己。而女人的倔強和壞脾氣則只會加重她們自己的不幸，以及令她們的丈夫更加舉止不端；她們會清楚地發現，壞脾氣並不是能幫助她們獲得優勢的武器。」

女性生來註定要與男性這樣不完美的生物生活在一起，她們確實應該發揮自己的才能去學習保持必要的忍耐；但是堅持盲目的服從則是對神聖人權的徹底破壞，除非神聖的人權**僅僅**屬於男性。

一直容忍不公、忍氣吞聲的人，很快就會變得有失公允或者無力辨別是非。此外，我也不認同那種認爲忍耐可以塑造或改善性情的觀點。從整個性別的角度來看，男性往往比女性脾氣要好，因爲他們所投身的事業追求，既有益於他們的頭腦又有益於他們的心靈；而堅定的頭腦會帶給他們健康的性情。感情用事的人難得有好脾氣。好的性情是冷靜地運用理性的結果，隨著年齡的增長，理性用高明的手段調和了各種原本彼此衝突的性格特徵。我從來不知道有哪個軟弱無知的人是好脾氣的；雖然天生的溫順，以及那種因恐懼而產生的順從的行爲舉止，往往都被稱爲是好脾氣。我提到了「行爲舉止」，是因爲眞正的溫和是深思熟慮的結果，否則它無法被內化於心靈；

而且那種家庭生活中的簡單約束，還會大量造就具有病態性格的人，許多明智的男性都會承認，他們發現這樣溫順而又暴躁的女人實在是非常麻煩的伴侶。

盧梭進一步主張說，「男女兩性都應該保持各自獨特的格調和舉止；一個溫順的丈夫會讓妻子變得蠻不講理；但是性情溫順的女性卻總是能讓男性恢復理智，只要他不是徹頭徹尾的人面獸心之人，那麼她遲早可以征服他。」如果這種溫順是出自於理性，那麼此言不虛；但是低聲下氣的恐懼永遠只會激起輕蔑；而淚水也只有在從美麗的雙頰上滾落時才能有些微弱的力量。

遭受侮辱卻依然柔順，對待不公不但不反抗，反而去親吻笞杖，這樣的心靈是用什麼做成的啊？如果一個女人能在男人暴虐地對待她時，仍然以全部的女性柔情去撫愛他，那我們由此推斷她的美德只不過建立在狹隘的眼界和自私自利的基礎上，也沒什麼不公平吧？人的天性不會令她如此虛僞；這種委曲求全的行爲被稱爲是美德，可是當美德中的任何一部分是建立在虛僞之上的時候，它本身就是個模糊不清的概念了。這樣的行爲只不過是權宜之計，不過是爲了將當下的情形應付過去罷了。

做丈夫的人要小心一些，不要毫無保留地相信這種奴隸般的順服；因爲，當他對妻子發火的時候，她本該感到氣憤，可是她卻仍能以迷人的甜美來撫慰他；這除非是因爲她那本應燃起的怒火被恥辱感給壓制住了，她可能剛剛離開了她的情人，羞恥感令她能夠這樣地逆來順受。這些順服的舉止都是通姦的前兆。這樣的一個女人，她的天生的本能和後天習來的技藝都是在取悅男性，當她無法再取悅自己的丈夫時，難道對世人議論的擔心或者是對地獄的恐懼能夠壓制她取悅其他男性的欲望嗎？除了通姦她又能找到什麼其他的事情可做呢？有什麼能補償缺乏理性所帶給她的損失？她又能到哪裡去尋找新的寄託？她的習慣早已定型，虛榮久已控制著她混亂的頭腦，她能去哪兒找到足夠的意志力去決心開展新的追尋呢？

可是盧梭這位偏狹的道德家卻言辭巧妙地、系統地為這一套女性的狡詐技藝進行了辯護。

「女兒們應該永遠都是柔順的；不過做母親的也不該不近人情。要讓一個年輕人溫順聽話，就不該讓她悶悶不樂；要使她端莊得體，就不該讓她呆頭呆腦。正相反，當女孩兒們運用一些小手段來擺脫她們必然要服從的管束的時候我不會覺得不高興，只要這不是為了逃避我們對她們的不服從行為所給予的懲罰就好。沒有必要使她感到依賴於他人是一種負擔，只要讓她覺察到自己的依賴性就好了。詭詐是女人天賦的才能；而我深信我們所有天賦的傾向，其本身都是正確美好的，所以我認為詭詐的才能也該像其他天賦一樣得到培養：我們只須防止它被濫用即可。」

他於是繼續得意洋洋地斷言道：「凡是存在的，就是正當的。」就算是吧；然而，或許沒有其他格言會比這句話更加自相矛盾了。對於上帝而言，這句話是嚴肅的真理。上帝，我虔誠地說，祂能夠立時看清事物的全貌，甚至只是在其剛剛萌芽之時；但是人類只能察覺到互不關聯的局部，所以會對事物形成許多錯誤的認識；人類折服於造物主的智慧、也對他們努力脫離的蒙昧世界保持著敬畏之心，但是他們仍然會致力於按照自己所看到的片面的情況去改變這個世界——可這就是上帝所創造的世界的一部分，因而它必然是正當的。

假設盧梭的這個原則是合理的，那麼他接下來的推論也就是正當的了：「女性特別長於世故，這非常合理地補償了她們在體力方面的不足；沒有這個才能，女人就無法成爲男人的伴侶，而只能是他的奴隸：正是靠著這些高超的手腕和機巧，她才保住了與男人平等的地位，她們假裝服從，實則卻支配著男人。女人面臨很多的不利條件，像是男人的缺陷和她們自己的膽怯和軟弱：除了詭詐和美色，她們再沒有什麼可仗恃的了。所以她應當要培養自己的手腕和美貌，這不是很合理嗎？」偉大的心靈絕不會與狡黠或世故並存；當這些議論的眞意是讓人變得不誠實和虛僞時，我不會猶豫不決，而要憑著良心說：有哪一種人是被創造成這個樣子，必須接受並非嚴格遵循眞理原則的教育？在這種情形之下，所謂美德也不過就是墨守成規罷了。在做出這種建議後，盧梭怎麼敢聲稱男女兩性在人生的終極意義上的目標應當是相同的？他明明知道，人的心智是由其所追求的事物塑造而成的，當偉大的目標壓倒了渺小的追求，心靈就會變得開闊，反之則會變得狹隘。

男性在體力上具有優勢；但是如若不是對「美」的錯誤觀念，女性也將能獲得足夠的體力使得她們可以自立謀生，獲得眞正意義上的獨立；她們也會能夠承受身體上的不便和辛勞，而這正是使得心靈強大所必不可少的條件。

如果允許我們女性在幼兒時期和青年時期都得以進行和男孩子同樣的鍛鍊，從而達到身體上的完美狀態，那麼我們才會知道男性體能的天賦到底有多麼優越。如果一個人在人生的播種時期[9]沒有得到任何照顧，我們能期望她有什麼理性或美德呢？不會有的，上天不會讓風兒把許多有用的種子隨意灑在休耕的土地上。

「美不在衣裝，賣弄風情的技藝也不是那麼早、那麼快就能學到的。然而女孩子們在很年輕的時候，就能學會動人的姿勢、悅耳的聲調、輕盈大方的儀態舉止；而且她們還善於使她們的神色和姿態與時間、地點、場合等因素優雅地保持一致。既然她們已經顯示出了其他的才能，而且這些才能的作用也是顯而易見的，那麼她們就不該只是勤於習練做針線的手藝。」「我認爲，一個英國少女應該培養她討人喜愛的才能，以便能取悅於她未來的丈夫，她應該像一個切爾克斯少女那樣小心翼翼、勤勤懇懇地磨鍊自己的才能，好讓自己能夠適應東方帕夏的閨房生活【10】。」

爲了使女性徹底成爲微不足道之人，他又說：「女人說話是非常流利的；她們開口說話比男人要早，也說得更容易、更動聽；她們也常因爲太過饒舌而被嫌棄。不過她們就應該是這樣的，我非常願意把這種指責轉變成讚揚；她們的嘴唇和雙眼也同樣應該像舌頭那樣靈活。男人談論他知道的事，女人談論她喜歡的事；前者需要知識，後者需要品味；男人談話的主要目標在於有用，而女人則是爲了討人喜歡。除了要說眞話之外，男人的談話和女人的談話不應該有任何共同之處。」

「因此，我們不該像制止男孩子多話那樣去限制女孩子的饒舌；我們要嚴厲地質問男孩子：『你爲什麼要談這個？』但是對女孩子，則要問另一個同樣難回答的問題：『你的談話怎樣才能受歡迎？』她們應當從還是無力分辨是非的小孩子的時候，就把這當作法律來遵守：永遠不要說任何會使她們的聽眾不愉快的話。她們在做到這一點的同時，還要做到前面所說的不可敷衍與說謊，這就令事情變得更爲困難了。」

要遵從這樣的規矩去說話，可眞是需要極好的技巧；無論男女，都花了太多的心思去練習這些技巧。可是，在他們的滔滔不絕的對談之中，發自內心的話語卻是多麼地稀少啊【11】！太少了，以致於像我這樣喜歡有話直說的人，在一會兒進行評論的時候會很樂於不再講究禮貌。爲了保持禮貌，人們已經放棄了將近一半的美德，可是禮貌這種性質不明的特質，充其量也不過是可以爲美德做一點潤色罷了。

不過我還是先引完他的這段描述吧。「我們很容易理解，如果連男孩子都沒有能力形成任何眞正的宗教觀念，那麼這必定更是大大超出了女孩子的理解能力：正因爲如此，所以我要更早地開始和女孩子們談論這個話題；因爲如果要一直等到她們有能力去系統地談論這種深奧問題的那一天才開始探討的話，我們有可能一輩子也等不到開口的時機。女人的理性是一種實用的理性，她們可以巧妙地找到達成既定目標的手段，卻永遠也發現不了目標本身。兩性之間的社會關係實在是値得讚嘆：男人和女人合在一起就會產生一個道德意義上的人，女人是這個人的眼睛，而男人則是這個人的手，他們彼此相互依賴，女人透過男人知道應該看什麼，而男人透過女人學到了他應當做什麼。如果女人能像男人那樣做事時總想著基本原則，而男人也有能力像女人那樣深入細節，兩性彼此互不依賴，那他們就會生活在永遠的紛爭中，他們的結合也就不復存在了。但現在，他們和諧自然地共處，各有不同的才能，卻指向同一個目標；很難說哪一個對此貢獻更大：他們互相驅使，彼此服從，都是主人。」

「既然女性的行爲要受到輿論的約束，那麼出於同樣的理由，她在宗教信仰上也應當服從權威。每一個女兒都應當信仰她母親所信奉的宗教，每一個妻子都應當信仰她丈夫所信奉的宗教：因爲，即使這種宗教是異端，但是女兒對母親的馴順使得她們母女服從了自然的秩序，在上帝看來，這將抵消她們錯信宗教的罪過[12]。既然她們沒有能力爲自己做出決斷，就應該像遵守教會的決定一樣，毫無疑義地服從她們的父親和丈夫的決定。」

「既然女性的宗教信仰應當由權威者來決定，那就沒有必要向她們解釋信仰的原因，而只需要精確地制定她們所需信奉的教條：因爲那些只表達模糊觀點的信條會導致迷信，而那些看來荒謬悖理的信條則會令人變得不夠虔誠。」

看起來，絕對的、無可置疑的權威一定在什麼地方存在著：但這難道不是在直接而專橫地篡奪理性的地位嗎？亞當以降，人類的權利就只屬於男性。而盧梭甚至還要將男性的特權更加推而廣之，他婉轉迂迴地表明，他不會譴責那些堅決主張把女性置於最深的無知之淵的人們。只是為了使女性得以保持貞潔以及向世人證明男性的選擇的正當性，才不得不教會她們一些關於男性的知識、以及告訴她們一些與人類情欲有關的慣例。如果不是因為保持了這樣的無知，女性怎會待在家裡生養後代，而不致於因為有了自己的想法而變得不那麼妖嬈與天真了呢？當然，在新婚第一年的時候，她還是需要些理智來穿衣打扮的，就像蘇菲那樣。「她的服裝看上去非常端莊得體，實際上卻極具風情：她並未展現她的動人之處，而是把它們都藏了起來；但是她知道如何利用這種隱藏來激起你的想像。每一個見到她的人都會說她是一個端莊樸素的女孩；但是當你走近她的身邊，你的視線和情感就會在迷失在她身上，你無法將它們從她身邊拉開；你會發現，她的衣裝雖然每個部分看起來都很簡單，卻配合得恰到好處，讓人想要將之片片剝離。」這是端莊得體嗎？這是想要達到不朽的永生嗎？再看看吧，當這位作家如此談論他的女主角時，我們能對這種教育體制說什麼呢？「對她來說，考慮把事情做好只是次要的，她最關心的是要把事情做得漂亮巧妙。」

事實是，她所有的美德和品質都是次要的。因為說到宗教，盧梭讓蘇菲的父母告訴她說要習慣於服從——「你的丈夫會適時引導你的。」

為了讓這顆心靈保持美好，盧梭是如此地束縛著一個女性的心靈——如果說他還沒有使之變得一片空白的話——他又建議她去思考，免得一個男人在厭倦了愛撫於她之後的沉思裡，會因爲她的陪伴而呵欠連天。可是一個必須服從他人的女人，又有什麼可思考的？開闊了她的視野，卻只是爲了讓她看到自己那黑暗而悲慘的命運，這難道不是殘忍的行爲嗎？然而這就是盧梭那高妙的意見；請讀者自行判斷，它與以下我爲了對這個問題進行公正的檢視而不得不引用的文字有多麼地一致。

「那些終生只爲果腹而勞碌的人，在自己的日常工作和個人利益之外別無他想，他們全部的理智好像都集中到手指尖上去了。這樣的無知並不會有損於他們的正直和品德；往往還對它們有好處。有時我們太過依賴思考，反而把該做的事情給弄得複雜了，最終用一些空話套話取代了做實事。我們自己的良心是最明智的哲人。一個男人，不需要熟讀西塞羅的《論義務》[13]，就可以成爲一個正直的人；而世界上最具有美德的女人，也許就是最不明白美德所謂何意的女人。但與此同樣正確的是：與理性充分發展的人交往，令人愉快；不僅如此，如果一個熱愛家庭的父親會因爲身邊無人可解衷腸而不得不將自己的思想感情總是封閉起來的話，那也是件可悲的事情。」

「此外，一個無法思考的女性怎麼會有能力去教育她的子女呢？她如何辨別哪些事情對孩子們來說是恰當的？她怎麼能引導孩子們學到那些她並不瞭解的美德，或者是那些她對之毫無概念的優點呢？她只能溺愛或責罵他們；使他們變得粗魯無禮或膽小羞怯；孩子們會長成徒有其表的紈絝子弟或是頭腦空空的笨蛋傻瓜，她永遠無法使他們成爲明智而和藹的人。」的確，如果男女合一才能成爲一個有道德的人的話，那麼當丈夫不能一直在她身邊提供理性的決定時，女性要如何做到這些事？一雙「沒有手的眼睛」[14]，只有盲目的意願，無法遠行；而且恐怕丈夫那抽象的理性——本應用來集中妻子那分散的「實用的理性」——正被用於品鑒紅酒滋味、評論最好的甲魚調味汁，或者是被更爲專注地用在牌桌上，當他押上自己的全副財產之時，像教育子女這樣的瑣事就都留給他的伴侶或者運氣去解決了。

但是，就算我們承認女性爲了使自己成爲一個更加誘人沉醉的伴侶，應當美麗、無知而傻氣，但爲什麼一定要爲此而放棄她的理性呢？而且爲什麼僅僅只是爲了在極短的時間裡成爲丈夫所愛的情人（這是盧梭自己的說法），就必須要做這麼多準備呢？沒有誰會比盧梭更加強調愛情短暫易逝的本質了。這位哲人是這麼說的：「感官的愉悅是短暫易逝的。在習以爲常之後，愛情就會因爲得到了滿足而消失。想像力美化了我們激情的對象，但一旦修成正果，想像就消失了。除了永恆而至高的上帝，只有幻想之物才是美好的。」

但是當他對蘇菲說著這些話的時候，他又陷入了他那莫名其妙的悖論：「愛彌兒一旦成爲你的丈夫，也就成了你的主人，你應當服從他。這是大自然的安排。如果說男人都能娶到蘇菲這樣的妻子，那麼叫男人聽女人的話也是合適的：這也是符合自然的法則的；我之所以要你節制他的享樂，是爲了使你能像他作爲男人可以控制你的身體一樣，有權控制他的心。這也許需要你進行一些艱難的自我克制；但是，如果你能夠控制自己享樂的欲望的話，你也就可以控制他了；從我觀察到的情況來看，我認爲你是有勇氣做出這個困難的嘗試的。」

「想讓你的丈夫一直都拜倒在你的裙下嗎？那就要使他與你的身體之間始終保持一點距離。只要你知道如何使你的愛顯得稀有而寶貴，你就能夠長期維持愛情的權威。如此你甚至可以使用調情的技巧來修煉美德，用愛情的技巧來增進理性。」[15]

我最後再摘錄一段對這對令人愉悅的夫妻的公道描述。「然而你切不可以爲，有如此這般的用心經營就足夠了。不管你多麼小心謹愼，愉快的享受還是會漸漸褪去激情的外衣。不過，當愛情已經不能再長久地持續下去之後，一種美好的習慣就會塡補愛情留下的空隙，夫妻之間彼此信任的親密會代替那情不自禁的激情。孩子常常給夫妻帶來一種比愛情本身更爲愉快和長久的關係。即使你不再是愛彌兒的情人，你仍然會是他的妻子和朋友、他孩子的母親。」

盧梭的確注意到了孩子比愛情更能在夫妻之間建立起長久的連結。他說一對夫妻在共同生活六個月以後，美貌就不會再有價値，甚至不會再引起注意；矯揉造作的姿態與風情也同樣會失去對感官的吸引力。那麼他爲什麼要說，一個女孩子應當爲了她的丈夫而受教育，就像那些生活在閨房裡的伊斯蘭國家的女孩一樣？

我現在想要請大家好好地運用你們的良知，來思考這些不切實際的幻想與被美化了的放蕩。如果教育的目標是爲了讓女性準備好成爲貞潔的妻子和明智的母親，那麼前面引文中所推薦的那種看似有理的方法，是否就是能達到這一目標的最好方法呢？我們能承認，要造就一個貞潔的妻子的最可靠的方式，竟然是教導她練習情婦所使用的放蕩手段嗎？好色之徒把這種放蕩稱之爲符合美德的風情，他們已經不能體會不染鉛華的淳樸魅力，或者品味溫柔的親密關係所帶來的樂趣了，可恰恰是在這淳樸的魅力與溫柔的關係中，夫妻之間的信任才不會因爲懷疑而受到阻礙，並且他們也能感受到感官上的樂趣。

一位男士，如果對於與漂亮、實用但沒有頭腦的伴侶共同生活感到心滿意足，那麼他已經在感官享樂中喪失了品味更爲高尚的享受的能力；他從來不曾感受到被一個能夠理解他的人愛著的那種平靜的滿足，那滿足的感覺就像天上那無聲的甘露[16]，使焦渴的心靈滋潤復甦。除非他已喪失人性，否則他即使與妻子待在一起也仍然會感覺孤獨。一位著名的哲學理論家說過：「生命的魅力在於有人與你有情感上的共鳴；沒有什麼會比找到一個能夠在所有情感上都與我們感受相通的人，更讓我們快樂的了。」[17]

可是，根據那些女性不應當學習知識的論調，她們只被當作是男性欲望的、曇花一現的對象；她們的青春年華，她們隨著年齡漸長而達成的成長，以及她們對未來合理的期望，都要爲此而被犧牲。而且，如果我們既不允許女性擁有理智作爲她們品德的基石，又不允許她們將眞理作爲追尋的目標，那盧梭又怎麼能夠期望她們可以成爲忠貞有德的人呢？

而盧梭在論證上所犯的一切錯誤都是與他的感性有關，可是女性很願意原諒他對她們魅力的過分關注！在應當進行理性的論證的時候，他卻滿懷熱忱，對這個問題的思考沒有能夠激發他的理性，卻讓他的想像力充分活躍起來。他生來激情飽滿、想像力充沛，可這些優點只是讓他在這個問題上更加迷失，他被自己的這種天性所引領，是如此熱切地愛慕著女性，以致於很快就成爲了耽於情欲的人。如果他任由欲火發洩，也許它就會自然而然地燃燒殆盡直至熄滅，但他是有德行的人，還有一種富有浪漫色彩的文雅矜持的觀念，這讓他試圖克制自己的欲望；他在讓自己的行爲受制於恐懼、矜持與道德的同時，卻放縱想像力敗壞墮落；想像增強了他對欲望的感知，並爲它們描繪上最鮮明濃烈的色彩，也將它們深深地銘刻在他的靈魂之中。

盧梭於是開始尋求孤獨，不再與自然之子同眠[18]，卻也不像牛頓先生那樣曾經在樹蔭下冷靜地思考著各種現象的緣由；他僅僅是沉迷於自己的各種心緒感受。他是如此熱烈地描摹他那強烈的情緒，以致於讀者們被他吸引，也隨之展開了幻想。他巧妙展現著他的那些幻想對象，無論她們看起來是極具風情還是端莊文雅；讀者們與這位詩人般的作家產生了共鳴，深深地墜入了他的幻境，也一樣深深地相信著自己是在理性上被他說服了。他使我們幻想著自己在進行理性的思考，但實際上我們只是在感受情緒，錯誤的結論卻就此留在心中了。

爲何盧梭的生活始終在大悲大喜之間搖擺？答案確定無疑：是他那沸騰的想像力造就了這些情緒；如果他可以讓自己的想像平息下來的話，他是有可能獲得更爲堅強的心智的。話雖如此，可是如果生命的目的只是培養人的腦力的話，那麼他已經做得非常好了，如今，死亡已將他帶往天國那更高貴的所在；其實，即使仍然活在世間，他也有可能享受到與在那裡同等的幸福：只要他不再去培養那些使文明人躁動不安的情緒，不再只將幸福的期望寄託在遙遠的天國，他就會感受到自然之子的平和安寧。

願他的靈魂得到安息！我無意攻擊逝者，我反對的是他的觀點。我只是在對他的感性宣戰，因爲它引導盧梭把女性貶低成了愛情的奴隸。

「可詛咒的奴隸身分，
起初作爲偶像，及至愛情熱火熄滅，
就被那些曾向我們獻殷勤者奴役。」
——德萊頓[19]

有些作家的作品，一面表示臣服於女性的個人魅力，一面卻有暗中貶低女性的惡劣傾向；無論怎麼去揭露他們，都不算多，也不算過分。

我親愛的、當代的女性同胞們啊，讓我們超越上述那些狹隘的偏見吧！如果智慧本身是值得嚮往的，如果美德——我指的是名符其實的美德，必須建立在知識之上，那就讓我們透過思考來加強心智，直到我們的頭腦與心靈達到平衡；我們不要再把心思都花在微不足道的日常瑣事之上，不要再只學著如何抓住情人或丈夫的心；讓我們所做的每一件事都服從於提升理性的偉大目標吧，讓我們將感情投入到更爲高尚的事務中去！

我的朋友們，請你們當心，不要爲了任何瑣事縈懷：蘆葦隨風搖擺，活不過一年的時間，而橡樹則堅定地站立，勇敢地面對著經年累月的雨打風吹。

如果我們被創造出來，就只是爲了虛擲光陰然後死去，那我們爲什麼不沉溺於感性，嘲笑嚴格的理性呢？可是啊，即使如此，我們也需要強健的身心，否則我們生命就會消逝在狂熱的享樂或無聊的怠惰之中。

我們的教育制度有一系列想當然的預設條件，它假定美德能夠讓我們免於人生的苦難，而且擺脫了束縛的幸運女神會微笑著爲每一位受過良好教育的女士送來一個愛彌兒或者忒勒瑪科斯[20]；這是完全不對的，而我也熱切希望這樣的教育制度能夠被徹底地改變。實際上，美德許給她的信徒的獎賞，很顯然只在信徒們自己的心間；具備美德的人時常要面對最令人傷腦筋的世俗瑣事，還要忍受那些從行爲到性情都令人無法欣賞的親戚朋友。

這世上有許多女性，並不依靠她們父兄的理性和美德活著，反而是在與他們的惡習和愚蠢做鬥爭的過程中提升了自己的心智。她們也從來沒有遇到過一個英雄般的丈夫，能夠補償之前人們對她們的虧欠；她已經有了自己的理性，他不能再令她回到自然地依賴於他人的狀態；她已經得到了不受他人的觀念所左右的力量，他也不能再令她將這特權歸還給男性。

福代斯

福代斯博士[21]的《布道集》早已被列爲青年女子的讀物之一；不僅她們，還在學校裡的女孩們也可閱讀此書。但是我希望能夠引導女孩們在更爲廣闊的基礎上建立起健全的原則，以提升她們的理性，所以我會毫不猶豫地將此書從她們的書目中剔除；哪怕只是爲了培養她們的趣味，我也會這樣做，雖然這本書裡確實包含不少明智的論斷。

福代斯博士心中也許有非常值得稱頌的目標；可是他作品的風格是如此地矯揉造作，就算我並不反對他那些甜言蜜語的規箴，光是因爲這種風格，我也不能讓女孩子們去閱讀他的作品，除非我想要熄滅她們身上的每一點自然之光，讓一切人性都化爲女性的軟弱和造作的優雅。我用了「造作」這個詞，是因爲眞正的優雅應當來自於某種精神上的獨立。

孩子們無心討人喜愛，只想著如何讓自己開心，卻往往顯得非常優美自在；而那些絕大部分時候有下人侍候的富有貴族，確有一種行動自如的優雅舉止，但那與其說是眞正發自心靈的高尚的優雅，不如說只是習慣性的形體上的優美。心靈的優雅常常閃現在未經雕琢的面容上，它照亮了整張面容，展現出心靈的淳樸與自立，這是世俗的眼光所無法發現的美。我們從這人的眼中看到了不朽的人格，也在其舉手投足之間感受到靈魂的存在；可是在靜止休憩之時，這面容和四肢並沒有什麼突出的魅力，舉止上也沒有什麼特別之處足以吸引大眾的注意。然而，大部分人都尋求一種更爲具體有形的美；雖然人們通常也會對淳樸表示敬意，可他們並沒意識到自己所欽佩的究竟是什麼；而且，沒有眞實，又何來淳樸呢？以上所說的這些，雖然是由這個話題所自然引發的，但多少還是有些離題了。

福代斯博士激情澎湃地將盧梭的雄辯言詞繼續引申開來；他用最富感性的激昂言辭，詳細講述了他對女性品格的觀點，以及女性要如何才能使自己的舉止可愛。

他應該是代表自己在講話，因爲他以整個自然來滿足男性的需求。「好好看看這些微笑的、天眞的生靈，我已經賜給她們我最好的禮物，把她們交給你們來保護；懷著愛戀與敬意好好看看她們吧；要溫柔和崇敬地對待她們。她們膽小羞怯，需要保護。她們脆弱嬌柔；哦，可別利用她們的柔弱欺負她們啊！讓畏懼和羞赧使她們變得更加可愛吧。永遠不要濫用她們對你們的信任。可你們中難道會有人是如此地野蠻和窮凶極惡，竟然會辜負她們的信任嗎？捫心自問[22]，你們難道能從如此溫順而信任你的生靈手上去奪取珍寶？或者是做出任何會脫去她們天生的美德之袍的行爲？我要詛咒那些竟敢玷汙白璧無瑕的貞潔玉體的邪惡之手！你們這些卑鄙的惡棍、無恥的流氓！要自制；別冒險去惹來上天最猛烈的報復。」[23]我不知道要如何對這段奇文做出認眞的評價，我還能找出許多類似的文章來；其中有一些實在是太濫情了，以至於我聽到一些理性的人們在提到它們時嫌惡地使用了「下流」一詞。

應該教育男孩子和女孩子把這種對感性的炫耀、這種從頭到尾都氾濫著冷漠和矯揉造作的情感，看作是心靈渺小空虛的標誌而加以鄙視。在矯情地呼喚著天國，以及天國在凡間最美好的形象——美麗天眞的女人之時，清醒的理性被他們遠遠地丟開了。這些話絕非肺腑之言，也許入耳頗爲動聽，卻不能打動心靈。

也許有人會告訴我，公眾喜歡閱讀這類著作。這話不假——赫威的《沉思錄》[24]雖然既有違理性又敗壞品味，卻仍不乏讀者。

我特別反感那些隨處可見的、渴求著激情卻假託愛情之名的論調。如果女性曾被允許無需管束自由地行走，她們又怎會需要被以機巧的奉承和帶有性欲意圖的恭維來誘往美德之路？用眞實和冷靜的語言對她們說話，丟開那套紆尊降貴的、哄孩子似的把戲吧！教會她們把自己當作是理性的人來尊重，而不是對自己無聊的外表充滿熱情。每當聽到衛道士喋喋不休地說起服飾和針線活，我就感到作嘔；更令人噁心的是，他還要談論「英國的淑女，淑女中的淑女」一類的話，就好像英國女性除了情緒之外再無其他任何值得談論的方面。

甚至是在勸誡女性要虔誠的時候，福代斯博士也使用了如下這樣的論述：「一位窈窕淑女最令人驚爲天人的時刻，也許就是在她陷入虔誠的追思之時；在懷著這種最高貴的思想時，她不知不覺地表現出超凡的尊貴和別致的優雅；以至於她身上似乎散發出了聖潔之美的光芒，令旁觀者幾乎產生幻覺，覺得她是置身於一群與她同類的天使之中在一起進行禮拜！」爲何要培養女性的征服欲呢？在這個意義上使用「征服」這個詞，讓我感到噁心極了！難道宗教和美德還不能提供更強大的動力，更光明的獎賞？難道女性就總是要顧慮著她們作爲男性的伴侶的身分，而貶低自己的價值？難道必須教導她們要永遠取悅於他人嗎？而當女性將她的小小炮口瞄準男性的胸膛的時候，是否有必要告訴她們，只要有一點點的理性就足以使她們的關心顯得特別地體貼呢？「女人只要有一丁點知識就會變得很有趣，同樣地（雖然是出於不同的理由），女人只要有一點點善意的表示就會令人歡欣，尤其如果她是一位美人兒的話！」我就是這樣認爲的。

爲何要告訴女孩子她們像是天使，卻又將她們的地位置於成年女性之下？一個溫柔天眞的女孩也許比任何其他人或物都更接近我們所塑造的天使形象。可是，那些孩子卻同時被告知，她們只在年輕貌美時才像天使；所以，她們獲得尊崇，是由於外表而非美德。

無聊的空話！除了虛榮和愚昧，這種虛妄的奉承話還能導致什麼結果？戀愛中的人的確是可以破格地去讚頌他的情人；他的理性就像是浮在激情之上的泡沫，當他借用傾慕之言表達心聲的時候，他並不是在說謊。他的想像力也許會將他心目中的偶像抬高到毫無瑕疵的超人的地位之上；而如果女性只會被愛著她們的男性所奉承，那對她們來說將是幸福的事；我是說，那個男子愛著她這個人，而非她的性別；但是一個莊重的布道者難道應該在他的講道中摻入這類蠢話嗎？

然而，無論是布道詞還是小說，字裡行間都眞切體現出了對感官享受的沉迷。衛道士們允許男性順其自然地培養各種不同的特質，同一種激情幾乎可以幻化成無數不同的性格特徵，出現在每個個體上。一個好男人既可以是暴躁易怒的也可以是樂觀開朗的，既可以是風趣幽默的也可以是嚴肅莊重的，哪一種都不會受到譴責；他們可以堅持己見到傲慢專橫的地步，也可以是軟弱順從、毫無主見的；但是所有的女性卻都得溫順、馴良，都得是同一種個性：馴順的溫柔，溫柔的馴順。

我要引用這位傳道士自己說的話：「要注意到，對你們女性來說，讓自己變得男性化的練習絕對是既不優美又不得體的；男性的語調、姿態、氣質、舉止，都是絕對要不得的；一個有鑑賞力的男人在任何女人身上所尋求的，都是她們溫柔的特質、悠揚的嗓音、嬌弱的形體，還有雅致有禮的舉止。」

再看下面這段描寫，這不正是一個家庭奴隸的肖像？「我對許多女人的愚蠢感到吃驚，她們還在指責自己的丈夫拋下她們孤零零一個，更喜歡她們之外的其他夥伴，或是對她們有漠視和冷淡的跡象；但是說實話，這在很大程度上要歸咎於她們自己。我並不是站在男人的立場上爲他們的任何錯誤開脫。但是，如果你們女人在丈夫面前表現得更加**恭敬服從**，也同樣更加地溫柔；**留心他們的情緒**，**原諒他們的過錯**，在不重要的小事上**服從他們的觀點**，放過他們的一點點不公正、任性或憤怒；對急躁的話**溫柔作答**，盡可能地少抱怨，每天都想著如何減輕他們的憂慮，勸解他們的欲望，在沉悶時活躍氣氛，喚起幸福快樂的念頭：如果你們照這些做了，恐怕你們不僅能夠保持住、還能贏得丈夫更多的尊重，從而保證你們能對他們施加各種影響，有助於他們的美德也有助於你們對彼此的滿意；而你們的家也會從此成爲天堂般幸福的所在。」這樣的女性只能是個天使，不然就是頭蠢驢，因爲我在她身上看不到一丁點人性的跡象，在這個家庭奴隸的身上既沒有理性也沒有激情，她只是在爲了一個暴君而活著。

如果福代斯博士真的以爲這樣的行爲能挽回即將消逝的愛情，而不是激起丈夫的輕蔑，那麼他一定非常不瞭解人類的心靈。不，美貌、溫柔等等，或許可以贏得男性的愛情；但是唯一長久的感情——尊重，卻只能靠理性所帶來的美德贏得。要想使得他人對她的柔情始終鮮活，唯有贏得對方對她理性的尊重。

這些書太經常被放到年輕人的手中，所以我給了它們更多關注，嚴格說來它們並不值得；但我不能輕易放過它們，因爲它們的確敗壞了許多女性同胞的品味，削弱了她們的理性。

葛列格里

葛列格里博士的《父親的贈女遺言》[25]中充滿了父親對女兒的關愛之情，因此我在批判它時也懷著深切的敬意；但是這冊小書對一些最可敬的女性也很有吸引力，所以我不得不對其中的論述做出評論，這些論述看似有理地支撐起一些我認爲對於女性的道德和行爲極其有害的觀點。

葛列格里博士平易親切的風格特別適合於他建議的主旨，而且整本書瀰漫著他追憶愛妻的愁思柔情，因而更加引人入勝；然而，書中的許多段落還是非常突兀地表現出了某種言簡意賅的高雅風格，打亂了讀者對他的情感共鳴；當我們只是想要看到一位父親時，眼前卻突然出現了一位作家。

此外，他同時兼顧著兩個主題，但沒有將任何一個貫徹到底；因爲他希望自己的女兒有一副溫柔的好脾氣，但又害怕將柔情的觀念灌輸給她們，只會爲她們招來不幸；因爲柔情可能會使她們脫離生活的一般軌道，卻又不能相應地給予她們在這種情況下所應有的獨立和尊嚴。他控制著自己的思想，不讓它自然流露，結果在兩方面都沒有提出什麼建議。

在前言中，他告訴女兒們一個可悲的事實：「在她們的一生中，至少會有一次，她們能夠聽到一個無意欺騙她們的男人的眞情流露。」

不幸的女人啊！據說你們天生註定依靠這些男人的理性和扶持，可他們卻全部都有意要欺騙你們，我對你們的人生還能有什麼指望呢！這就是罪惡的根源，它在你們的一切美德上散布腐朽的黴斑，使你們剛剛萌發的才能之芽枯萎，使你們成爲現在這種軟弱的樣子！兩性各有不同的利益，這種潛在的對立狀態，暗中破壞了道德，將人類分裂爲兩個陣營！

如果說有一些女性是因爲愛情而遭遇不幸——那麼還有更多女性在社交生活中，因男性那冰冷而毫無意義的殷勤客套而變得虛榮且無用！然而這種對女性毫無眞心的殷勤客套，卻被認爲是非常有男子氣概和高雅有禮的行爲[26]；恐怕除非整個社會制度發生很大的改變，否則我們無法以一種更加合理和溫情的方式來取代和根除這種野蠻習俗的遺跡。此外，這種假殷勤披著虛假的高貴的外衣，爲了剝除它，我必須指出：在文明程度最高的歐洲國家中，假殷勤非常盛行，與之相伴隨的就是道德的極端敗壞。我要特別提一下葡萄牙，在這個國家，假殷勤取代了最爲嚴肅的道德義務：在那裡，一般而言，男性在和女性結伴而行時不會遭到暗殺；假殷勤的騎士風度會讓殘暴的兇手放棄行兇；可是如果兇手無法克制自己復仇的行爲，他會請求那位同行的女士原諒他的粗魯，並且平靜地離開，那時她身上也許已經濺滿了她丈夫或兄弟的鮮血。

我先不談葛列格里博士對宗教的批評，因爲我打算單闢一章來討論這個話題。

在他關於行爲舉止的評論中，有很多看似合情合理的觀點；但我卻對它們完全不能同意，因爲在我看來它們的出發點是錯的。充分發展的理性和善良溫柔的心靈，從來都不需要拘泥於刻板的禮法，它們的表現比合體的禮儀更加具有實質性的含義。若無理性，禮法所規定的行爲舉止，不過是裝腔作勢而已。可對於有些人來說，它確實必不可少！正是它取代了女性的天性，消滅了女性性格中一切的質樸和多樣性。不管怎樣，這種膚淺的建議能帶來什麼好結果呢？確實，大家都熱衷於提供行爲規範，而不是教導人們學習運用理性，因爲指點別人這般或那般行事，遠比教會她們運用理性容易；但話說回來，當一個人的頭腦儲備了足夠的知識，並在運用的過程中得以發展強化的時候，它自會爲規範人的行爲提供可靠的指導。

舉例來說，他明知道任何狡詐的手段都必然會毒害心靈，爲何還要給出下面這些警告？爲何要把由理性和信仰所共同推動的偉大的行爲目標，跟各種世俗卑劣的花招混爲一談，就爲了博得那些愚笨而庸俗的傻瓜們的認同嗎？「在你們表現自己良好的理性的時候，也要小心謹慎[27]。人們會認爲你想要讓自己顯得比同伴們都要優越，所以，就算你們有什麼學識，也要將它深藏不露，尤其是在男人面前，男人通常都會以一種嫉妒和惡毒的眼光來看待才華卓著而富有見識的女性。」如果眞正優秀的男性，能夠像他後面所說的那樣，超越這類卑劣的行爲，那又有什麼必要去調整全體女性的行爲來取悅那些笨蛋、那些除了性別之外，作爲一個個體別無任何值得尊敬之處的人們？實際上，只有性別這麼一點男性共有優越性的男人，他們會堅持宣稱男性性別的優越，眞是十分的情有可原啊！

如果總要去遷就伴侶的論調才算合宜，那對女性舉止的要求就沒完沒了了；而且如此一來，論調老是在變，連**降調**都要被當成是**本位音**了[28]。

當然，更明智的做法是建議女性自我提升，直到擺脫虛榮的薰染；然後再改變公眾的觀念。哪有不可改變妥協的規矩呢？眞理與美德的小徑既不偏左也不偏右，它是一條筆直向前的道路，而誠摯地追尋此道的人，可能超越了許多繁冗的偏見，卻不曾偏廢端莊得體的美德。讓心靈純淨，讓智慧運轉，我敢說這樣的人是絕不會做出冒犯他人的行爲的。

許多年輕人熱衷於獲得時髦的氣質，而這總會讓我想起那些刻意仿古，卻了無新意且又乏味的現代畫作。這些作品靈氣盡失，各個部分散亂雜陳，沒有一種可以稱之爲風格的特質將它們統一在一起。這種表面光鮮的時髦，幾乎與理性無關，但卻會使軟弱的人目眩神迷；可是如果它只是順其自然地發展，倒也極少會令明智的人感到厭惡。此外，如果一位女士足夠明智，不去不懂裝懂的話，那麼她也沒有必要刻意隱藏才能不露鋒芒。凡事聽其自然，一切都會很好。

在這整本書中讓我看不起的，就是這套虛僞做作。女人總是裝模作樣，然而美德卻在召喚她們，用哈姆雷特的臺詞來說——「假裝！我不知道如何假裝！我從來就是表裡如一！」[29]

這個論調還不斷地被重複；在書中另一處，他建議女性要保持矜持（但他也並未清晰說明何謂矜持），之後又補充道：「男人會抱怨你有所保留。他們會向你保證說，更爲坦率的言行舉止會讓你們更加迷人。但是相信我，他們的說法並非出自眞心。我承認有些時候坦率會讓你們成爲更令人愉快的夥伴，但它也令作爲女人的你們不那麼迷人了：這是一個很重要的區別，可許多女性卻都沒有注意到。」

這想要永遠做女人的願望，是一種會令女性墮落的意識。我必須再次強調我之前的觀點：除非是在愛人面前，否則女性只做一個令人愉快的、理性的同伴就很好了。但在這方面，葛列格里博士的建議甚至和他自己這段話相矛盾，就是我打算以高度的贊許來引用的這段：

「人們假定一個女人在道德上是可靠的，於是毫無惡意地縱容她的多愁善感。殊不知這種多愁善感是極其粗鄙而危險的，對於許多女性來說，這確實可以說是她們致命的弱點。」我完全同意這個觀點。但凡是還有一絲情感的人，無論男女，一定總是希望讓自己心愛的人明白，他或她所樂於接受及回報的是指向某一個特定之人的情感，而非針對某一個性別的普遍情感；而他們之所以會彼此愛慕，也是因爲被對方的心靈而非肉體所打動了。若無這種渾然天成的美質，愛情就會變成只關心自我滿足的、自私的感情，人的品行也會隨之墮落敗壞。

我還要再進一步談談這種多愁善感。當喜愛尚未發展爲愛情的時候，人們在私下裡也會有不少親密的舉止。從一顆純眞的心靈中所自然流露出來的感情會讓這些舉止充滿活力；但是如果是出自於欲望、對女子獻殷勤的風氣或虛榮心，那麼它們就是可鄙的。如果一位男士趁著扶一位陌生的漂亮女士上馬車的時機去捏她的手的話，任何眞正文雅的女士都會覺得這是一種無禮輕率的冒犯，而不會爲了自己的美色受到了無聊的尊崇而沾沾自喜。這些親暱的舉止應該是關係友好的人們之間才會有的行爲，或者是由於人們發現他人身上的美德的時候所油然而生的尊崇，滿心只有獸欲的人是無權要求這種友好的表示的。

我樂於說服我的姐妹們遵循更質樸的行事原則，我希望她們能把現在被用來滋養虛榮的心力都用來培養眞正的情感。讓她們值得被愛，她們自然就會得到愛情，即使她們根本沒有聽到過這樣的話：「一位淑女所擁有的征服男人——最優秀的男人——的心的力量，甚至超過她自己的想像。」

我已經批評了葛列格里博士關於表裡不一、女性溫柔以及體格嬌弱等方面的狹隘告誡了；他把這些事情反覆地講個不停，但確實他講解的方式跟盧梭比起來，還是要得體多了；但是他們歸根究柢還是一回事，凡是不怕麻煩地去分析這些觀點的人，都會發現雖然他們搭建的理論很是漂亮，可是作爲理論基礎的基本原則卻遠沒有那麼美妙動聽。

關於娛樂消遣的話題，葛列格里博士只是草草帶過；但其論述的主旨與此無二。在友誼、愛情以及婚姻的問題上，我跟葛列格里博士的觀點截然不同；我不會先發制人地談論我在這些重要問題上的觀點；我只把評論限制在他們對這些問題的一般論調上，談談那些關於家庭經營的謹愼建議，和那些不甚高明的關於愛情的片面觀點。這些論調意圖使人擺脫不幸與錯誤，卻也因此而讓人們失去了愉悅和進步；它們對於心靈和頭腦的防衛，反而摧毀了所有心智上的活力。即使時常受騙，也好過從來不曾信任他人；即使在愛情中失望，也好過從未愛過；即使失去了丈夫的寵愛，也好過不再被他尊重。

如果所有這些建立在狹隘的計畫基礎上的、對於世俗歡樂的徒勞渴求，可以轉變爲對提升理性的熱切追求，那將是世界的大幸，當然也是個人的大幸。先賢的智慧對人類的女兒們說：「智慧乃首要之事；**因此**須有智慧；然後再通過汝等所擁有的一切去獲取理性。」又說，「汝等痴愚兒，熱愛愚陋，恨惡智識，要到幾時呢？」[30]

一些女性

我無意論及所有在女性行爲這一主題上有所著述的作家。事實上，這樣做就等於是在重複討論同一個問題，因爲大致說來，他們的觀點都如出一轍。我只是要抨擊那種被男性引以爲傲的特權，我可以毫不猶豫地說，這種特權是專制暴政的鐵權杖，是暴君的原罪。我明確反對一切建立在偏見之上的權力，無論它有多麼源遠流長。

女性要服從於他人，這是否是正義的要求？我們只需請上帝對此進行裁決，因爲祂就是正義的化身。我們女性與男性一樣都是上帝的子民，如果上帝不會因爲我們較晚來到這世上就視我們如私生子的話，那麼就讓我們與男性一樣地思考，並且學著傾聽那理性清晰的聲音、服從理性的權威。而如果我們證明了這種帝王般的特權只是建立在一大堆混亂的偏見之上，並沒有一個內在的原則把它們有效地聚合起來；或者如果我們證明了它就像是建立在一頭象、一隻龜[31]，甚至只是一個人雙肩之上那樣根基不穩的話；那麼，那些不顧後果地編造著特權神話的人們，可能會不顧一切地逃走，不再違背事物應有的秩序。

理性使人類超拔於禽獸，死亡也必如約而至爲我們帶來解脫，只有那些不相信自己力量的人，才會服從於盲目的權威。「他們是自由的，那些將要自由的人！」[32]能夠控制自己的人，不會懼怕生命中的任何東西；但是如果有什麼是比生命本身還要寶貴的話，那麼哪怕傾盡所有也要得到它。我們熱愛美德，必須是因爲她本身所具有的價值，就像我們熱愛其他一切有價值的東西一樣，否則我們便不能擁有她。如果我們只是把美德當成是攫取名聲的踏板，只因爲要僞裝出正確的立場才對她表示尊重，那麼她就不會給予我們「超越人所能理解的」安寧；因爲「誠實才是最好的策略」。[33]

無可否認，那種能夠我們讓將一些智識和美德帶去另一個世界的生活方式，是最能夠保證我們此生的充實滿足的。然而儘管人們普遍認爲這個原則是無可爭議的，卻很少有人能夠依此行事。這些清醒的信念，敗給了現世的享樂和權勢；人們斤斤計較於一時的幸福，卻不顧及整個人生的快樂。有足夠的遠見和決心，能忍耐一時的不幸，以避免日後更大災禍的人，是多麼的少啊！少得簡直找不到！

尤其是女性，她們的美德[34]建立在並不穩固的偏見之上，因此很少能獲得這樣偉大的心靈。她是自己情感的奴隸，也很容易被別人的情感征服。她是如此地墮落，以致於她那蒙昧的理性，不但沒能爲她打破枷鎖，反而還將它擦拭得更加光亮了。

我聽到一些女性持有與男性相同的主張，出於根深蒂固的無知，她們鼓吹那些會讓她們變得像禽獸一樣的感性；我對此感到非常憤怒。

我得舉一些例子來闡明我的主張。皮奧奇夫人[35]常常死記硬背一些她並不理解的東西，她的作品呈現出詹森時代的文風[36]。

她武斷地對一位新婚的男士說道：「你不要在特立獨行中尋找快樂；而且要對你妻子在智能上的進步保持警惕，因爲這會讓她做傻事。」爲了解釋這個誇張的開場白，她又接著說道：「我的意思是說，你妻子的容貌不會變得愈來愈令你喜愛，但是請祈禱讓她永遠不會猜疑她對你的吸引力在變弱吧。大家都知道，女性原諒人們對她們理性的冒犯，可比原諒對她們容貌的冒犯要快得多；我們沒有誰會反對這個論斷。我們所有的成就和技藝，都是爲了獲得和留住男人的心；有什麼屈辱，會比得上沒有達到這一目標所帶來的失望呢？對於一個有志氣的女人來說，無論多尖銳的指責、多嚴厲的懲罰，都好過對她的忽視；如果她竟然能毫無抱怨地忍受忽視，那只能證明她打算以其他男人的殷勤來補償她丈夫的怠慢！」[37]

這是道地的男性觀點。「我們所有的成就和技藝，都是為了獲得和留住男人的心」。這話是什麼意思呢？如果女性的容貌得不到丈夫的重視（就算是生得像美第奇[38]一樣勻稱美麗，難道就完全不會被輕忽了嗎？），她就要盡力取悅其他男人以補償自己。多高尚的品德啊！這是侮辱全體女性的理性，也讓女性的美德不再建立在人類共同美德的基礎上。一位女士必須得明白，她的容貌在丈夫看來不會像在情人眼裡那樣討人喜愛，如果她感到被丈夫的這種作為一個人的正常表現所冒犯了，那她大可因此而抱怨失去了他的心，就好像她抱怨失去了任何其他可笑的東西一樣。這種缺乏洞察力的表現，和非理性的惱怒，恰恰會使得她的丈夫不能將對她容貌的喜愛，轉變為對她美德的仰慕，或者是對她理性的尊重。

當女性認同並遵照這類意見行事時，至少她們的理性是活該被男性輕視和指責的；這些男士把攻擊的目標精準地鎖定在女性的頭腦上，卻從未指摘過她們的容貌。女士們不假思索採納了這些彬彬有禮的男士們的意見，但他們之所以提出這樣的意見是因為女性如果有了頭腦，就會妨礙他們的行為。女性應該明白，只有那被男性侮辱的理性，才能給一個沉浸在愛情中的女人以神聖的保護；因為人的感情總難免會摻雜一些雜質，這一點就如同我們不會停止對於獲取美德這一人生終極目標的追求一樣，永恆不變。

斯塔爾男爵夫人[39]的觀點和我剛才引證的那位女士一樣，只是更為熱情。我曾偶然讀到過她歌頌盧梭的作品，她的意見也是很多女性同胞的意見，我將引用一些她的評論作爲例證。她評論說：「雖然盧梭竭力阻止女性介入公共事務，不讓她們承擔重要的政治角色；但是在談到女人的時候，他花了多少力氣想令她們滿意啊！若他想要剝奪女性的一些不適合她們性別的權利，他又永久地歸還給她們多少應有的權利啊！而他在試圖削弱她們對於男人的思想的影響力的同時，他又是多麼鄭重地建立起了她們對於男人的快樂的統治權啊！他幫助她們離開那篡奪而來的寶座，又讓她們穩穩地坐上了她們天命所歸的王位。當她們試圖效仿男人的時候，他滿心憤慨；可是當她們帶著一切專屬於女性的魅力、軟弱、德行與過失來到他面前時，他對她們美貌的尊敬幾乎達到了崇拜的地步。」[40]說得太對了！確實從未有過哪個感官主義者曾在美色的神龕前奉上過如此狂熱的崇拜。盧梭對美貌的尊崇確實無比虔誠，以至於他只想看到女性以魅力、軟弱和過失來妝扮自己，而且在他看來女性只需有忠貞一種美德即可（原因顯而易見）。他唯恐嚴肅的理性會打擾愛情的溫柔嬉鬧。這個主人只想有一個美豔的奴隸供他玩弄，也完全地依賴他的理性和慷慨；他不想要一個不得不去尊重的伴侶，也不想要一個朋友——萬一他在完成父親的神聖職責之前，就不幸被死神奪去了生命，他可以放心地將子女的教育相託的那種朋友。他否認女性的理性，將她們關在知識的大門之外，驅趕她們遠離眞理；然而他還是得到了人們的原諒，因爲「他承認愛的激情」。盧梭承認愛情，顯然只是爲了男性的享樂以及人類的繁衍；要講明白爲什麼因爲他這樣認可了愛情，女性就要爲他承擔起這些責任這一點，原本是需要一點巧思的。可是他充滿激情地談論著這個話題，他的強有力的語調打動了那年輕的讚頌者的情感。於是斯塔爾夫人繼續爲他吟誦讚歌：「對女人來說最重要的一點是，盧梭的理性雖然在與她們爭執統治權，而他的心卻是忠誠地屬於她們的。」但她們應該爭取的，不是統治權，而是平等。而且，如果她們只是想延長她們的統治，那就不該完全依賴自己的美貌，因爲美貌雖然可以贏得人心，卻不能令其持久，哪怕是在盛極之時也不可能，除非至少還有一些精神上的美好來配合。

如果女性得到了充分的啓蒙，能夠在一個更廣大的範圍裡尋找她們眞正的利益的話，我堅信她們將完全樂於放棄所有那些並非由於兩人彼此相愛才有的特權，因爲只有相愛才能讓特權長久，而轉向友誼所帶來的平靜滿足，以及一貫的尊重所帶來的溫柔信心。婚前她們不會故意表現得輕慢無禮，婚後也不會悲慘地臣服；婚前婚後，她們都會盡力地像理智的人一樣地行動，不會讓自己從王座跌落到冷板凳上。

讓利斯夫人[41]爲孩子們寫過不少有趣的書；她的《教育書簡》中有不少有用的建議，明智的父母一定會善加利用；但是她的觀點是狹隘的，她的偏見既頑固又不合理。

她熱烈地贊成末世永罰[42]，我不想對此進行討論；我一想到居然有人會爲這樣的話題而熱烈地辯護就覺得臉紅。我將只對她以父母的權威來取代理性的荒謬方式做一些評論。因爲她不斷地向別人灌輸，不僅要盲目地服從家長，還要盲目地服從於世俗的輿論[43]。

讓利斯夫人講了一個故事，說一個年輕男子根據他父親的明確願望，與一個富有的女孩訂了婚。在舉行婚禮之前，女孩失去了所有財產，並且無人可以依靠。父親採取了極端無恥的手段想要拆散他的兒子和這個女孩。兒子發現父親的惡行，在正義感的驅使下，他和女孩結婚了。隨之而來的卻只有痛苦，原因無它，就在於他沒有得到他父親的許可就結婚了[44]。如果可以這樣蔑視正義，那宗教和道德將何以立足？出於同樣的觀點，她會認爲一位年輕女士非常有教養，因爲她願意嫁給任何一位她的母親所樂於推薦的男子，或者是她雖然確實是出於自己的意願而與某人結了婚，但卻對此人沒有任何熱情，因爲一位受過良好教育的女性是不會有時間去談情說愛的[45]。我們對一個如此辱沒理性和天性的教育制度，能有多少的尊重？

她的作品裡有許多這樣的觀點，卻也混雜著一些確實能令人對她的心智肅然起敬的意見。然而她的信仰中摻雜著如此多的迷信，她的道德中混入了如此多的世俗成見，以致於我無法讓年輕人去讀她的作品，除非我事後可以再與他們談論這個話題，以指出其中的矛盾。

夏博恩夫人的《書簡》[46]是如此地明智、謙遜而毫無矯飾，其中包含了很多有用的見解；我提到它們，只是爲了向傑出的作者表示尊敬的讚美。誠然我並不能永遠和她意見一致，不過我永遠尊敬她。

談到「尊敬」，我就想起了麥考萊夫人[47]。她無疑是我們國家有史以來最具才幹的女性。然而這樣一位女性，竟然默默無聞地逝去，並未得到人們充分的敬慕追思。

無論如何，後人將會給她更加公正的評價，並且會記得凱薩琳·麥考萊是一位與其性別「應有的」軟弱毫不相容的、具有智識成就的人。她的寫作風格，與她的作品所傳達的見識一樣，有力而明晰，沒有表現出任何所謂的「性別」特質。

我不會說她有男人一般的理性，因爲我不承認只有男性才有理性的這種傲慢假設。我認爲她具備非常健全的理性，她的判斷力是深思熟慮所結出的豐美果實，她是一個女性能夠獲得完備判斷力的明證。她的洞察力超過世故，理性多過幻想，因此她的作品冷靜有力、論證嚴密；同時同情和仁慈使她的作品飽含關切，令她的辯論充滿生機和熱情，促使讀者不得不仔細斟酌[48]。

當我最初想到要寫這部批判作品的時候，我懷抱著一點無法壓制的熱切，希望能夠得到麥考利夫人的贊許；但是不久便驚悉她已經不在人世，只留下我因希望破滅而痛苦不安、因遺憾而靜默肅然！

賈斯特菲爾德

若要歷數各類教育相關的著作，不可不提賈斯特菲爾德勳爵[49]的《家書》。我既無意分析他那怯懦悖德的理論，更不打算從他輕率瑣碎的信文中找出一些明智有用的言論。不，我只打算對文中所公然宣揚的要早日通曉人情世故方面技巧的旨趣，提出一點意見。我敢於斷言，這種技巧就像蓓蕾中的蛀蟲[50]，暗中吸取了年輕人那逐漸成長的力量，將本應喚起激情活力、溫暖情懷和偉大決心的青春之泉變作毒藥[51]。

智者有言，萬事皆有因緣；誰會在宜人的春日裡尋找秋實？可是那些老於世故的導師們，不過把這當成是優美的辭令，他們不去培育年輕人的判斷力，反而灌輸偏見給他們，讓他們的心腸變硬，隨著經驗的增長，他們成為了更加冷酷的人；我要為此與這些導師們理論一番。我認為，過早瞭解人性的弱點，或所謂的通達人情世故，會使人變得心胸狹窄、並且壓抑天然的青春熱情，而這熱情正是偉大才能與美德的源泉。硬要在心靈的小樹苗抽枝展葉之前，就逼它長出經驗的果實，不僅徒勞，還會枉耗其精力，阻斷其自然成長；就像埋在地下的金屬，當內聚力遭到破壞的時候，他的外形和堅實度也都會受到影響。

洞悉人心的諸君，請告訴我，想要幫助年輕人確立原則，卻去告訴他們這些原則很少是穩固可靠的，這種方式難道不奇怪嗎？當這些原則已被證明是不合理的時候，我們又怎能讓年輕人養成這樣的習慣並持之以恆？爲何要如此貶抑青春的熱情，徹底破壞了年輕人豐富的想像力呢？這刻板的戒律或許眞能使人免於人間的困苦不幸，卻也必然會阻礙了其在品德和智識兩方面達到卓越[52]。「猜疑」是每條路上的絆腳石，它會使天賦和仁慈無法得到任何充分的發揮，人生一切迷人的魅力都不復存在；在安逸的暮年還遠遠未曾到來之時，就已經開始退守到沉思冥想之中，只想要精神的安適和生活上有所保障。

一位在親朋好友中成長的青年，在青春期裡，被勃發的生命力和各種本能的情感所驅動，透過閱讀，得到了盡可能多的理論知識；他在進入社會的時候，對這世界懷抱著熱切卻錯誤的期待。然而這似乎是一個很自然的過程；在品德和工作志趣上，我們都應該遵從自然神聖的指引，切不可在應當謙卑跟從的時候擅自僭越。

世界上很少有人遵從原則行事；情緒和早年間養成的習慣是主要的原因。生活經驗會讓年輕人對於人類以及他們自己的心靈漸漸有所瞭解，他們會變得寬容克制。如果在這之前就將世界原本的模樣展現在他們面前，他們又怎麼能學會要如何控制自己的情緒、如何擺脫早已養成的習慣？他們不會將其他人類當作是與自己一樣的、脆弱的生靈——註定要和人性的弱點鬥爭，時而展現出性格中光明的一面，時而又表現出其陰暗的一面，在愛與惡之間徘徊——而是如防備食人的猛獸般防備著同類，直到一切廣義上的社會情感（也就是人性）都不復存在。

在人生中我們會逐漸發現我們本性之中不完美的方面，但同時，我們也會發現美德；我們在和其他人相處的過程中，會發現自己與他們都有著同樣的人生目標，於是我們在自己和他人之間找到了千絲萬縷的關聯；若是我們透過那非自然的方式倉促地去認識世界的話，我們是不會想到這一點的。當我們看到愚蠢的行爲逐步演化成爲一種罪惡的時候，我們在譴責這罪惡的同時，也會感到惋惜；但是，如果可怕的罪行突然出現在我們眼前，恐懼和嫌惡就會使我們變得過分地嚴厲，我們可能在情緒的引導下，盲目而熱切地扮演起一個全知全能的角色，譴責我們的同胞凡人，說他們應當下地獄；我們在這樣做的時候，忘記了自己並不能讀懂別人的心靈，而且我們自己的心中也埋藏著同樣的罪惡的種子。

我已經說過，我們期望從教導中得到的，不僅僅是一些教條戒律，還應該有更多的東西。我們沒有教會年輕人在逆境中保持尊嚴，以及在運用自己才能的過程中獲得智慧和美德；我們只是一遍又一遍重複著清規戒律，在需要運用理性明辨是非的時候，要求他們盲目服從。

舉例來說，假使有一位年輕人在初次萌生的、友誼的熱情之中，將他所崇拜的人視若神明——這種偏激的熱情會對他有什麼害處呢？也許美德必須首先要展現在一個具體的人的身上，才能打動一顆年輕的心靈。這個人擁有更加成熟高尚的靈魂，追尋並期許著自己可以達到一種理想的境界，他使年輕人的眼界變得開闊。智者有言：「不愛他所能看見的兄弟之人，怎能愛他沒有看到的神？」[53]

年輕人會以種種優秀的品質去美化自己最初崇拜的人，在他們無知（或者更恰當地說應該是缺乏經驗）的心靈裡，這種感情特別容易發生；隨著時間的流逝，當他們發現完美是凡人所不可企及之時，他們會在觀念上意識到德行的美好以及智慧的崇高。這時崇拜就會演化成名符其實的友誼，因爲它建立在尊重的基礎上；從此這孤獨的人將只依賴上帝，往日那些爭強好勝的心思得到了淨化，在高貴的靈魂裡閃閃發光。但是一個人必須要靠自己的才能和努力來明白這件事情；而這也正是上帝爲了補償我們之前的失望，所賜下的果實！因爲上帝總是樂於散布歡樂，樂於憐憫那些正在學著認識祂的弱小生靈，祂所賜予的良好習性絕不會是磨人的夢幻[54]。

如此我們的生命之樹方可生機勃勃地生長——我們本也不該強求青春的優美就能涵蓋一生的全部美好；而應當耐心地等待年輕人能夠深深地紮根於生活，終於無懼風雨。當一個人在富有尊嚴地、慢慢地向著完美蛻變時，我們會對他少一絲敬意嗎？同理，我們身邊的一切事物都在不斷演化；當我們發現了人生那令人失望的一面，以致於幾乎對生命本身感到厭倦，當我們自然而然地發現世間萬事終將成空[55]，我們就接近了生命那不令人歡愉的另一面。充滿活力與希望的日子結束了，在生命的最初階段裡所擁有的擴展智慧的機會也將很快地成爲過去。在這樣的境況之下，或者是在更早的階段，人們通過歷練認識到了人生的虛無，這是非常有益的，因爲生命本來如此；與這虔誠和經驗所孕育出的高貴果實相比，當下這種讓一個脆弱的年輕人直視人類的愚昧與罪惡的做法實在很難稱得上是明智之舉，他們本來應該在見識這些之前先得到審慎指導，以免於讓他們的良心遺失在生活之中。

我要冒險提出一個看似矛盾的說法，並且毫無保留地就此發表意見：人如果生來只是爲了走過從生到死的一個輪迴，那麼明智的選擇是做所有那些可以預見到會讓人快活的事情。因此最明智的做法是在所有事情上都保持節制；酒色之徒雖然既不會去培養自己的理性也不會在乎心靈的純潔，卻會謹慎地將享樂維持在一定限度。如果我們終有一死，謹慎就是眞智慧，或者說得更直白些，從一生的角度來衡量，謹慎才能帶來最大程度的歡愉；而那些不能便利人們生活的知識，則都是禍害。

那麼，我們爲什麼要努力學習而損害了自己的健康呢？追求智慧所帶來的高尙的快樂，能抵償得了隨之而來的疲憊嗎？更不要說，在研究過程中所無法避免的那些疑慮與失望了。每種研究的終點都是空虛和煩惱：我們特別想要鑽研的那些事情，就像奔跑時所見的地平線一樣可望而不可及。相反，像孩子一樣無知的愚人們，卻總是猜想只要一直走下去，最終他們總會抵達那天地相接之處。雖然研究難免帶來失落，但是頭腦在訓練中變得更加強大，理性的翅膀引領著它不斷從表象中追逐那隱藏的本質，也許在未來的生命裡它就能有足夠的力量去理解此時這個如此令其焦慮的問題。

生命中的激情就像風一樣，對於一個謹愼的人來說，即使不是有害的，也沒什麼益處；可是若不思考，人類便與行屍走肉無異，不過能在死後營養一株菜、增色一朵花而已。感官的欲望反映了我們每一種肉體的需求，爲我們提供更加溫和與持久的歡愉。靈魂的力量在這方面沒什麼用處，反而可能會影響我們本能的享受——可是清醒的尊嚴會讓我們以擁有這力量爲榮。這也證明了生命本來就是一個學習的過程，我們都還幼稚，但我們不應該因此而放棄唯一值得期待的希望。因此，我的意思是說，我們應該對於期望教育所達成的成果有一個清晰的認識，因爲很多聲稱相信靈魂不朽的人，他們的行爲與他們聲稱的信條是相互矛盾的。

如果我們以安逸順遂爲人生第一要務，未來的一切都交給命運去安排，那麼讓孩子們早點知道人性的弱點確實是比較明智的安排。你固然無意讓他成爲英柯[56]；但也別幻想他會遵從法律之外的道德準則，他的心裡很早就種下了人性卑劣的觀點；他也不認爲有必要比一般標準做得更好。他可能不會做什麼罪大惡極的事情，因爲老實規矩是最好的策略；但他也不會想去追求什麼偉大的美德。作家和藝術家的例子會證明這個觀點。

因此我必須要冒險懷疑一下：那些被認爲是道德準則的規則，是否只是一些透過書本冷漠地觀察人類所做出的教條式的規定？我的觀點和他們恰恰相反，我認爲對激情的控制並不總是明智的。我們應該看到，男性之所以比女性具有更高超的見解和更加堅毅的品格的原因之一，無疑就是因爲在面對強烈的激情時，他們有更自由的處理空間，並且他們經常會行差踏錯，但這反而擴展了他們的視野。他們也許應該感謝自己的激情，雖然這激情是被一些對生命的**錯誤觀點**所激發出來的，但是卻讓他們得以超越安全舒適的境界，透過踐行自己的[57]理性而建立起來一些穩固的原則。但是，如果在生命開啓之初，我們就清晰地展望到未來的圖景，看穿了所有事物的本質，我們怎能還有足夠強大的激情去發展我們的才能呢？

現在，讓我來從高處縱覽這個世界，剝除覆蓋其上的一切虛幻而令人迷惑的美好表象。我清晰地看到世界的本來面目，我的心寧靜如水。我就像是在一夜安睡之後，看著晨間迷霧漸漸散去，默默地顯露出美麗的自然景象一樣，安靜地看著世界的眞相漸漸在我眼前展開。

現在世界在我眼中是什麼樣的呢？我邊揉著眼睛邊想，我是剛剛從一個逼眞的夢境裡醒來嗎？

我看見人類的兒女正在焦慮地空耗心智去追逐虛幻的東西，以滿足他們那錯置的激情——如果他們沉溺於這種盲目的情緒，過分聽信那些謊言的指引，那麼他們就不會有意願想要成爲更加明智的人，因而也無從在想像力的幫助之下過另一種不同的生活；他們同樣深陷於對一些虛幻而短暫的歡愉的追逐，無力擺脫。

從這個角度來看，把整個世界想像成一個每天都在上演著取悅上等人們的舞臺劇的舞臺，也就沒什麼奇怪的了。野心勃勃的人們爲了追求一個幻影而耗盡自己，或者因爲「在炮口之中求取浮名」[58]而粉身碎骨，都不過是供上等人們消遣而已：在人已經失去意識的時候，無論是被狂風捲上雲霄還是隨暴雨墜落塵埃，都已經無關緊要了。要是那些上等人發了善心，爲了幫助那野心勃勃的人開闊眼界，指給他看通向巔峰的道路密布荊棘，如流沙般愈向上掙扎愈向下陷，讓他在幾乎抓住幻影之時放棄希望；那麼雖然他在內心裡也知道自己無力挽住逝水，可是他難道能離開這個舞臺，將取悅上等人的機會留待他人，轉而去追求自己的人生嗎？我們就是這樣成爲了希望與恐懼的奴隸啊！

這些野心勃勃的人在追逐虛幻的浮名——那可眞是十足地像流星般易逝，如野火般誘人毀滅——的同時，也常常謀求一些更加實際的東西。什麼！爲了獲得身後的褒獎，他得要放棄一些極爲瑣碎的享樂？無論人是否能夠不朽，如果人類高貴的激情無法眞正地超群於他的同類，他心裡爲何會有這樣的鬥爭呢？

還有愛情！那是多麼有趣的景象啊！小丑的把戲都不如這種蠢事逗人。看著一個凡人用種種虛幻的美好去美化另一個凡人，然後對著他自己想像出來的偶像頂禮膜拜，還有比這更可笑的嗎？可是，上帝在造人之時已經明確應許他這樣的歡樂，如果他無法再擁有它，那麼上帝所賦予人類的這一屬性應該何以依附，隨之而來的又會是怎樣嚴重的後果呢？如果人類只能感受到所謂的肉體之愛，生命的各種意義就能夠得到更好的體現了嗎？如果人們在看待自己愛慕的對象的時候，沒有了想像力的美化，如果他們沒有通過思考而賦予激情力量，使它能夠幫助人們超脫凡俗的欲望，他們的激情難道不會很快就淪落爲肉欲嗎？思考是人類高貴的特質，教會人們愛的完美之所在。而在與激情搏鬥的過程中，人們建立起了對自然秩序的熱愛，他們的理性在沉思中受到啓蒙、得以提升，與此同時，他們的智慧也變得愈來愈澄明。

在激情的發展過程中所獲得的知識，可能與思考的習慣一樣有用，雖然這激情所指向的對象以及從中得到的知識可能都非常荒謬。它們看起來原本沒有什麼區別，是因爲全能的上帝將具有主導力量的激情深植在我們心中，才讓它們得以區分開來。這種激情讓每個人的才能都開始起作用並得到加強，它使得一個嬰兒雖然無法知其所以然，但仍能夠習得各種經驗。

我結束了對世界的縱覽，回到我的同胞之間，感覺自己融入了急速翻湧的人潮之中；野心、愛欲、希望、恐懼，發揮著它們一貫的力量，雖然理性告訴我們它們所許諾的最誘人的禮物不過是謊言編織的夢幻而已；但是如果「謹慎」伸出了它冰冷的手，在每一種強烈的感情沉澱爲性格特質或形成行爲習慣之前，就將之扼殺，那除了自私的謹慎和僅僅出於本能的理性外，人類還能得到什麼？威夫特牧師在作品中刻畫了令人作嘔的犽猢，和具有哲人眼光的、乏味的慧駰，讀過之後，我們能不覺得扼殺激情或使人安心滿足於現狀的舉動都純屬徒勞嗎[59]？

年輕人一定要行動；因爲如果他們有老人家的經驗，就更適合走向死亡而非繼續活著；雖然年輕人的美德，更多地還是停留在腦海而不是心靈裡，也無法創造出什麼偉大的事蹟；而他們爲生活在這個世界上而準備的理性，儘管在進行著高尚的努力，可也還是配不起太高的讚譽。

此外，要讓年輕人對人生有個正確的看法本就是不可能的事情；他必然要與自己的激情進行搏鬥，才可以有能力去衡量那使人犯罪的、誘惑的力量。剛剛步入生活的人，與即將離開人世的人，他們對生活的認識是如此不同，因而極少能想到一起，除非年輕人從來沒有嘗試獨立去發展他們那有待成熟的理性。

當我們聽到一些無法無天的犯罪行爲——它們讓我們被深深地籠罩在邪惡的陰影之下，激起了我們的怒火；但是眼看著他人罪行逐漸加重的人，卻會對犯罪者抱有比較同情包容的態度。一個冷漠的人是無法眞正看見這個世界的，我們要融入人類的群體，在對他人的感情做出判斷之前先要對他們的情緒感同身受。簡短地說，如果我們想在這世上生活下去，並且變得更加明智與幸福，而不是只想著享受生命中美好的一面，那麼我們必須要在認識自己的同時也對他人有所瞭解，而通過其他方式獲得的知識，只會讓人心腸變硬，也會讓他們的理性陷入混亂。

也許有人會說，用這種方式得到知識，代價太過高昂。我只能回答說，我很懷疑有什麼知識是可以不經努力與痛苦即可得到的？那些想讓他們的孩子免於努力和痛苦的人們，要是看到孩子們變得既不聰明也不善良，可不應該有什麼資格抱怨。他們只想讓孩子們變得謹愼小心；而年輕人的謹小愼微，不過是對自己的無知和自私的一種保護手段而已。

我曾經看到，接受過精心教育的年輕人通常會特別地膚淺和自大，在任何方面都不討人喜歡，因爲他們既沒有年輕人誠摯的熱情，也缺乏老年人的冷靜沉著。我無法不把這種不自然的表現歸咎於那草率的、揠苗助長式的教育，這種教育教他們自以爲是地重複著他們所相信的各種膚淺的觀點，也就是說，是他們所接受的精心的教育讓他們終生都成爲了偏見的奴隸。

在最初的階段，精神上與體力上的努力都會讓人生厭；以致於有很多人寧可讓別人來代替他們工作和思考。有一種我經常看到的情況會有助於說明我的觀點。當身處於一群陌生人或泛泛之交之間的時候，一個才能一般的人要是熱切地主張某一種觀點，我敢說那觀點一般來說都是一種偏見，我對此是有過研究的。這些隨聲附和之人總是很尊重某一位親戚或朋友的看法，他們不假思索便急於轉述別人的想法，他們對這些觀點的堅持程度，甚至會讓最初編造這些想法的人都感到吃驚。

我知道現在有一種推崇偏見的潮流；當任何人敢於直面這些偏見的時候，就算是出於人道的想法，並且有理性相助，他也會被粗魯地責問，他的先人是不是傻瓜。我要回答：當然不是。各種觀點在最初的時候大約都經過斟酌，因此也都有某種理由作爲依據；然而，一般來說，這些觀點仍然是只在一時一地成立的權宜之計，而不是永遠合理的基本原則。陳腐的觀念只是因爲年深日久而得到表面上的尊重，而當初曾經支撐過它的理由，如今早已不再成立，或者根本已無跡可尋；可是，雖然它們已成爲了不合時宜的偏見，卻仍然在被懶人們採用著。我們爲什麼會熱愛這些偏見呢？只是因爲它們是偏見嗎[60]？偏見是一種令人盲目輕信的、頑固的信念，我們在其中無法尋覓理性的蹤跡；因爲，在任何情況下，只要能爲一個觀點找到任何的理由，哪怕是犯了判斷上的錯誤，它也不會再成爲偏見：如此說來，固守偏見是不是在勸我們與理性爲敵呢？這種爲偏見張目的辯解（假使它還能算得上是辯解的話），讓我想起所謂的「婦人之見」這個粗俗的詞語：女性時時聲稱她們熱愛或相信某些事物；原因就是她們熱愛或相信它們。

和這種只會做出肯定或否定判斷的人進行談話，是談不出什麼結果來的。在你帶著他們來到談話的出發點之前，你先要回顧那些在偏見仗勢橫行之前就已存在的基本原則；但是十有八九他們又會泰然自若打斷你並且告訴你說，那些基本原則是完全錯誤的，而他們的觀點是完全正確的[61]。不僅如此，他們可能還會推斷說，你的理性在鼓吹一些錯誤的主張。他們這樣做是因爲，人們時常在立場動搖之時，最熱衷於維護自己所持有的觀點；他們會努力透過說服對手來打消自己的疑慮，當對手的辯駁讓他們得要再次面對自己那令人痛苦的動搖的時候，他們就會惱火不堪。

事實就是，人們希望從教育中得到它所無法給予的東西。一位明智的家長或者導師，也許可以幫助孩子強健體魄以及砥礪他們獲取知識的才能；但是蜜糖是必須要靠自己的勞動才能得到的獎賞。想讓一個年輕人藉由他人的經驗而變得有智慧，幾乎就像想透過聊天和參觀別人運動就能強身健體是一樣的荒唐[62]。很多行爲舉止被嚴密關注的孩子，變成了最軟弱的人，因爲他們的指引者只是向他們的腦海中灌輸一些除了權威加持以外便別無依仗的、特定的觀念。如果孩子們熱愛或者尊崇這些觀念，他們的頭腦就會被限制在這些觀念的框架裡，思維的發展也會搖擺不定。在這個例子中，教育的作用只不過像是把花草的藤蔓牽引到一個合適的、可攀附的對象上而已；家長灌輸給孩子們一個又一個觀念，卻不讓他們擁有自己的判斷力，希望他們按照這些強加的荒謬觀點行事，好像那就是他們自己的觀點一樣；希望當他們眞正開始自己的生活時，也要像父母們一樣度此一生。家長們沒有想過，無論是樹木還是人的身體，都要在獲得充分成長後才能健康茁壯。

在精神方面，道理也是類似的。在兒童和青年時期，感情和想像塑造了性格的形態；隨著年齡增長，理性讓本能中美好的感情變得穩固，直到德行成爲理性的堅定選擇，而不再只是出於心靈的一時衝動；道德開始具備堅實的基礎，足以抵抗激情的風吹雨打。

我希望大家不會誤解我這個觀點的意思，我認爲：除非宗教能夠建立在理性的基礎上，否則將無法獲得這種凝聚力。如果宗教僅僅是弱者的避難所或者盲目崇信的對象，卻並非由個人智識以及對上帝屬性的理性思辨中所總結出的行爲準則，我們能對它有什麼期待？宗教中確實包含著詩意的部分，能夠溫暖人的感情，激發人的想像，但是這個部分只能讓人享受愉悅，卻無法幫助人們成爲更有道德的生靈。宗教或許可以成爲世俗生活的一個替代品，但卻不能擴展人的心靈，反而讓它更加狹隘：而我們熱愛美德，必須應該是因爲其本身的崇高完美，如果我們希望自己能達到某種程度的完美，就不要把美德當作一個趨利避害的選擇。當人們把關注點從與自己有關的責任轉向宗教的空想之時，當他們一心幻想著未來世界的空中樓閣，以補償他們在現世裡的失落之時，他們是不會變成有德行的人的。

生命中的很多美好的景象，都被人們遊移不定的世俗智慧所玷汙。人們忘記了他們不可能同時侍奉上帝，又聚斂錢財[63]，總想要把矛盾的東西調和在一起。如果你想讓你的兒子成爲富有的人，你要選擇一條路；如果你只想讓他成爲有德行的人，你就必須要選擇另一條路；但是不要幻想你能將兩條路合而爲一，那樣的話你必將迷失。[64]

◆註解◆

【1】蘇菲與愛彌兒是盧梭的名著《愛彌兒》中的女、男主角。關於此書，可參見第二章注釋9。——譯注

【2】我在前面已經引用過他的原話。參見第三章注釋6中的引文。——譯注

【3】一派胡言！

【4】參見盧梭《愛彌兒》第四卷。關於盧梭和《愛彌兒》，可參見第一章注釋3和第二章注釋9。——譯注

【5】參見《聖經．舊約．創世記》。相傳包含《創世紀》在內的聖經中最古老的五個章節，皆為以色列先賢摩西所著，詳見第二章注釋11。——譯注

【6】《聖經．舊約．創世記》中記載，魔鬼化身為蛇引誘夏娃吃下禁果，犯下了人類的第一樁「罪」。可參見第二章注釋1和第四章注釋22。——譯注

【7】以上引文皆出自盧梭《愛彌兒》的第四章，第一節下文中引文除有特別說明外，皆出自此書，不再贅注。關於《愛彌兒》，可參見第二章注釋9。——譯注

【8】參見威廉．斯梅利《自然哲學史》（*The Philosophy of Natural History*），第一卷，一七九〇年版第四六二頁。威廉（William Smellie, 1740-1795），蘇格蘭出版人、自然學者、編輯和百科全書編纂家。——譯注

【9】播種時期（seedtime），即人生的發展時期，是一種比喻的說法，將心靈比作將要接受不同種子的土地。為了和後文呼應，此處直譯。（譯注）

【10】切爾克斯人（Cherkesses），又稱契爾卡斯人，是西亞民族，因為地處高加索西北部，自古頗受外來影響，如羅馬人、蒙古人、土耳其人和俄羅斯人都曾對其施以部分或全部的統治。據稱，女性在切爾克斯社會中地位極低，年輕女子經常自願被土耳其人口販子售往近東如土耳其等地，去做君王貴族的妻妾。帕夏是土耳其的貴族，可參見第三章注釋7。——譯注

【11】參見《聖經．新約．馬太福音》12:34，「因為心裡所充滿的，口裡就說出來。」原指惡人無法說出好話，此處則藉以譏諷口是心非的人「口裡說出來的卻不是心裡所充滿的」。——譯注

【12】萬一母親的觀點和丈夫的觀點不同，應該怎麼辦？對於無知的人，無法透過講道理來讓她免於犯錯，即使被說服放棄了一個偏見，也會轉向另一個偏見，她的頭腦會在偏見之間猶疑不定。在這種情況下，做妻子的可能非常需要一些不受世俗考慮影響的宗教觀點來支持她做出符合道德的選擇，可實際上，她的

丈夫卻可能根本沒有什麼信仰可以傳達給妻子。

[13] 參見西塞羅《論義務》（*De Officiis / On Duties*）。西塞羅（Marcus Tullius Cicero，西元前一〇六—前四三），古羅馬哲學家、政治家、法學家、作家。《論義務》是其晚期的著名作品，其中提出所有的德行都有智慧、雄心、節制及正義四個源頭。——譯注

[14] 參見《聖經・新約・哥林多前書》12:21，「眼不能對手說『我用不著你』，頭也不能對腳說『我用不著你』。」這一段呼應作者上文中引用的盧梭關於男女關係的觀點。——譯注

[15] 前後引文仍出自《愛彌兒》第四章，但有刪節。——譯注

[16] 參見《聖經・舊約・創世記》，27:39，「地上的肥土必為你所住，天上的甘露必為你所得」。——譯注

[17] 參見亞當・斯密《道德情操論》，第一卷，第一章，「生命的魅力在於共鳴」。關於亞當・斯密及其《道德情操論》，可參見第四章注釋16和注釋17。——譯注

[18] 「自然與真實之子」（the man of nature and truth）出自盧梭的《懺悔錄》（*Confessions*）。此書是盧梭於一七八二年出版的自傳，他在書中宣稱將毫不掩飾地自我暴露，一切皆出自「自然與真實」。——譯注

[19] 參見約翰・德萊頓：《無知的狀態，及人的隕落》（*The State of Innocence, and Fall of Man*），一六七七年版，第五卷，第三八頁。約翰・德萊頓（John Dryden, 1631-1700），是英國著名詩人、文學批評家和翻譯家。——譯注

[20] 忒勒瑪科斯（Telemachus）是希臘神話中的人物，相傳為荷馬所著的史詩《奧德賽》（*Odyssey*）中的主角之一。他是奧德修斯（Odysseus）和珀涅羅珀（Penelope）的獨生子。父親奧德修斯出征特洛伊之後，許多人向他母親求婚，求婚者塞滿了他父親的房子，他力圖阻止而不成功，便在女神雅典娜的建議和保護下遠行尋父，最後終於遇見闊別多年的父親，一起返回故鄉，殺死了所有求婚者。此處作者也許是想以愛彌兒和忒勒瑪科斯來代表傳統觀念中完美的丈夫和兒子形象。——譯注

[21] 詹姆斯・福代斯（James Fordyce, 1720-1796），神學博士。他最著名的作品是於一七六六年出版的布道集《給年輕女士們的布道集》（*Semons for Young Women*），簡稱《布道集》（*Semons*）。——譯注

[22] 你難道能？——你難道能？用如泣如訴的強調問出這話，那可真是有力的反詰。

[23] 參見福代斯《布道集》（*Semons*），一七六六年第三修訂版，第九九—一〇〇頁。第二節下文中作者所引段落皆出自此書，不再贅注。——譯注

【24】詹姆斯・赫威（James Hervey, 1714-1758），英國教士和作家。《沉思與冥想》（*Meditations and Contemplations*）簡稱《沉思錄》（*Meditations*），是他最早的著作，因大受歡迎，在初版之後的十四年中曾多次再版。

【25】關於約翰・葛列格里及其最流行的作品《父親的贈女遺言》（*Father's Legacy to his Daughters*），參見第二章注釋7。本節下文中所引文字，除有特別說明外，皆出自此書，不再贅注。——譯注

【26】即西方當時流行的「騎士風度」（gallantry）。——譯注

【27】讓女性獲得良好的理性吧！名符其實的理性本身就會教會她們如何去運用它：否則它又有什麼用呢？

【28】降調是指在原來的音階的基礎上，降低音高。本位音則指取消某一音符前原本的降調，還原成該音符原本的音高，又稱還原音。作者此處是借用樂理知識來比喻女性真實的性情舉止，和為了遷就男性而改變的性情舉止：若總得遷就男性，女性就會找不到自己。——譯注

【29】參見《哈姆雷特》第一幕，第二場。關於莎士比亞的著名悲劇《哈姆雷特》，可參見前言注釋2。——譯注

【30】作者此處特意採用了古英語，故譯文也力求反映原貌。本書中這樣的修辭為數不少，顯示出作者的文學技巧。此處亦可參見《聖經・舊約・箴言》1:22，「你們愚昧人喜愛愚昧，褻慢人喜歡褻慢，愚頑人恨惡知識，要到幾時呢？」——譯注

【31】這段描述也許和古印度傳說大地是由站在龜背上的大象所馱起的有關，言特權之根基實屬子虛烏有。——譯注

【32】「他是個自由的人，是真理使他自由！」——古柏（威廉・古柏（William Cowper, 1731-1800），英國當時最受歡迎的詩人之一，擅長描繪日常生活和鄉村自然風光，是浪漫主義詩歌的先行者之一。——譯注）

【33】前一句「超越人所理解的」參見《聖經・新約・腓力比書》4:7；後一句「誠實才是最好的策略」（honesty is the best policy）為英文諺語。——譯注

【34】我特意用了「美德」這個比「貞潔」含義更廣的詞，因為貞潔只針對女性的要求。

【35】赫斯特・林奇・皮奧齊（Hester Lynch Piozzi, 1741-1821），英國女作家，早年因夫姓被稱為「斯雷爾夫人」。丈夫去世後攜大量遺產改嫁義大利歌唱家、作曲家皮奧奇，被當時輿論譴責為「濫情的寡婦」。她與撒母耳・詹森是忘年知交（二人相差三十一歲），在詹森去世後發表了多卷與其交往的信件和回憶錄。——譯注

[36] 撒母耳・詹森（Samuel Johnson, 1709-1784），可參見第四章注釋25。他編纂刊物、辭典，協助成立文學俱樂部，對當時的文化發展起了推動作用。——譯注

[37] 參見皮奧奇《與已故的撒母耳・詹森博士的通信》（*Letters to and from the late Samuel Johnson*），一七八八年版，第九八—一〇〇頁。

[38] 原文為「Medicisan symmetry」（美第奇式的勻稱美麗）。此處的美第奇，可能是指十五—十七世紀義大利佛羅倫斯名門美第奇家族的瑪麗亞・德・美第奇（Maria de' Medici, 1575-1642），法國國王亨利四世的第二個妻子，法王路易十三的母親，在路易十三加冕前擔任法國的攝政女王。她美麗聰慧，自幼便具有時尚感和表現欲，慷慨資助藝術。但她的婚姻始終充滿了爭吵，主要是因為亨利四世始終更重視他的情婦凱薩琳。作者可能借此表明擁有美貌未必就會得到男性的重視。——譯注

[39] 斯塔爾夫人（Madame de Stael, 1766-1817），法國啓蒙運動時期著名活動家、女作家、評論家，有男爵夫人的貴族頭銜。其父為法國財政大臣內克（Necker），其夫為瑞典駐法大使斯塔爾（Stael）。曾著有《論盧梭的性格與作品》（一七八八）、《論激情對個人與民族幸福的影響》（一七九六）、《論文學與社會建制的關係》（一八〇〇）和《論德意志》（一八一三）等作品，及若干體現浪漫主義文藝思想的小說。她在歐洲思想史上的地位超過了她在文學上的成就，被認為是法國著名的文藝理論家、浪漫主義的奠基人之一。——譯注

[40] 參見斯塔爾夫人《論盧梭的性格與作品》（*Letters on the Works and Characters of J. J. Rousseau*），一七八九年英譯本，第一五—一六頁。本段中以下兩句引文也出自此書第一六頁。——譯注

[41] 讓利斯夫人（Madame de Genlis, 1746-1830），法國作家、豎琴演奏師和教育家。她擔任貴族家庭的家庭教師，並寫作了不少教育方面的理論著作，包括四卷本《教育的藝術》（*Théatre d›éducation*）和三卷本《阿黛爾和希歐多爾》（*Adèle et Théodore*），後者的英譯本又名《教育書簡》（*Letters on Education*），在十八世紀末的英國大受歡迎。——譯注

[42] 基督教隨著歷史的發展不斷有不同的教派產生，教義也在不斷變化。在中世紀「末世永罰」是正統教義之一，即認為世界有末日，那時包括已經死去的人們在內的全體人類都會在上帝面前接受最後的審判，無罪的進天堂，不信教或不思悔改的則永遠在地獄裡受煎熬。聖經對此也有提及，例如《馬太福音》25:31-46。但西方自十六世紀開始出現「宗教改革」浪潮，出現了許多新的基督教派（一般統稱「新教」），其中如信義宗（即路德宗）等教派反對「罪人命定受永遠的懲罰」這類觀點，認為其不符合神

的慈悲與智慧。——譯注

【43】一個人即使確信如何行事才是正確的，也不敢就恣意妄為：因為在一些情勢尚未分明的情形下，世人可能會猜疑其行為是出於其他的動機。這就是為了虛名而犧牲實質。只要有能力做出判斷，就讓人們只是聽從自己的良心去做正確的事情吧，世俗的意見終會改變，他們只需耐心等待即可。遵循簡單的動機行事才是最好的。人們太常為了行事得體而犧牲公平正義，其實那不過是他們給自己的行為找來的一個方便的藉口。

【44】參見讓利斯夫人《城堡童話》（*Tales of the Castle*），一七八五年英譯本，第三卷，第二章。——譯注

【45】參見讓利斯夫人《阿黛爾和希歐多爾》（*Adelaide and Theodore*），一七八三年版，第二三七—二三八頁。——譯注

【46】夏博恩夫人（Hester Chapone, 1727-1801），學者和作家，受過良好的教育，九歲就寫了第一部小說，嫁給夏博恩先生不久後就一直寡居，有數種著作。作者所說的《書簡》是指她於一七七三年寫給自己十五歲的侄女的一本《關於心智提高的書簡》（*Letters on the Improvement of the Mind*），這本著作是當時最受歡迎的少女行為指南（*Conduct book*）之一，到一八〇〇年已經再版了十六次。——譯注

【47】麥考萊夫人（Mrs. Macaulay，本名Catharine Macaulay, 1731-1761），英國著名的歷史學家，著有八卷本的史學著作《英格蘭史：一七六三—一七八三》（*The History of England*, 1763-1783），晚年因再嫁比她二十六歲的威廉・格雷厄姆（William Graham）而在英國喪失名譽，但是她的著作在美國仍然廣受歡迎，與早期的美國革命者們，如喬治・華盛頓（George Washington）保持著親密的關係。她是當時為數不多受到過良好教育的女性之一，也是當時大英博物館閱覽室的常規讀者中唯一的女性。她在一七九〇年所著的《教育書簡》（*Letters on Education*）一書中，指出柔弱等所謂的「女性特徵」是錯誤的教育方式的結果。——譯注

【48】在教育方面我的許多意見都與麥考萊夫人一致，所以我不再引用她的意見來支持我自己，而只是在此對她有價值的著作稍提兩句。

【49】賈斯特菲爾德勳爵（Lord Chesterfield，即Philip Dormer Stanhope, 1694-1773），英國政治家、學者，曾任駐荷蘭大使、國務大臣等。他風流倜儻，在英國是講究禮儀的典範，以他給兒子的書信集《致子家書》（*Letters to His Son on the Art of Becoming a Man of the World and a Gentleman*）而聞名於世，其中包括超過四百封書信，大部分是關於人情世故的內容。——譯注

【50】「蓓蕾中的蛀蟲」語出莎士比亞最優秀的浪漫喜劇之一《第十二夜》（*Twelfth Night, or What You Will*）的第二場，第四幕。——譯注

【51】在我看來，那種認為應該時刻防止孩子受到社會上的惡行與愚行傳染的觀點是錯誤的。因為從我自己的經驗以及觀察來看，按照這樣方式教育出來的年輕人，早早就對人世抱有冷漠的猜疑，總是像老年人一樣遇事猶疑再三，他們沒有一個不是自私自利的人。

【52】我之前曾經提到過軍官和女性的例子，由於很早就在社會上廝混，他們自然而然學會了人情世故，其效果與此相同。

【53】參見《聖經・新約・約翰一書》4:20。——譯注

【54】或是鬼火（Will-o'-the-sisp）。

【55】參見《聖經・舊約・傳道書》1:14，「我見日光之下所作的一切事，都是虛空，都是捕風。」——譯注

【56】作者可能是指當時在倫敦上演的小科爾曼（George Colman the younger，一七六二—一八三六的歌劇「英柯與婭瑞蔻」（Inkle and Yarico）中的男主角英柯。劇情大意是一個名叫英柯的倫敦青年商人在赴南美洲巴貝多（Barbados）的航行中遭遇船難，為當地的印第安少女婭瑞蔻所救，兩人相愛。但是當英柯「回到文明世界」之後，卻選擇了娶總督之女納西莎（Narcissa）為妻，甚至為了彌補經濟損失而將婭瑞蔻賣到奴隸交易市場。——譯注

【57】錫德尼說：「凡是沒有實際踐行的，都只是口頭的智慧。」（參見菲力浦・錫德尼爵士《彭布羅克女伯爵的世外桃源》（*The Countess of Pembroke's Arcadia*），一五九〇年版，第一卷，第七七頁。菲力浦・錫德尼（Philip Sidney, 1554-1586），英國詩人和朝臣，被認為是那個時代最理想的紳士。——譯注）

【58】參見莎士比亞戲劇《皆大歡喜》（*As You Like It*），第二幕，第七場。這個段落講述「人生如戲」，非常著名，開篇即言「全世界是一個舞臺，所有的男男女女不過是一些演員」。——譯注

【59】此段典故出自愛爾蘭牧師、政客和作家喬納森・斯威夫特（Jonathan Swift, 1667-1745）以筆名「格列佛」所寫的著名諷刺小說《格列佛遊記》（*Travels into Several Remote Nations of the World, by Lemuel Gulliver*）。書中最後一個故事就是「慧駰（Houyhnhnms）國遊記」，講格列佛在又一次遠洋航行中遭遇水手叛變，被流放到一個島上。在那島上當家做主的是一種叫作慧駰（又譯「賢馬」）的馬，另有一種低等生物叫犽猢（Yahoo），用來拉車做工甚至宰來當食物吃。這些犽猢是慧駰國裡最低劣、野蠻的動物，除了具有高度智慧的慧駰能夠馴服它們之外，其他動物對犽猢都避之唯恐不及。格列佛發現犽猢

就是人類，而島上的慧駰對於格列佛這個擁有智慧的犽猢感到好奇，但最後因擔心格列佛會危害慧駰國的社會而把他驅逐出境。格列佛被一名葡萄牙船長救起送返英國，但他這時已經把其他人看成犽猢，無法和家人共處，他在家裡養了兩匹馬，每天花上幾小時與牠們溝通。——譯注

【60】參見伯克的作品。（關於艾德蒙・伯克，可參見作者小傳注釋6。——譯注）

【61】「說服一個人違反他的意願，他卻還是堅持自己的意見。」（參見薩繆爾・巴特勒《胡迪布拉斯》（*Hudibras*）第三部。薩繆爾・巴特勒（Samuel Butler, 1612-1680），詩人，《胡迪布拉斯》是其最著名作品，是一部模仿英雄史詩的諷刺長詩。詩歌的主角是一位長老會騎士，他率領他的侍從拉爾福遍遊各地「行俠仗義」，他們經常爭論宗教問題，並在一系列荒誕的歷險中表現出無知、頑固、懦弱和裝腔作勢。——譯注）

【62】「只滿足於沉思的人，什麼也看不清楚：一個人想要看清別人是如何行事的話，就一定要自己付諸行動。」——盧梭

【63】參見《聖經・新約・馬太福音》6:24；《聖經・新約・路加福音》16:13：「一個人不能侍奉兩個主；不是惡這個，愛那個，就是重這個，輕那個。你們不能又侍奉神，又侍奉瑪門（瑪門：財利的意思）。」——譯注

【64】關於這個問題，可以參考巴鮑爾德夫人（Mrs. Barbauld）的《散文雜記》（*Pieces in Prose*）中相關的傑出篇章。（關於巴鮑爾德夫人，可參見第四章注釋7。——譯注）

第六章　論早期觀念聯想[1]對性格的影響

我批判過的那些作家們所推崇的教育方式會窒息人的活力，如果女性一直接受這種風格的教育，又沒有機會在從屬的社會地位上重新得回她們那被剝奪的權利，那麼她們會滿身缺點，又有什麼好奇怪的？如果考慮到早期的觀念聯想對於性格具有決定性的影響，那麼接受了這樣教育的人會輕忽理性，而一心只關注自己的外表，又有什麼好奇怪的？

出於以下的考慮，我們可以清楚看到，積累知識必然會帶給人巨大的好處。我們的觀念聯想要麼是習慣性的，要麼是即時性的；而後者似乎在相當大的程度上取決於人們一時的情緒，而非意志。各種觀點和事實，一旦進入了我們的腦海，就會留下痕跡以備將來使用；可能在我們人生中的某個階段，它們會被一些偶發事件所觸發，於是我們就會用它們來解釋這偶然發生的事情。人的回憶就像閃電一樣迅疾；我們能如此快速地用一個想法來解釋另一個想法並接受它，這眞令人驚訝。這指的並不是我們對於眞理的快速感知，那種感知是依靠於直覺的，而且發生得如此迅捷，在破解掉陰暗疑團的一剎那便已無法追尋，以至於我們無法對它究根溯源，也無法分辨它到底是我們腦海中已然存在的東西還是新的推理結果。面對這些即時發生的觀念聯想，我們無能爲力；在深思或神遊之中，思維的力量發展壯大，在某種程度上，是它在引領著我們所思考的事物自行達成了一個結論。實際上，在我們整理思緒，或者描繪熱烈的想像圖景的時候，理性會使我們不致迷失；但是那野獸一般的活力和每個人的個性特色，則會使我們的思緒和想像變得豐富多彩。我們簡直無力控制著這微妙的、電流般閃過的思緒[2]，即使是理性面對它也無能爲力啊！這些幽微難解的思緒似乎正是天才的要素，它令人敏銳明達，並在最大程度上激發出一種可喜的力量，能夠將那些令人驚奇、歡喜，或對人有益的思想整合在一起。正是那些擁有活躍思維的人爲他們的同胞提煉出了想像中的圖景；經由這些激情澎湃的想像，人們對那些原本會被忽視的事物產生了興趣。

請允許我解釋一下上面的話。大多數人都不具備像詩人一樣去觀察和感覺事物的能力，他們缺乏想像力，因此不會獨自沉思，而是四處去尋找能夠刺激他們感知的東西；當作家將自己的幻想呈現出來的時候，人們就能夠看到他想像出來的景象，他們覺得這些景象非常有趣，卻無力對它們進行鑑別。

所以，教育只是爲了給具有天才的人提供知識，好讓他們的聯想變得多姿多彩而與眾不同。但是有一種習慣性的觀念聯想，它會「隨著我們的成長而日漸堅實」[3]，並且對於人的道德品質產生非常大的影響；它還會改變我們的心靈，這種影響時常會持續終生。人的想法是如此的易變，卻也如此的頑固，以致於在我們成年之前的那段時期，很少能夠靠理性來消除那些由偶然事件引發的聯想。一個想法會喚起另一個想法，與前一個想法有關的聯想和記憶，都作爲後來想法的第一印象而被忠實地記錄了下來；尤其是在我們沒有運用智慧的力量來使自己保持冷靜的時候，這些印象就會被精準地喚起。

這種對於第一印象的習慣性的服從，對於女性品格的害處比對於男性品格的害處更大；因為工作和其他需要扎實地運用理性的事務，會說明男性節制感情，從而打破那些嚴重違背理性的觀念聯想。但是女性，從童年起就被塑造為成年婦女，卻在應該與學步車永別時又被當成孩子，她們沒有足夠的心智力量去消除那些節外生枝的聯想，只能任它們遮蔽了自己的天性。

女性所有的見聞都在加深印象、喚起情感、建立觀念之間的聯想，讓她們心裡時刻想著「女性」應有的特質。對於美麗與優雅的錯誤觀念阻礙了她們四肢的發育，只讓她們變得病弱多愁，卻沒有讓她們的體態變得優美；周圍的一切迫使她們變得柔弱，無力在觀念聯想最初形成的時候對它們進行充分的檢視，而只能任其發展；這樣一來，她們要如何才能獲得擺脫這些造作的特質所必須的活力呢？又應該到哪裡去找到回歸理性的力量，從而擺脫這個壓迫著她們、窒息了她們所有的青春希望的體制呢？整個生活環境共同造就了這種令人痛苦的觀念聯想，它嵌入了她們的思維定式，或者更確切地說是捲入了她們所有的情緒感受之中，而每當她們剛要開始做點什麼事情的時候，這種觀念又會得到加強；因為她們會感受到，只有當她們的舉止能夠激發起男性的情感的時候，她們才能得到歡樂和權力。此外，所有為了指導她們而專門寫作的書籍，全部眾口一詞，在她們的心裡留下了關於性別特質的第一印象。她們在一種比埃及的奴隸制還要糟糕的體制下接受教育，犯下了她們幾乎無法避免的錯誤，為了這個而指責她們既不理智又殘忍無情；除非我們假設她們生來就有魄力，可是那卻只是極少數人才能擁有的特質。

比如說，人們極盡尖刻地諷刺女性，嘲弄她們只會重複「死記硬背學來的那一套說法」[4]；可是如果考慮到她們所接受的教育，以及她們「最高的美德就是毫不爭辯地服從」[5]男人的意志，那麼這種情形眞是再自然不過了。如果她們不被允許有足夠的理性去控制自己的行爲——我眞不明白爲什麼要讓她們變成這樣，那麼她們當然要靠死記硬背來學習！當她們把所有的心機都用在了服裝搭配上的時候，她們會「熱愛穿紅制服的軍人」[6]眞是再自然不過的事情，我對此一點也不感到驚訝。而且，如果蒲柏對於女性性格的總結是正確的話（他說：「女人在本質上都是蕩婦。」[7]），那麼我們又有什麼理由因爲她們尋求同類之人、喜愛浪子更甚於明理之士而去苛責她們呢？浪子知道如何激發她們的感情，而理智的男士則謙恭有度，當然就沒那麼容易影響她們的情感；並且他們和女性很少在思想上有所共鳴，所以也無法透過理性來打動她們的心靈。

不讓女性自由地運用理性，卻又希望她們在愛好上比男性更加理智，這看起來有些荒謬。男性可曾理智地陷入愛情過？他們掌握著更大的權力和更多的有利條件，但他們什麼時候把注意力從女性的外表轉向她們的精神層面過？女性則一貫被教導說要關注自己的言行舉止，她們只能學到禮儀而不是美德，人們又怎麼能期望她們去鄙視自己的畢生所學呢？她們能夠敏銳地判斷別人的態度，當一位高尚卻不善言辭的男士表現得冷淡疏離，並且他的談話也因爲不夠機敏風趣或殷勤恭維而顯得冷酷乏味的時候，她們又怎能突然得到足夠的判斷力，去耐心地評判這位男士的學識呢？我們無法評估超越自身理解力的特質和美德的價值，也就是說，要想持續地讚賞或尊重某個人或事物，我們必須至少要對其有一定的瞭解和好奇心才行。對事物和他人的這種敬重之情，一旦產生可能就會異常深摯；雖然在被依賴者看來，依賴者那缺乏清醒認知的敬慕之情可能是非常有趣的，可是他們的愛情卻需要一些比這更加有分量的東西才能產生（外表自然是其中的一部分，而且是很大的一部分）。

愛情在很大程度上，是一種專斷的情感，它和其他很多隨處可見的壞毛病一樣，想要以自己的權威統治一切，而不願服從理性的指引。它通常因一時的美貌和優雅而產生，與作爲友情基礎的尊重有非常明顯的區別。要使愛情更有活力，必須透過某種更加具體的東西來加深它的印象，並且發揮想像力的作用，來造就一個最美、最好的人。

共同的特質會激發共同的感情。男性尋找美貌和溫柔順從的媚笑；女性則被風流倜儻的舉止俘獲：一位有紳士風度的男士幾乎總能得到她們的歡心，她們渴望聽到那些空洞的禮貌言詞，而不願意聽到難以理解的理性的聲音；而這樣的男士也都很聰明，從不會用理性去求愛。說到這些浮華的技能，浪子們自然是有優勢的；女性對此也能給出自己的意見，因爲這正是她們熟知的領域。她們整個生活的基調，就是享樂與放蕩；以各種形式表現出來的智慧、美德以及那莊嚴的優雅，在她們看來都不可喜；因爲它們對於女性和她們那兒戲般的愛情，都是一種束縛，所以她們當然要反抗。除了一些膚淺的東西，她們沒有什麼品味，因爲品味是判斷力的產物。所以，她們如何能夠發現眞正的美麗和優雅必然要來自於心智的活動？又如何能夠指望她們在情人身上看到她們自己都不具備，或者即使具備也極不完善的一些東西？情感上的共鳴，會將人們的心靈聯繫在一起，並且在他們之間建立起信任；而這種共鳴在女性身上是如此稀少，以致於它無力引燃愛的火焰，並進而發展出熱烈的情感。不，她們做不到這一點；而且我再說一遍：這樣的人們所推崇的愛情，其動機必然要比情感的共鳴卑劣得多！

結論很明顯：除非女性被引導著運用她們自己的理性，否則她們就不應該因爲喜歡浪子而受到譏諷；就算她們內心放浪也不應該被如此對待，因爲這是她們所受教育的必然後果。她們活著就是爲了取悅他人，必然也只能在取悅中找到自己的樂趣和幸福！任何事情，除非我們眞心喜愛，否則就無法做好；這雖是老生常談，卻非常正確。

不管怎樣，讓我們姑且假設，在未來的時代裡將會發生一些變革，女性會成爲我所衷心期待她們能夠成爲的人；甚至是愛情也會被賦予更加眞實的尊嚴，並且會在其自身的激情火焰的淬煉之下變得更加純淨；而美德則會讓女性的情感眞正地優雅，她們會對浪子心生厭惡並遠離他們。雖然現在女性唯一要做的事情就是感覺，但是到了那個時候，她們除了會有感覺還會有理性，她們就可以輕易地抵禦那些膚淺魅力的誘惑，她們很快就會開始輕視感性——那是她們曾被教會並濫用的一種墮落的惡習，也會輕視放蕩之人的淫亂做派。她們會回想起來，自己曾經希望燃起的那種愛火（我必須措辭恰當）都被淫欲消耗殆盡，而過分滿足的欲望已不再能感受任何純粹質樸的歡樂，必須要有花樣繁多的放蕩手法才能讓它感受到刺激。如果一位高雅的女士，她自然質樸的愛情在男性看來卻顯得乏味無聊的話，她還能期待與這類男子的結合中得到什麼令她滿意的結果呢？關於這種情況，德萊頓[8]是這樣描述的：「對於女人來說，愛情是一種責任，可是在男人這裡，愛情不過是肉欲燃起的一陣風暴，他們輕慢無禮地追尋著的嗜好」。

但是，女性還需要瞭解一個重大事實，並以它來指導她們的很多行爲。在選擇丈夫的時候，她們不應該被一些情人的特質迷惑而做出錯誤的選擇——如果那做丈夫的既聰明又正直，他就不會長久地表現得像個情人一樣。

如果女性能夠獲得更加理性的教育，她們便可以對事物形成更爲全面的看法。她們會滿意於一生只戀愛一次，也會在婚後平和地將激情轉化爲友誼和溫柔的親密，這是免於幽怨的最好方法。這種親密的夫妻關係建立在純潔和平靜的感情之上，因而她們不會讓無聊的嫉妒妨礙自己履行莊嚴的人生責任，也不會讓它占據她們原本應當用在其他事情上的心思。許多男性都是這樣生活的，可是只有極少數的女性也有與他們相同的生活狀態。導致這種差異的原因很容易解釋，不必扯上性別特質。女性據說是爲了男性而被創造出來的，他們過多地占據了女性的思想；而這種聯繫讓女性的所有行爲動機都和愛情糾纏了在一起。而且，我再老生常談地說一句，女性把全部的精力都用來學習如何激起他人的愛慕，或者在實踐中練習她們所學到的技能，離開了愛情她們就無法生活。女性在取悅於人上有過度的欲望，這雖然還遠談不上是犯罪，卻也實在不夠文雅；她們至死都頑強地愛著自己的丈夫——我是說她們滿懷欲望地愛著他們，愚蠢地仿效著從情人那裡學來的角色，成爲了卑賤的求愛者和順從的奴隸。而責任感和羞恥心會幫助她們限制這種過度的欲望，使它不會超出一定的界限。

具備機智和幻想的男性大多是浪子；而幻想就是愛情的養分。這樣的男子會點燃人的激情。半數女性，在目前這幼稚的狀態下，都會愛慕拉夫雷斯[9]那樣的人；一個如此機智、優雅而又英勇的男子；人們不斷地灌輸她們這樣的原則，她們難道應該因爲按此行事而受到責備嗎？她們需要一個情人兼保護者：看他跪在她們面前——勇敢的男子臣服於美麗的女性！爲了愛情，丈夫應有的美德被拋到一邊，深思熟慮被對未來快活的期盼以及熱烈的感情所取代，直到他贏得了她的愛情；然而，接下來，那令人愉快的求愛者必然會蛻變爲陰鬱多疑的暴君，他蔑視她的軟弱，他因此而羞辱她，可是那弱點正是他自己一手促成的。或者，假設這浪子肯洗心革面，但他也不可能立即擺脫陋習。當一位有才華的男士第一次被自己的情欲所控制，他必然會用感情和品味來粉飾自己的惡行、爲自己沉迷於欲望找到一些好看的藉口。但是，在新鮮感淡去、感官已經對享樂提不起興趣的情況下，好色就是一種無恥的行爲了。這些軟弱的人就像逃離一群魔鬼一樣，不顧一切地想要逃離思考，享樂不過是他們給自己找到的一個藉口罷了。嗚呼，美德二字眞非空名，凡百塵世所有之事，竟皆可假汝之名！[10]

一個才華出眾的浪子，即使是他浪子回頭，也不能指望著從他的友情中得到什麼安慰；那麼在他既缺乏理性又喪失原則的時候，情況又會是怎樣的呢？那一定是極其駭人的不幸。習慣會隨著時間的流逝而鞏固，對於軟弱的人來說，要改正它們幾乎是不可能的；事實上，改正習慣會讓他們非常痛苦，因爲他們的心智不足以只在無害的享樂中感到心滿意足。這些人就像商人一樣，後者從繁忙的工作中退休之後，世界好像就只餘一片空白[11]，不安的思緒折磨著他們的衰弱的精神[12]；而前者，讓他們改正那些習慣就像讓商人退休一樣痛苦，因爲這些習慣原本還能爲他們那一潭死水般的心靈帶來希望和恐懼的刺激，而改正之後連這些希望和恐懼也將不復存在，他們就完全無事可做了。

如果這就是習慣的力量，如果這就是愚蠢帶給我們的束縛，那麼我們是多麼應當細心地注意，不要在心靈中累積那些有害的聯想。我們還應該同樣用心去培育理性，讓那些可憐的生靈遠離軟弱的依賴狀態——即使這種對於理性的無知並不會造成損害。只有對於理性的正確使用能夠使我們不依賴一切事物——除了清晰的理性本身——「理性的貢獻是眞正的自由」。[13]

◆註解◆

【1】觀念聯想（association of ideas）是一個哲學史和心理學術語，用來表達會使得一個現象在意識層面中浮現的條件，也即在意識層面，一個觀念會依據一些互相聯繫的原則而引發另一個觀念。這個術語的產生可以上溯至英國的「聯想主義理論家」、比瑪麗早約一個世紀的洛克的作品《人類悟性論》（*An Essay Concerning Human Understanding*），而與此相關的理論則可上溯到古希臘哲學家柏拉圖（Plato）的《斐多篇》（*Phaedo*）。——譯注

【2】有時候為了取笑那些唯物主義者，我會問他們：自然界中最具有力量的現象顯然都是由電流、磁力等產生的，而人的激情，能夠將人性中各種難以駕馭的成分囊括在一起，它難道不也是一種微妙易變的電流嗎？還是說它只是一種液體助燃劑，灑滿我們呆滯的人生，讓它變得充滿活力和熱情？

【3】參見蒲柏《人論》（*Essay on Man*），一七三四年，第二章，第一三六頁。關於蒲柏及此書，可參見第二章注釋12。——譯注

【4】參見喬納森・斯威夫特《著作集》（*Works*），一七三五年，第二卷，第四一三頁，「女性的心靈陳設」（The Furniture of a Woman's Mind）。關於喬納森・斯威夫特，可參見第五章注釋59。——譯注

【5】參見彌爾頓《失樂園》，第四卷，第六三五—六三八行。關於約翰・彌爾頓及其著作《失樂園》，可參見第二章注釋1。——譯注

【6】出處同本章注釋4。——譯注

【7】參見蒲柏《致一位女士：論女性的性格》（*Epistle to a Lady: of the characters of Women*），第二一六行。關於蒲柏及此書，可參見第二章注釋12和13。——譯注

【8】參見約翰・德萊頓《古今寓言詩》（*Fables Ancient and Modern*），一七〇〇年譯本，第五七頁，「帕拉蒙與阿塞特」（Palamon and Arcite），第一三二一—一三三二行。關於約翰・德萊頓，參見第五章注釋21。——譯注

【9】拉夫雷斯（Lovelace），小說《克拉麗莎》中的男性角色。關於此書及其作者，可參見第四章注釋38和39。——譯注

【10】此句原文模仿古英文，譯文試圖風格上貼近原文。——譯注

【11】參見彌爾頓《失樂園》第三卷，第四八行。關於約翰・彌爾頓及《失樂園》，可參見第二章注釋1。

──譯注

【12】我經常在一些容顏已經衰敗到無可挽回的女性身上看到這樣典型的例子。她們已經退出了熱鬧而放蕩的社交生活，但是除非是成為衛理公會教友，否則那種只有親友的冷清生活，會讓她們倍覺空虛；她們焦慮抱怨著，這種閒散的生活，讓她們像以前身處熱鬧聚會時一般毫無用處，而且比那時更加不開心。

【13】參見《公禱書》（*The Book of Common Prayer*），《晨禱文》（*Morning Prayer*），一五四九年版。《公禱書》是基督教聖公會的禮文書。聖公會在十六世紀宗教改革中與羅馬天主教分裂之後，在神學、崇拜禮儀等方面有重大的改變，並逐步通過統一的《公禱書》來規範教會的活動和組織，進而作為評判信仰的基本原則。《公禱書》也是聖公會指導解讀《聖經》的基本原則。──譯注

第七章　論謙遜端莊：在廣泛意義上的討論而非僅侷限於女性德行的角度

謙遜端莊，那情感與理性的神聖產物，那眞正的心靈之美！可否容我不揣冒昧一探你的本質，追溯你那潛藏著的、溫和的魅力？你使得人類性格中的每個稜角都變得圓潤，也讓那些原本只會令人敬而遠之的事物變得可愛！你讓智慧變得宜人，讓格調崇高的美德變得平易可親，讓它們得以與人性融爲一體！你在愛情周圍散布飄渺的雲霧，爲它增添欲語還羞的美麗，那羞澀的芳香沁人心脾，讓人著迷——你爲我調諧出具有理性的說服力的語言，直到我將女性從那華麗的臥床上喚醒，不然她們會在那兒懶散地睡掉自己的生命！[1]

在之前談到我們的觀念聯想[2]的時候，我曾指出過兩種截然不同的模式；在爲「端莊謙遜」下定義的時候，我同樣認爲應當看到它具有純淨的心性與樸實的性格兩個方面，並對它們分別加以認識。前者是源於忠貞，後者則使我們能夠對自己有正確的認識；它們雖然與高度的自尊意識相一致，但卻絕不是虛榮和傲慢。這個片語中的「謙遜」是指一種清醒的心智狀態，它使一個人不會自視過高；而且它與妄自菲薄的自卑也不一樣。一個謙遜的人通常有偉大的計畫，並且堅持執行，他瞭解自己的能力，他用成功來證明他的計畫是偉大的。彌爾頓曾爲了他後來被證明是頗有先見之明的理論而飽受爭議，但他並未因爲自己發現了這些理論而驕矜[3]；華盛頓將軍受命統帥美軍時，也不曾爲此而自大[4]。後者一直都被認爲是一個謙遜的人；可他從不自卑，否則他就會猶豫退縮，不敢親自承擔起指揮軍隊的重任。

謙遜的人堅定，自卑的人怯懦，浮誇的人專橫；這就是我觀察了許多人之後得到的判斷。耶穌謙遜，摩西自卑，彼得浮誇[5]。

我們一方面要將謙遜和自卑區別開來，一方面也要將端莊和羞怯區別開來。羞怯，實際上與端莊截然不同：最靦腆的女孩和最不開化的鄉下人，常常會變成最厚顏無恥的人；他們的靦腆僅僅是出於無知而表現出來的、本能的膽怯，因此很快就會變得厚顏自大[6]。

倫敦街頭，娼妓遍布，我對她們不知羞恥的行爲既感到惋惜又覺得噁心；而這正好可以用來佐證上面的觀點。娼妓們滿不在乎地嘲弄處女的羞澀，並且以自己的恥辱爲榮耀，她們變得比男性更加厚顏放蕩——男性雖然一直都很墮落，卻也不會明目張膽地宣揚自己好色。這些可憐的人，她們並非是因爲墜入風塵才不再端莊；因爲端莊是一種美德，而非一種性格特質。不，她們原本不過是因天眞而羞怯；當她們不復天眞之時，羞怯也就隨之永不再來了；而美德則會在心靈中留下遺響，即使我們爲了欲望而捨棄了它，也仍會對它抱有尊敬之情。

忠貞在德行上唯一的基石，就是純淨的心靈，這是一種眞正意義上的美好，它和那些只存在於有教養的人們身上的、高尚的人性有著十分相近的來源。它比天眞高貴；它是經過周全思考的決定，而不是無知的羞澀。理性的自制就像保持整潔的習慣一樣，除非一個人正在積極地行動著，否則在大部分時候我們都很難發現它們；但是我們很容易就能將它與質樸的羞澀或荒唐的畏怯區分開，而且，它絕不會與知識相互牴觸，它本身就是知識最美好的果實。下面這段文字的作者，對於端莊的理解是多麼地無知無識啊！「一位淑女問道：『學習現代植物學理論，是否會破壞自己的女性魅力？』人們卻嘲笑她假裝正經實在可笑。可是如果她來問我這個問題，我就會告訴她說：『你們不可以學習這些東西。』」[7]一本好書裡的知識就這樣被永遠地封存起來了！在閱讀此類文章的時候，我曾虔誠地仰望上天，向永生的上帝禱告：天父啊！難道您會因爲您的女兒天生的本質，就禁止她在美好的眞理中尋找您嗎？難道她的靈魂會被極力召喚她朝向您的知識所玷汙嗎？

我曾經理智地研究過這些問題，我的結論是，那些最大程度地發展了自己的理性的女性，一定也是最端莊的——雖然她們變得儀態安嫻，舉止上不再呈現出年少時那有趣而迷人的羞澀。[8]

我是這樣看的：要想使得質樸的端莊從忠貞的美德中自然地流露出來，就要把女性的注意力從那些只會激發情感的事物上轉移開來；她們的心靈應當追求人性，而非愛情。如果一位女士將大部分時間用來追求純粹的智識，並且她的感情也經過以做一個有用的人爲目的的、高尙的計畫的訓練，那麼與那些將時間和精力都用在輕鬆享樂或謀取他人愛慕之心的無知之人相比[9]，她的心靈必然更加純淨。儘管人們通常將恪守禮法的女性稱作是端莊的女性，可是行爲上的規範並不是端莊。端莊是心靈純淨，是敞開內心感受一切人性的特質，而非將它侷限在自私的欲望之中；是常常思索需要調動理性的問題，而非熱衷於想像，淳樸的端莊自會爲思考增色。

如果一位女士可以在無知的朦朧黑夜中辨認出永生的曙光，感覺到更加光明的一天即將到來，她就會像尊重一座神廟一樣，去尊重一個人，因爲在那人的身體裡深藏著一個可以臻於完善的靈魂。同樣，眞正的愛情也會在所愛之人的周圍渲染出這種神祕的聖潔感，使人們在其所愛的人面前舉止異常端莊[10]。這情感是如此地含蓄雋永，以致於愛人之間在彼此接受與回報對方的親密之時，不但想要避開他人的知覺，甚至連燦爛的陽光都讓他們覺得礙眼；他們就像瀆神者一樣，不想引來他人的注意，情願將自己隱蔽在晦暗的迷霧之中。如果還沒有經歷過那種溫柔的悲愁和高尚的憂鬱，那麼這樣的感情就還不能被稱爲是純潔的愛情；因爲正是那樣的情緒讓心靈能有一刻安寧下來，靜靜地感受這神賜予我們的美好情感，享受當下的滿足，這才是歡樂的源泉！

我一向喜歡對任何流行的習俗追本溯源。我常常想，人們出於懷舊的心情，所以對於天各一方或已然逝去的朋友的任何東西都懷有感情；由此而產生的對於他人遺留下來的物品的尊重，也被自私的教士們大肆濫用。信仰，或者愛情，都可以讓衣物變得像它的主人一樣神聖。一位男士是不會把他愛人的東西與一般同類的事物一樣看待的；要是他眞的對於愛人的手套或便鞋沒有一點神聖尊崇的心情的話，那他一定是缺乏想像力。這種微妙的感情也許經不住實證主義的分析，但它卻是人類極樂的由來！愛情像朦朧的魅影滑過眼前，讓其他一切都黯然失色；可是一旦我們捉住了那溫柔的雲霧，它卻化爲一陣清風，只留下寂寞的空虛，和那紫羅蘭香般的甜蜜餘味，讓我們在記憶裡長久地視如拱璧。而我們已經在不知不覺中踏入仙境，即便是在嚴寒的十一月，也能感受到溫暖的春風拂面。

總體而言，女性較男性更加忠貞，而鑒於端莊正是忠貞的產物，所以從某種意義上來看，女性似乎更當得起端莊這一美德；我猶豫再三還是要保留這個「似乎」，因爲我懷疑，當人們僅僅只是爲了服從世俗觀念，而保持行止規矩，腦海中卻滿是小說家編造出來的賣弄風情與痛失所愛一類的故事的時候，忠貞是否仍然會造就端莊的美德[三]？不僅如此，我還認爲，無論是經驗還是理性，都傾向於告訴我們，男性應當比女性更加的端莊。原因很簡單，他們比女性更常在運用理性。

但是，說到舉止合乎禮法，除了某一類女性之外，女性明顯具有優勢。厚顏無恥的假殷勤被認爲充滿男子氣概，這讓許多男人肆無忌憚地盯著每一位他們遇到的女士，還有什麼能比這更噁心？這是對女性的尊重嗎？這種放蕩的行爲顯示出他們是多麼的墮落，內心又是多麼的軟弱。我們無從期望在他們身上看到更多的公德與私德，除非是男性和女性都能夠變得更加端莊。男性要控制住對於女性的肉體欲望，不再爲了證明自己的男性氣概而裝模作樣（更恰當地說法應該是厚顏無恥）；並且，除了在情難自禁之時的親密，眞正地與女性相互尊重。我所指的是對一切個人的尊重、人類彼此之間對於同類的、謙遜的尊重；它既不是淫蕩荒謬的假殷勤，也不是身爲保護人的傲慢屈尊。

進一步說，要做到端莊謙遜必須發自內心地棄絕內心的放蕩，正是它讓男性可以鎭定自若、毫不臉紅地在他的同類面前做出下流的暗示或者說著淫穢的俏皮話；這已經不是如何對待女性的問題了，這根本就是野蠻的行爲。把人當作人來尊重，這是任何高尚情感的基礎。放縱自己情欲幻想的浪子，能比引人哄笑的下流小丑端莊多少？

這不過是許多例子中的一些，它們都證明了在謙遜端莊上劃下性別之分，會對美德和幸福造成致命的傷害。然而，更有甚者，那些由於所受到的教育而成爲了感情奴隸的女性——軟弱的女性，卻被要求在最難堪的情況下去抵抗她們的感情。諾克斯[12]說：「讓女人保持愚昧無知，卻又強烈堅持要求她們抵制誘惑，還有比這更荒誕的事情嗎？」因此，當美德或者榮譽要求一個人控制情欲，這責任就被扔到了弱者的肩膀上，這與理性和眞正的謙遜端莊是背道而馳的。眞正的端莊至少會要求男女雙方都進行自我克制；更不必說勇敢慷慨本來就被認爲是男性的美德，所以他們原本理應在抵制情欲之中承當更多的責任。

與此相類似的，還有盧梭和葛列格里[13]關於端莊的建議，他們都奇怪地曲解了端莊！這兩位男士都希望做妻子的不要去追究自己到底是由於感情還是軟弱而投入了自己丈夫的懷抱。如果一位女士讓她的丈夫感受到一絲這樣的疑惑，那她的行爲就是不夠端莊的。

讓我們從另一個角度來看待這個問題：我對謙遜端莊的缺失深感痛惜，因爲這意味著道德的徹底敗壞。而這種缺失是由男女兩性之間的敵對狀態所造成的，沉溺肉欲的男性極力地想要維護這種敵對狀態，因爲他們認爲這是端莊的眞諦；可實際上，它卻是端莊喪失的根本原因。這些男性沒有足夠的美德去領略純潔愛情的樂趣，他們所謂的「端莊」，不過是對肉欲的一個巧妙的粉飾。高尚的男性對於謙遜端莊的理解更深，因此軟弱和感性都無法滿足他，他尋找的是眞正的愛。

還有，當男性誇耀自己征服了女性的時候，他們到底是在誇耀什麼？確實，女性這種感性的生物會由於感性做出愚蠢的事情——陷入罪惡[14]；一旦她們的理性甦醒過來，那可怕的、罪孽的代價就會重重地落在她們軟弱的肩頭。那時候，你這孑然孤苦的人兒啊，將從何處覓得安慰？那本應引導你的理性、在你軟弱時支持你的男子，已然背叛了你！在激情的夢幻中，你甘願隨同他徘徊在鮮花盛開的草坪，可是他不但沒有保護你，反而誘惑你，引導毫無防備的你走向懸崖；當你從夢中驚醒，將會發現自己有如身在荒野，要獨自面對一個冷漠而充滿敵意的世界。那個靠著你的軟弱完成了征服的男子，他已在追逐下一個征服目標了；可是，對你而言，這將是一生都無法補救的憾事！你那衰弱的精神，還有什麼力量可以讓消沉的心靈再次振作起來？

但是如果天意眞的是要讓兩性生活在一種敵對狀態之下的話，男性也該表現得高貴些，或者讓他們聽從自尊的召喚，知道那僅僅征服了對方的感性的勝利是卑劣的。眞正的征服是得到眞愛，而不是出其不意地巧取豪奪。那時，女性就會像埃洛伊薩[15]那樣，心甘情願地爲了愛而放棄全世界。我現在不想談論這種犧牲是否明智或道德，我只是認爲這是出於眞正的愛的犧牲，而不僅僅只是因爲感性，雖然其中也確有這樣的成分，但我必須要說，埃洛伊薩是位端莊的女士。此外，在結束這部分討論的時候，我想說：除非男性變得更加忠貞，否則女性就不會是端莊的。事實上，端莊的女性要去哪裡才能找到不會讓她們時時感到厭惡的男性呢？兩性必須都要培養謙遜端莊的美德，不然它永遠都是溫室裡病態的植物；而僞裝的謙遜端莊，則不過是縱欲的遮羞布，只是爲了給放蕩的享樂添加趣味罷了。

男性也許仍然堅持認爲，女性應當比男性更謙遜端莊；然而最熱衷於反駁我的觀點的那些人，絕對不是冷靜的理論家。不，他們是那些富於幻想，並且廣受女性歡迎的男性：表面上尊重、內心卻瞧不起那些與他們嬉鬧的、軟弱的女性。他們不甘心放棄那無上的肉欲滿足，甚至連用自我克制爲他們的享樂添上一點點美德的色彩也做不到。

接下來我再單獨從女性的角度來談談這個問題。

人們對於端莊謙遜抱有曲解，還將這荒謬的謊言[16]灌輸給了孩子，讓他們幼小的心靈早早地開始熱切幻想著一些按照自然規律來說在身體發育成熟之前他們本不該想到的事情；這些熱情的幻想於是自然而然地取代了理性，成了開啓孩子們的理解力、塑造他們品行的工具。

我擔心女孩子們在育幼院和寄宿學校已經開始學壞。尤其是在寄宿學校裡，一群女孩同房而宿，還一起沐浴。人們向天眞的孩子灌輸錯誤的優雅觀念，或過早讓她們對異性抱持警戒，這自然會讓她們產生假裝正經的想法；我對於孩子們的心靈遭到如此汙染而感到遺憾，但是我更擔心她們會養成不夠優雅或正派的習性；而且，有很多女孩子從她們無知的僕從身上學到了非常下流的把戲，因此這樣不加鑑別地讓她們混雜於一處是很不合適的[17]。

說實話，女性之間的相處整體來說是過分親密了。狎則生慢，女性之間的親密已經達到了會讓她們做出粗鄙行爲的程度了，這常常會給她們的婚姻帶來不幸。爲何那些看來體面的姊妹、閨中密友，或者是淑女和她們的女僕，會對彼此熟悉到可以忘了一個人對另一個人應有的尊重的程度？在我們出於情感[18]或人道的原因需要而照料病患的時候，那種會使人在令人厭煩的雜務面前退縮的、潔癖般的優雅，是可鄙的。但是，健康的女性爲什麼要一面鼓吹自己具備非凡的優雅，一面彼此之間又要比男性更加親密呢？我永遠無法理解她們這種矛盾的言行。

爲了使我的建議更加値得尊重並且不會冒犯那些挑剔的耳朵，我應該熱切地建議女孩子們經常沐浴以保持健康和美麗。舉例來說，女孩子無論地位高低都應該學會自己沐浴更衣；如果習俗要求她們一定要接受他人的一些協助，那麼她們也應該先將那些絕不應在其他人面前完成的部分做完之後，再來請求幫助；因爲在他人面前完成這些事情有損人性的尊嚴。這樣做並不是出於端莊的考慮，而是爲了維持起碼的體面；有些「端莊的」女性很注意不讓別人看到她們的雙腿，卻又同時刻意地表現出這種注意，這種行爲既幼稚又不夠端莊[19]。

我還要再進一步深入討論這個問題，我要譴責所有那些男性絕對不會有的、惡劣的習慣。在本應保持沉默的時候，她們卻洩露了祕密；而說到清潔，她們沐浴的方式粗魯地玷汙了清潔的含義（當然某些宗教派別也許在這個方面做得有些過分了，特別是猶太教的艾塞尼派，他們將對人的冒犯也都視爲是對上帝的冒犯）[20]。**有教養的**女性怎會魯莽地去關注生物體上那些最爲不堪入目的部位呢？而且女性如果沒有被教導，在這些特定的方面尊重她們自己身爲人的本性，那麼她們也不會僅僅出於性別的差異，就長久地對自己的丈夫保持尊敬；這難道不是很合理的推論嗎？事實上，我總是能看到，女性一旦褪去了少女的羞怯，就會按照她們與自己的姊妹或女性友人相處的老習慣來對待自己的丈夫。

此外，由於心智未能得到培育，女性在有需要的時候通常會求助於一種我所謂的「身體的力量」；她們之間的親密關係就是其中的一個方式。簡而言之，女性之間在身心兩方面都過於親密。她們必須要在彼此之間保留足夠的隱私空間，因爲這正是人格尊嚴的基礎；否則她們的心靈永遠不會變得堅強，她們也不會成爲謙遜端莊的人。

基於同樣的理由，我反對像育幼院、寄宿學校或者修道院那樣，將許多女性封閉在一起。每當我回想起自己的少年時代，都會感到憤怒：我那時還是個笨拙的鄉下女孩，混跡於一群熱衷於惡作劇和粗魯把戲的女孩子之中，時常成爲她們作弄的對象。她們幾乎個個都會講那種語帶雙關的黃色笑話，能逗得滿桌暢飲的人們哄堂大笑。想要讓她們的心靈保持純潔眞是徒勞，除非我們能讓她們瞭解各種觀點，並且學著對其進行比較，以及從中概括出簡單的觀念來，這樣她們才會有自己的判斷力；讓理性代替感性，她們才能變得謙遜端莊。

人們也許認爲我過分強調保留隱私空間；但它確實會有助於謙遜端莊。如果要我指出哪些優雅的行爲可以增進美貌，我會立刻回答：乾淨整潔和保留隱私空間。很顯然，我所說的保留隱私空間與性別無關，我認爲它對於兩性來說是同等地必要。懶惰的女性常常忽視保留隱私和保持清潔，可是它們其實非常重要，以致於我敢斷言，當一個家庭中有數位女性成員居住在一起的時候，如果完全不考慮愛情的因素，那麼其中一貫最爲珍重保持自己身體的一位，會成爲家中男性成員最爲尊敬的一員。

當一家親友在晨起之後相見，他們彼此之間自然會抱持一種溫情而又莊重的情感，特別是當他們每個人都在準備開始自己一天的工作的時候；也許有人會覺得這完全是幻想，但是我的心中確實時常油然而生這樣的情感。我呼吸著早晨清甜而令人振奮的空氣，因爲在我摯愛的人們的面容上也看到與我同樣的神清氣爽而感到快樂；我開心地看著他們一如既往地振奮精神，準備和太陽一起開始新的一天。因此，我認爲早晨這種充滿關愛的問候，要比夜晚時分常見的那種綿綿不絕的溫柔對談更加値得尊敬。不僅如此，有時當我看到一位前一天晚上分別時還裝束整齊的朋友，在第二天早上卻因爲賴床而衣冠不整地出現在我面前時，我都會感到不快——如果這種感受還說不上是厭惡的話。

正是這些被人忽略的事情，使得家庭成員之間的情感能夠保持鮮活；而且，如果兩性能夠將他們拿來打扮自己（其實不如說敗壞自己的形象）的精力，拿出一半來讓自己經常保持衣飾整潔的話，就足夠讓他們在很大程度上保持心靈的純潔了。可是女性的妝扮，只不過能取悅那些假意殷勤的男子罷了；因爲眞正的愛人，總是會滿足於簡潔合體的服裝。無法令人感覺親切的裝飾是不恰當的；因爲愛永遠與家庭的主題緊密相隨。

總體而言，女性通常是懶惰的；她們周圍的每件事也都似乎在驅使她們懶惰。我並沒有忘記感性會帶動她們變得活躍起來；可是這些努力只能加重罪惡，它們絕不是那種平和漸進的、理智的行爲。事實上，她們身心兩方面的懶惰都是如此地嚴重，以致於除非她們能夠積極主動地努力增強自己的體質和理性，否則我們根本沒有什麼理由可以期望在她們身上看到謙遜端莊取代了靦腆羞怯的位置。女性可能會認爲假作端莊是精明的做法，而且只在盛大場合中才爲自己戴上這樣美麗的面紗。

也許沒有一種美德像謙遜端莊這樣能與其他美德融洽地融合在一起。它就像是柔和的月光，讓那些與它相融合的美德顯得更加動人：那些我們所追逐的美德，本來像是在地平線上般的遙遠而壯美，可是在謙遜端莊的光芒照耀之下連那遙不可及的壯美也顯得溫和可親起來。再也沒有比將額間生有銀月印記的戴安娜[21]奉爲貞潔女神的詩意傳說更加美麗的故事了。有時候我想像著，有一位端莊的古代女子，安靜地徘徊在幽僻的地方，凝視著柔和朦朧的地平線，她帶著平和的熱情，將那銀月的光芒溫柔地納入到她貞潔的胸懷中，她一定感受到了一種清醒自覺的尊嚴的光輝。

信仰基督的女性會出於更加高尚的動機而去激勵自己保持貞潔，並且成爲謙遜端莊的人；因爲她的身體是永生的上帝所在的神殿[22]，而上帝所要求的並不僅僅是儀表上的端莊。上帝的目光洞察她的心靈，並且要她記住，如果她想要成爲上帝所青睞的眞正的純潔之人，那麼她的貞潔就必須是建立在謙遜端莊的基礎上，而不是出於世故的謹愼才那麼做；否則她只不過能換回個好名聲而已；而那因美德所建立起來的、人和造物主之間的莊嚴交流和神聖聯繫，必然會讓我們希望自己能夠像上帝一樣純潔！

再對上述觀點做出補充說明幾乎已是贅述，但我還是要說：在我看來，女性成年之後，變得富有女性氣質，不再靦腆羞怯，這種氣質讓她們贏得了丈夫的歡心，或者不如說是在愛情本該自然而然地讓位於友誼之時，仍在強求要他像個情人一樣。而這一切，是以犧牲眞理爲代價的，同樣也是不端莊的。一個男子對於自己孩子的母親所抱有的柔情，將會完美地取代那不知滿足的欲望；而女性如果爲了維繫這種情欲，而虛僞地對丈夫故作冷淡的話，那麼她即使不能算是不夠端莊，至少也不夠文雅。男女在天性上應當有共通的趣味和情感，只有在缺乏理性爲他們的行爲把關的時候才會做出野蠻的事情：而檢點自己的言行，是人人都應承擔的責任，而非只是某一個性別的義務。在這個方面，女性可以放心大膽地順應自己的天性；一旦她們掌握了知識和人性，愛自然會讓她們成爲端莊謙遜的人[23]。她們沒有必要去學習那一套禮教規矩，因爲那些東西既令人厭煩又毫無用處，裝腔作勢的行爲只能蒙蔽膚淺的眼睛；有見識的男性很快就能看穿這些把戲，也瞧不起這樣做作的行爲。

我們完全不需教導年輕男女以及成年男女如何交往。事實上，我們在絕大部分時候都對行爲舉止這個問題過分關注了，以致於很難再找到眞正性情樸實的人。其實，只要我們專注於培育每一種美德，使得它們能夠堅實地紮根於人們的心中，那麼人們的行爲自然就會優雅起來，因爲優雅正是美德的果實與外在表現；他們很快就會克服那種虛有其表的造作行爲，因爲沒有眞理作爲基石的行爲既不合理也不穩固。

我的姐妹們啊！如果你們想成爲眞正謙遜端莊的人，就必須記住，任何美德都與無知和虛榮水火不容！你們必須有清醒的心智，而這只能透過履行責任、追求知識才能獲得；若不如此，你們就只能繼續活在這前途莫測的、仰賴他人的處境裡，只有年輕貌美才會被愛慕！低眉順眼、嬌顏如花、隱忍溫文，在它們該出現的時候都是合適的；但是謙遜端莊，作爲理性的產物，是無法與那些未經深思熟慮的感性長期共存的。而且，當愛情（哪怕是純潔的愛情），成爲你生活的全部之時，你的心靈會變得過分軟弱，無力給謙遜端莊提供一個安靜的角落，讓它安居於此，與你的天性融爲一體。

◆註解◆

【1】參見《失樂園》第四、五卷。關於約翰・彌爾頓及《失樂園》，可參見第二章注釋1。——譯注

【2】參見第六章注釋1。——譯注

【3】此處可能是指彌爾頓的作品《致父親》（*Ad Patrem*），他在信中感謝父親對自己的支持，並回答了父親對他職業選擇的憂慮，表明了想要做一個詩人的決心。也可能指彌爾頓的《論出版自由》一書，這本書在一六四四年剛剛獲准出版時流傳不廣，但在美國獨立和法國大革命後，此書卻影響很大。關於約翰・彌爾頓，可參見第二章注釋1。——譯注

【4】喬治・華盛頓（George Washington, 1732-1799），美國獨立戰爭時殖民地軍的總司令。在一七八三年帶領殖民地戰勝英國獲得獨立之後，他拒絕了同僚提出的由他繼續領導軍事政權的提議，回歸平民生活。一七八七年，華盛頓主持制憲會議，制定了美國憲法。一七八九年美國聯邦政府成立，他當選美國第一任總統，並在兩屆任期結束後，自願放棄權力不再謀求續任。華盛頓因為在美國獨立戰爭和建國過程中所作出的重要貢獻，以及用實際行動拒絕專制，維護民主共和，而被尊稱為美國國父。——譯注

【5】耶穌、摩西和彼得都是《聖經》中的重要角色。耶穌是《聖經・新約》的中心人物，基督教的創始者，基督教認為他是《聖經・舊約》中所預言的救主，是三位一體的上帝耶和華的第二位格：聖子，即「道成肉身」的上帝。《聖經・新約》中記載了許多他的事蹟，他不拘泥於當時猶太教的傳統禮節，而主張慈愛救恩，對待異族人、女性及罪人都不加歧視。摩西則是《聖經・舊約》中所記載的西元前十三世紀時的猶太民族領袖，被認為是猶太教的創始者，他受上帝耶和華之命，率領當時被古埃及奴役的希伯來人經歷了四十多年的逃亡，在上帝旨意下制定了「十誡」作為猶太人的律法。彼得則是《聖經・新約》中所記載的、耶穌最重要的弟子「十二使徒」之一，被稱為「磐石」，一度熱心於借耶穌的能力進行如驅鬼等顯示神跡的活動，並因此而被耶穌批評。在耶穌被處死之時，他因為害怕而連續三次不肯承認與耶穌的關係，事後一直為此後悔。彼得對早期教會作出了很多貢獻，最後在羅馬殉教。——譯注

【6】「第一次看見紅衣士兵的時候，
這鄉下女孩兒是多麼地驚慌啊！
趕緊把臉往門後藏；
第二次再見到他，她就不再那樣害怕，

遠遠地，她望著那軍服的花邊：
如今她已完全不再恐懼，
任由他握緊自己的手，
在他的懷抱中從容地調笑，
而且，她覺得每位士兵都富有魅力：
從一個營帳到另一個營帳，遍布著她燃燒的愛火；
因為習慣已戰勝了她的羞怯。」——蓋伊
（引自約翰・蓋伊《寓言集》（*Fables*）中的《馴服的牡鹿》（*The Tame Stag*），一七二七年本。約翰・蓋伊（John Gay, 1685-1732），英國詩人、劇作家。——譯注）

【7】參見約翰・貝克恩霍特《書信集・致大學的兒子》（*A Volume of Letters to his Son at the University*），一七九〇年版，第三十二封信，第三〇七頁。作者約翰・貝克恩霍特（John Berkenhout, 1726-1791），是跟瑪麗同時代的英國博物學家。——譯注

【8】端莊，是成年人優雅嫻靜的美德；羞澀，是年輕人活潑歡快的魅力。

【9】我曾以一種男性之間彼此交談的方式，與一些外科醫生探討解剖學問題，也曾與藝術家們探討人體的比例結構——而我遇到的都是如此端莊之人，他們的言詞神色從未讓我想起自己身為女性，也不會提醒我那些要求柔弱的女性假作端莊為自己粉飾的荒謬規矩。因此我相信：如果女性沒有假作端莊來提醒自己作為女性的身分的話，她們根本不會因為追求知識而被明智的男性冒犯，也很少會有其他任何男性因此而冒犯她們。她們之所以會做出那種虛假的端莊，其原因與葡萄牙貴族女性的思維方式如出一轍：這些貴婦人在與男子單獨相處的時候，如果對方沒有做出任何一點粗魯的表示、企圖一親芳澤的話，她們會覺得那是對自己魅力的冒犯。可是男性並非總是以男性的身分與女性相處，所以女性也不該時時提醒自己作為女性的身分；如果她們能夠被許可得到更多理性的話，她們是能夠做到這一點的。

【10】男性和女性都會如此：因為這世上還是有很多端莊的男士的。

【11】很多已婚女性，在肉體上對丈夫絕對忠誠，卻也會做出很多不正派的事情，即是明證。

【12】參見諾克斯《道德與文學論集》（*Essays Moral and Literary*），一七八二年版，第一卷，第一五四頁。約翰・諾克斯（John Knox, 1514-1572），蘇格蘭牧師。——譯注

【13】盧梭可參見第一章注釋3，葛列格里可參見第二章注釋7。——譯注

【14】猶如飛蛾撲火，自焚其身。

【15】埃洛伊薩（Héloïse *d'Argenteuil*, 1101-1164），法國修女、作家、學者、女修院院長，可參見第四章注釋48。她是法國神學家和經院哲學家阿伯拉爾（Pierre Abélard, 1079-1142）的情人。他們曾從巴黎逃往布列塔尼同居，不久，為了不妨礙阿伯拉爾在教會中的前途，埃洛伊薩忍痛和他分離，當了修女。阿伯拉爾死後三十一年，人們在他的墓旁樹立起埃洛伊薩的墓碑，一八一七年他們的屍骨被合葬在一起。這段悲劇性的戀愛故事曾成為蒲柏、理查遜、喬治莫爾等許多詩人、小說家筆下的題材。——譯注

【16】孩子們很早就看到大貓孕育小貓、大鳥孵育小鳥之類的現象，為什麼不告訴他們母親也是以類似的方式生育了他們呢？當這件事情不再讓他們感覺神祕之後，他們就不會再多想這個問題。我們總是應該把真相告訴孩子，只是講解的時候要端莊嚴肅；想要隱瞞真相的努力終將徒勞無益，那種假裝端莊、實則無禮的態度，是所有禍患的根源，只會讓孩子們更加胡思亂想。如果想要完全讓孩子們不去接觸不正當的資訊，我們就得永遠不要談論任何此類的話題，但這是不可能的，所以最好的辦法就是告訴他們真相，尤其是當這些真相並不會引發他們的興趣、也不會在他們的想像中留下任何痕跡的時候。

【17】參見約翰．洛克《教育漫話》（*Some Thoughts Concerning Education*），一六九三年版。約翰．洛克（John Locke, 1632-1704），英國哲學家、英國經驗主義的主要代表人物，在社會契約理論上也做出了重要貢獻，其思想對後代政治哲學的發展影響巨大，被認為是啟蒙時代最有影響力的思想家和自由主義者，其思想影響了伏爾泰、盧梭及美國的開國元勳們。其最著名的著作包括《論寬容》、《人類理解論》、《政府論》等。《教育漫話》是他在一六九三年出版的一本教育哲學著作，在十八世紀幾乎被翻譯成所有重要的歐洲語言，對後世的歐洲教育家影響頗深。——譯注

【18】情感會讓一個人寧可默默地完成這些雜事，以成全友人的體面；因為疾病造成的身體上不便，會讓人感覺自卑。

【19】我記得我在一本關於教育的書裡看到過一句話，令我會心一笑，它說：「沒有必要告訴你不要不小心偶爾把手放在領巾下面，因為端莊的女人從來不那樣做！」

【20】「清潔」除了身體衛生的考慮，也常有宗教上的象徵意味。瑪麗在此處繼續表達了對寄宿學校讓女生「一起沐浴」的不滿，認為這些女性洗澡的方式太過親密，破壞了人們的「清潔」。艾塞尼派（Essenes）是猶太教的一個分支教派，大約存在於西元前二世紀至西元一世紀，曾在死海附近區域聚居。該教派主張過簡樸純淨的生活：教徒離群索居，過群體生活，財產共有、勤儉務農、反對戰爭、蓄

奴和經商，甚至棄絕婚姻。他們身著白袍，每天都要進行「浸水儀式」，並有建立了很多公共的儀式浴場，因為他們認為所有不清潔的行為都是冒犯神靈的，一旦遇到一定要立即洗浴。甚至是在被未行割禮之人（猶太風俗，男嬰出生後第八日行割禮，履行上帝與亞伯拉罕所立之約，以確立其猶太人的身分）觸碰之後，也要立即沐浴以保持潔淨。——譯注

【21】戴安娜（Diana）是古羅馬人對希臘傳說中的月亮女神和狩獵女神阿耳忒彌斯的稱呼。阿耳忒彌斯是希臘神話中的十二主神之一，她與太陽神阿波羅是宙斯與泰坦女神勒托的雙生兒女。戴安娜是婦女和哺乳動物的守護神，她自由而獨立，熱愛戶外生活，反對婚姻，也是希臘神話中為數不多的處女神之一，所以作者稱其為貞潔女神。——譯注

【22】參見《聖經．新約．哥林多前書》6:18-20，「你們要逃避淫行。人所犯的，無論什麼罪，都在身子以外。唯有行淫的，是得罪自己的身子。豈不知你們的身子就是聖靈的殿麼？這聖靈是從神而來，住在你們裡頭的……」；《聖經．新約．哥林多後書》6:16，「因為我們是永生神的殿」。——譯注

【23】我對很多新婚女性的行為舉止感到反感。她們似乎渴望讓自己的丈夫永不忘記她們在婚姻中應當享有特權，除非他們能永遠表現得像個情人一樣，否則她們就無法感覺到快樂。當愛情的火焰被她們不斷地催動，卻得不到任何真正的燃料之時，結局必然就只是曇花一現。

第八章　因性別而決定良好名聲之於一個人的重要性會有損於道德

人們一直致力於向女性灌輸種種有關於她們言行舉止的建議以及如何保持好名聲的方法；一直以來，我都認爲這些看來冠冕堂皇的東西，其實全是毒藥，它們使道德變得僵化而徒有其表。以這種虛妄的好名聲來衡量人，必然會讓我們做出錯誤的判斷；因爲它就像是影子，是長是短都取決於太陽升得有多高以及其他許多因素來決定。

朝廷弄臣因何會有那種泰然自若的虛僞行爲？毫無疑問，那是因爲他需要追隨者，所以不得不學會一些在拒絕別人的同時又不使人感到被冒犯的技巧，以變色龍般的手段一邊逃避一邊給人希望；他用彬彬有禮的儀態掩蓋了眞相，喪失了人類與生俱來的眞誠與人性，卻被稱爲優雅的紳士。

出於某種臆想出來的必要性，女性也同樣學會了這些造作的行爲。但是，弄虛作假的人無法逃脫懲罰：老練的僞君子難逃玩火自焚的下場，他們喪失了所謂的常識的智慧，也就是快速洞察一般眞理的能力。當眞理被偏見遮蔽時，心思單純的人也許沒有足夠的能力去發現它，但卻可以憑藉常識的力量接受眞理。大多數人爲了便宜行事不想動腦，會不假思索接受別人的觀點，這些懶惰的人對於神靈或人類的法則，都只會墨守其字面的意思，而無法領會其精髓。一位我記不起來姓名的作家曾說：「女性不關心那些只有上帝才能看見的事情。」爲什麼她們就得這樣呢？她們被教導說，要畏懼他人的眼光——如果她們可以哄騙她們的阿爾格斯[1]入睡，她們便很少會去思考上帝或者反省自身，因爲她們的名聲安然無恙；她們只在意自己名聲是否無瑕，並不關心自己的貞潔以及與之相關的那些美德，而且她們在意名聲也不是因爲把它當作一種美德，而是爲了保持自己在社會上的地位。

要想證實上述說法的眞實性，我只需說說已婚女性的私通行爲，尤其是上流社會那些按照父母的社會地位而締結的門當戶對的婚姻的女性。如果一個天眞無邪的女孩成了愛情的俘虜，就算她的心靈並沒有像那些在婚姻保護傘下的已婚女性一樣被各種陰謀詭計所汙染、就算她沒有偏廢任何責任——除了自我尊重這一點，她也將永遠被人輕視。與此相反，私通的已婚女性打破了最爲神聖的誓約，她們不但是虛僞而不忠的妻子，也是殘酷的母親。如果丈夫仍然鍾情於她，那麼她必會用手段來欺騙他，這將使她變成最爲可鄙的人；總之，那些她用來保持體面的計謀，會讓她的心靈在幼稚和罪惡的騷動中失去所有的力量。而且，就像那些習慣靠甜酒來提神的人一樣，她最終都會需要靠私通才能使思維活躍起來，因爲她已經無法品味那些沒有希望或者恐懼調味的享受。

有時候，已婚女性的行爲甚至比這更加令人不齒。我將舉一例說明。

有一名有地位的女性，雖然仍然和丈夫在一起，卻因爲風流韻事而聲名狼藉，再沒有誰將她當作一位高貴的女士。她卻無所不用其極地羞辱一位可憐膽小的女子，這女子因受鄰居一位紳士的引誘而與其結婚，每每想起自己之前的軟弱便羞窘不安。

其實，這位高貴的女士混淆了美德與名聲；我十分相信，她婚前行止規矩且頗爲此自矜，可是在爲了家族利益成婚之後，她便和她的丈夫一樣，各自背叛了他們婚姻，所以說，天知道他家那行屍走肉般的、龐大遺產的繼承人是從哪裡來的！

下面讓我們從另一個角度來看這個問題。

我知道很多女性，當她們不再愛自己的丈夫之後，也就不愛其他任何人了。她們忘掉一切家庭責任，讓自己完全沉浸於虛榮與消遣之中。不僅如此，她們甚至將本應留給幼弱兒女的錢財也全部揮霍一空。可是她們卻以自己聲譽清白而自居，好似作爲妻子和母親唯一的責任就是保住一個好名聲。此外，也還有一些懶惰的女性，不承擔任何個人責任，卻仍認爲應該得到丈夫的愛情，因爲她們爲保名聲而行爲規矩。

意志軟弱的人總是安於在形式上履行責任，但是美德卻是出於更爲淳樸的動機。所以，我希望膚淺的道德家們不要總是將行爲舉止和外在表現掛在嘴邊，因爲美德應當建築在知識的基礎上，否則便會流於乏味的禮節。然而，我們卻將看重他人的評價作爲女性的首要責任來強調，就像盧梭所宣稱的：「好名聲就像貞潔一樣不可或缺。」[2]他還補充道：「一位男士只要自己行爲端正即可安然無虞，這完全取決於他自己，而無須顧忌公眾的意見；但是對於女士而言，行爲端正只能算是履行了一半責任；因爲別人如何看待她，和她實際是怎樣的同等重要的。所以，女性的教育體系在這個方面應當與男性的教育體系剛好相反。他人的意見會葬送男性的美德，但是對於女性而言它卻是一頂桂冠。」嚴格按照邏輯來講的話，建立在他人意見之上的美德不過是世俗的德行，而且只是那些沒有理性的人的德行。即使是站在他人意見的角度上看，我也相信，這些理論家的說法是錯誤的。

好名聲是美德自然而然的產物，可是即使不考慮這一點，我也會重視它。這是因爲，女性一旦犯錯，即使改邪歸正也不可能重獲尊重，可是男性即使是行爲惡劣放縱卻仍然能保有一個好名聲，我認爲這是女性墮落的一大根源，我爲此而深感痛心。所以女性自然會竭力留住她們一旦失去便永遠不可能再得到的東西，直到這種擔心壓倒了其他一切顧慮，貞潔的好名聲成了她們唯一需要的東西。可是，無知之人的謹小愼微是沒用的；無論是宗教還是美德，當它們根植於心的時候，都不需要這種對於形式的無聊關注：總的來說，如果動機是純潔的，行爲必然也是端正的。

我要引述一位非常値得尊重的權威人士的話來支持我的觀點；一位冷靜的理論家的權威之言雖然不是金科玉律，但應當有足夠的分量引發人們的思考。斯密博士[3]在談論道德的一般準則時曾說：「由於一些非常偶然並且不幸的原因，一位好人也許會被懷疑做了一件他根本不可能去做的惡事，並且因此而在餘生裡極不公平地受到人們的厭惡和反感。因爲這種意外，他可以說是失去了一切，儘管他既誠實又富有正義感；這就像是一個謹愼小心的人，無論他是多麼顧慮周全，也難免會死於地震和洪水。前者也許比後者更爲少見，然而也更加違背常理；但我們仍然可以肯定的是，實踐眞理、正義和人道是達成美德主要目的的可靠且萬無一失的方法，而美德的主要目的就是獲得與我們一起生活的人們的信任和愛。一個人的某個行爲也許很容易被誤解，但是誤解其行爲一般導向的事情幾乎不可能發生。一個清白的人也許會被誤解爲犯了錯：但是這種事情很少發生。相反，如果一個人已經給我們留下了清白正直的印象，那麼即使是有非常有力的推論可以認爲他犯了錯誤，我們也常常會去赦免他眞正犯下的錯誤。」

我非常同意這位作家的觀點，因爲我確實相信，不論男女，很少有人會因爲沒有犯過的錯誤而被鄙視。我說的不是那種一時的汙蔑，一時的汙蔑就如同十一月的濃霧籠罩倫敦，濃霧在白晝到來前會逐漸散去，一時的汙蔑也不會永遠遮蔽一個人的品格。我只是主張，大多數人的日常行爲都能夠眞實地反映出他們的性格。明朗的日光一天天照耀，時間會洗去那些加諸於清白的人身上無知猜測或惡毒謠傳。誤解會讓人的名聲一時蒙塵，但是往往烏雲散盡，錯誤就會暴露出來。

無疑，許多人在很多方面都獲得比實際應得的更好的名聲；這就像是在各種賽跑中，堅持不懈通常便會達到目標。那些只爲了好名聲這樣微不足道的獎勵而努力的人，就像是爲了被看見而在街角祈禱的法利賽人[4]一樣，會得到他們所尋求的獎賞；因爲人是無法透視他人的內心的！不過，當一個人不考慮旁觀者，只沿著正直的道路前進的時候，一般而言，那因他善行而自然得來的好名聲會更加眞實、更加穩定。

當一個善良的人得不到人間的公正而必須訴諸於上帝的時候，他確實要經受很多考驗；在哀哭公正與嫉妒者的噓聲中，他要在心中爲自己建立一個避難所，直到謠言散去；並且，這種不應承受的譴責可能會像箭矢一樣刺傷一顆無辜柔軟的心靈，令它承受許多悲傷。可是，這些都是超出常規的例外情況，而人類的行爲應當受到這些常規的規範。描繪太陽系主要行星運行的天文測算體系是穩固的，彗星的離心軌道從來都不能對它造成影響。

我要大膽地斷言，當一個人成年以後，除去上述所提到的超出常規的例外情況，人們對他品格的整體評價是公正的。我不是說，一個謹愼世故、只具備消極的美德與品行之人的聲譽就不會比一個更加明智正直的人更好。不僅如此，我還從經驗裡得到這樣的結論，當兩個人的德行幾乎相等的時候，那個擁有消極性格的人通常會得到大多數人的喜愛，而另一位則會在私生活中贏得更多朋友。可是，在偉大的人們身上，性格裡的高峰和山谷、雲霧與陽光都清晰分明；雖然這會給心懷嫉妒的人留下更好的攻擊目標，可是眞正的品格即使是被軟弱的感情或者精巧的謊言所遮蔽[5]，也早晚會顯露出它眞正的本色。

這種想要保持好得之不易的好名聲的心理，就留給有判斷力的人去分析吧，我不會對它做出明確的評斷；但是我擔心，由於人們將注意力由道德的實質轉向其表象，女性群體的道德會被悄然削弱。我們就這樣將一件簡單的事情變得異常複雜；不僅如此，美德本身有時和它的表象還會互相矛盾。如果盧克麗霞[6]之死是爲保護貞潔，而非維護聲譽，我們也許永遠都不會知道她。如果我們捫心自問眞正能夠對自己給出好的評價，那麼一般而言我們也會得到世人的尊重。但是如果我們渴望更高的成就以及更多的收穫，那麼我們就不能只像其他人旁觀我們一樣地去看待自己，就算有人巧舌如簧地辯稱他人的觀感就是我們道德觀的基礎也不行[7]。因爲旁觀者都帶有他們所處時代與國家的侷限，除此以外，他們自己本身也帶有偏見。我們應當盡可能地嘗試像上帝看待我們那樣地去審視自己，上帝會看到導致我們每個行動的前提思想，祂的判決從不脫離永恆的公正法則。祂所有的判決都是正義而慈悲的！

謙卑的心靈希望得到上帝的喜愛，他們感覺到上帝的存在，默默地審視自己的行爲，這樣的人很少會對自己的品德形成嚴重錯誤的看法。在自我反省的靜默時刻，我們會敬畏地祈求被觸犯的正義之神的寬恕，以虔誠崇敬的純潔敬畏去確認那將人類與神明聯繫在一起的關鍵，是它讓我們的心靈得以開闊卻又不會激起任何情緒的騷動。

在這樣莊嚴的時刻，人們會發現惡行的種子，就像爪哇樹一樣散布著有毒的氣體，暗藏著死亡的氣息！人們察覺了這潛藏的惡行，卻並不感到憎惡，因爲他們感受到自己與同胞之間愛的聯繫，他們熱切地想要從同胞與自己的天性中找到所有能夠減輕這些愚蠢惡行罪責的藉口。他們也許會說，如果我透過運用自己的理性，在艱難困苦中得到了提升，找到自己心中深藏的毒蛇之卵[8]，並且費盡心力消滅它，那麼我能不同情那些沒有這樣力量的人，以及那些無意中讓蛇卵得以孵化爲狡猾的毒蛇、乃至被它的毒素汙染了生命之河的人嗎？當我知覺到自己隱祕的罪過，我能夠拋下自己的同胞，冷漠地看著他們墜入張口等待著吞噬他們的、毀滅的深淵嗎？不！我不能！我那備受煎熬的心像要窒息了一樣不安地吶喊著！我也是一個人！我也有罪過，只是也許避開了旁人的眼睛，這罪過讓我拜倒在上帝面前的塵埃裡，在萬籟俱寂的時刻響亮地告訴我說，我與我的同胞由同樣的泥土所造，也呼吸著同樣的空氣。就這樣，在謙卑中自然而然地產生了人性，人性與愛共同結成的紐帶在各種變動中將人們的心聯繫在了一起。

這種同情心還會進一步地擴展，直到一個人在那些原本還不足以讓他內心信服的論證中都找到了力量，他對此感到滿意，他愉快地用最公正的眼光來看待自己，看待那些誘人步入歧途的原因，他很高興能夠爲人類所有的錯誤找到一些原因；雖然在此之前，他就已相信上帝的光芒普照眾生。這樣做雖然看起來像是在與墮落握手妥協，但實際上他是一隻腳踏在地上，另一隻腳大步地跨入了天堂，這意味著他具有了與高尚天性結緣的資格。沒有人覺察到，美德在這個美好的時刻散發出溫暖的芳香，純潔宜人的清泉突然噴湧而出，滋潤了乾涸的土壤，明媚的綠茵覆滿大地；這就是那純潔得看不到罪惡的眼睛在一派喜樂中所看到的充滿生命力的草原！而我的情緒變得緩和；我必須靜靜地沉溺於這些深思所帶來的幻想之中，無法描述那些令我的靈魂得到安寧的情感。我看著漸漸升起的太陽，看著濛濛細雨透過旁邊樹叢的葉子，那雨絲似乎也撒落在我疲倦而寧靜的心中，讓我那曾被激情點燃的心靈在理性的力量下變得馴服寧靜。

如果我們沒有致力於向女性灌輸，她們所有的責任就是要時時保持性格可人、儀表光鮮；如果我們沒有總是用規範行爲和保護名聲的規則，去替代道德責任；那麼我就無需將我整部作品的主線沿著這個問題鋪展開來。然而，我們一說到重視名聲，就會把注意力集中到貞潔這一美德之上。只要一位女性的榮譽（如此稱呼眞是可笑）不受損害，她就可以不用承擔任何社會責任；不僅如此，就算她在賭博和揮霍之中毀掉了她的整個家庭，她仍然可以厚顏無恥地站在人前，因爲她是一個眞正體面的女人！

麥考萊夫人曾經有過公正的評論，她說：「只有一種錯誤，體面的女人一旦犯了就必要承擔責罰。」[9]她還公正而且富有人情味地補充道：「這導致人們形成了一種陳腐而愚蠢的觀點，認爲一位女性在貞潔上所犯下的最初的錯誤，具有令其品格墮落的絕大力量。可是造物主不會創造出如此脆弱的生靈。人類的心靈，遠不是那樣容易就可以被摧毀；而且就算面臨著所處環境及所受教育等種種不利因素，女性也很少全然地自甘墮落，除非她們被其他女人的刻薄仇恨給逼入了絕境。」

但是，女性有多看重貞潔的名譽，男性就有多麼輕視它：而這兩種極端的態度，對道德有著同等的破壞性。

男性確實比女性更容易被欲望左右；並且他們的欲望更加墮落，因爲他們縱欲無度、爲求滿足欲望不擇手段。奢侈的生活讓他們食不厭精，體質因此而遭到了破壞；他們暴飲暴食，非常粗魯的在旁人面前不知節制地大吃大喝，過後又爲此必然會引發肚腹飽脹而叫苦不迭，他們哪裡還懂得什麼是得體的舉止。有些女性，尤其是法國女性，在這個方面也已經忘記了體面，她們面不改色地談論著自己消化不良的症狀。眞希望能禁止懶惰的人們用財富的肥沃土壤餵養出食腐的蛆蟲，那樣我們就不會再因這種野蠻的放縱行爲而感到厭煩。

我認爲，關於行爲舉止應該有一條能夠讓其他規則遵循的總規則，這規則也很簡單，就是要對他人抱有習慣性的尊重，這樣我們就不會因爲一時的放縱而令同胞感到厭煩。許多已婚女性和一些稍微有點年紀的人都很懶散，這時常會犯下不夠體面的罪過。雖然她們都相信外貌是連接兩性的要件，但她們爲什麼又常常會因爲懶散或者沉溺於某種無聊的消遣而忽視外貌，而令男性反感呢？

兩性皆陷入了因欲望而導致的墮落，這會帶來更多惡劣的後果。人的天性必然是其品味的標竿、欲望的準繩，可是這些放蕩的人是多麼粗魯地冒犯了人類的天性啊！我們且不談高尚的愛情；使欲望得到滿足是人類種族繁衍所必須要遵守的自然規則，人類的天性在這一方面的表現與其他方面一樣；這提升了欲望的重要性，並在其中摻入了一些精神和情感的因素。親子之情與單純的動物本能夾雜在一起，讓這本能變得高貴；男性和女性爲了孩子而時常相聚，因爲對於孩子的共同的愛，而激發出他們對於彼此的關心和愛慕。所以女性必然要起承擔一些比梳妝打扮要更高貴的責任，她們不會再滿足於成爲肉體欲望的奴隸——而這恰恰是當前相當一部分女性的眞實處境，確切的說，她們成爲了所有浪蕩男子皆可親近的人。

也許有人會說，這種罪過雖然罪大惡極，可是它畢竟只會影響那一部分犯錯的女性，而她們的錯誤正可以拯救其他的女性。但是，這種以少數人的罪惡來保全多數人利益的說法，和其他許多錯誤的斷言一樣，可以很容易被證明是不正確的；而且，這種說法的害處還不止於此：那些比較忠貞的女性，她們的道德品質和心靈的安寧都因爲這些犯錯的女性的行爲而遭到了傷害，因爲她們無法原諒那些罪惡；她們堅持認爲是這些有罪的女性使用手段勾引了她們的丈夫、誘惑她們的兒子墮落，還在某種程度上迫使她們自己（希望端莊的女士們不要因此而感到驚訝）也扮演起相似的角色。所以我要大膽地斷言，女性所有的弱點，連同我之前所談到的她們的墮落，都有同樣的一個重要原因，那就是男性不夠貞潔。

放縱的問題是如此普遍，以致於人們墮落到只有靠荒淫的刺激才能激發欲望的程度。他們忘掉了天性中的親子之愛，只剩下美色時時占滿他們的整個腦海。放蕩的人們常常變得耽於美色，時刻都追尋著女性的柔媚。他們還進一步追求比女性的柔媚更加銷魂的樂趣；在義大利和葡萄牙，男性出入一些充斥著下流人群的招待會，去尋找比那些身嬌體弱的女性更加令他們讚嘆的東西。

爲了滿足男性的這種嗜好，女性逐漸變得放蕩，雖然程度有所不同，可是她們都放縱自己與毫無感情的男性發生關係；這令男性和女性都變得墮落，男性因此而敗壞，而女性則無論階級，都自然而然地改變自己的行爲以適應男性的愛好，以供自己獲取歡愉和權力。女性因此而在身心兩個方面都變得比她們原本的狀態還要軟弱。她們來到世間的第一要務就是養育子女，成爲母親是她們人生的首要責任，可是她們現在根本沒有足夠的力量去履行這個職責。親子之情是人類天性中高貴的本能，可是她們卻爲了放蕩的享樂而打掉胎兒或者遺棄嬰兒。人的各種天性都應得到尊重，那些破壞自然法則的人，很少能夠逃避懲罰。那些軟弱的女性特別能引起好色之徒的注意，她們雖然可能懷孕，但卻不適合做母親；富有的浪子任意與女子廝混，四處傳播墮落和不幸，當他需要延續自己的血脈，他的妻子只能給他一個繼承了雙親弱點的、發育不全的後代。

人們在對比現代的人道主義和遠古時代的野蠻習俗時，非常重視遠古時代父母把無法養育的嬰兒遺棄於野外的野蠻風俗；然而那些對此做出控訴的、感情豐富的男性，也許他們混亂的男女關係正在造成破壞性的不育和流毒甚廣的無恥風尚。我想造物主應該從來沒有想要讓女性爲了滿足欲望，而敗壞祂之所以使人類具有欲望的眞正的目的吧！

我在前面曾經說過，男性應該撫養被他們誘惑的女性；這是矯正女性行爲的一種方法，可以消除那種對人口和道德有著同樣破壞力的惡習。還有另外一個同樣明顯的方法，那就是讓女性的注意力轉移到貞潔這個眞正的美德上；如果一位女士一面對好色之徒笑面相迎，一面又對他那無法無天的欲望之下的受害者以及她們愚蠢的行爲表示輕蔑，那麼就算她的名聲潔白如雪，從端莊的角度來看，她也並不值得尊重。

此外，當她刻意精心妝扮自己的容貌，只是爲了引來男性的關注，以及激起男性仰慕的感嘆以及無聊的崇拜（人們把這稱作純潔無邪的風流），那麼她自認爲有多麼純潔，實際上就有多麼愚蠢。如果女性是眞正地尊敬美德本身，她們就不會想要用虛榮來彌補她們爲了保存名譽而必須做出的自我克制，也不會與那些蔑視名譽的男性來往。

無論是變壞還是變好，兩性都彼此互相影響。我認爲這是一條無可爭辯的眞理，並且可以將之推廣到一切美德的範疇。忠貞、端莊、公德心，以及所有作爲社會公德與幸福基石的那些高貴的美德，是所有人類都應該瞭解和發展的，否則要培養這些美德就是空談。想要避免那些邪惡或者懶惰的人透過將某些神聖的職責歸類爲「女性的責任」，來爲自己無法履行它們找藉口，比較聰明的做法是讓大家知道，造物主沒有讓男性和女性遵從不同的美德；那些放蕩的男子，敗壞了自己的身體，又使得女性不孕，他們因是男子而免於受到專門爲女性而成立的罪名的指責，但實際上他們的行爲雙重地違背了造物主的意旨。這還只是生理上的後果，在道德上它還將導致更加嚴重的後果：當公民、丈夫、妻子、父親、母親以及一家之主的責任都淪爲尋求私利的要素之時，道德已然名存實亡。

如此一來，哲學家如何還能期望可以建立公德？公德必須由私德來培養，否則它就會像女性小心保護名聲、男性謹慎維護榮譽那樣變成一種虛假的情感。這種感情的存在通常缺乏美德以及高尚品行的支持——對於高尚的品行而言，習慣性地違背某一項責任都是對整體道德法則的破壞。

◆註解◆

【1】阿爾格斯（Argus）是古希臘神話中的百眼巨人，可以察覺到所有方向的事物與動態；後世以此喻機警的守衛。此處意指，女性只求周遭沒有他人監督的眼光。——譯注

【2】參見盧梭《愛彌兒》第四卷，第五章。關於盧梭及《愛彌兒》，可參見第一章注釋3、第二章注釋9。——譯注

【3】此處指亞當・斯密，以下引文出自其《道德情操論》的第三卷，第五章。關於亞當・斯密及《道德情操論》，可參見第四章注釋16、17。——譯注

【4】法利賽人（Pharisees）是一個猶太人宗派，在耶穌的時代很流行，他們強調遵守律法和行為規範的細節，卻不注重背後的道理，《聖經・新約》中記載了不少耶穌對他們的批評。本段是說美德的真正獎賞應該是美德本身，而不是好名聲，只為了好名聲而維持的善行是不夠真實的；參見《聖經・新約・馬太福音》6:5，「你們禱告的時候，不可像那假冒為善的人，愛站在會堂裡和十字路口上禱告，故意叫人看見。我實在告訴你們，他們已經得了他們的賞賜。」——譯注

【5】我指的是各種人物傳記，尤其是鮑斯韋爾所著的《詹森傳》。（譯注：詹姆斯・鮑斯韋爾（James Boswell, 1740-1795），蘇格蘭律師和作家，其最著名的作品是為同代人、英國文學巨匠撒母耳・詹森（Samuel Johnson）所寫的傳記。關於詹森和此書，可參見第三章注釋9、第四章注釋25和第五章注釋36。）

【6】盧克麗霞（Lucretia）是古羅馬歷史上著名的貴族女子。傳說她在西元前五〇九年遭到當時的羅馬王子塞克斯塔斯（Sextus）強暴，她將此事告知家人並請求家人為其復仇，之後自殺。此事激起了羅馬人的怒火，祭司率領市民起義，最終國王被驅逐，羅馬改由集體選舉的執政官統轄，從此進入共和時代。——譯注

【7】斯密。（譯注：參見亞當・斯密《道德情操論》。關於亞當・斯密及《道德情操論》，可參見第四章注釋16、注釋17。）

【8】參加莎士比亞的悲劇作品《凱撒大帝》（*Julius Caesar*），第二幕，第一場。《凱撒大帝》改編自古羅馬歷史，描述西元前四四年一群羅馬元老計畫並成功刺殺了獨裁的執政官裘力斯・凱撒的經過。劇中此段原文為：「既然我們反對他的理由，不是因為他現在有什麼可以指責的地方，所以就得這樣說：照他

現在的地位要是再擴大些權力，一定會引起這樣這樣的後患；我們應當把他當作一顆毒蛇之卵，與其讓他孵出以後害人，不如趁他還在殼裡的時候就把他殺死。」——譯注

【9】參見凱薩琳·麥考萊《教育書簡》，一七九〇年版，第一三二頁。本段另一段引文也出自此書。關於麥考萊夫人及《教育書簡》，可參見第五章注釋47。——譯注

第九章　論不合理的社會差異所造成的有害影響

對於財產的尊崇，像是被毒素汙染的泉水，是大多數罪行與惡習產生的源頭，也讓這個世界變得在有思想的人看來盡是一派荒蕪。就在這最文明的社會裡，有毒的蟲蛇深藏在繁茂的草木之中；沉悶的空氣滋生了驕奢淫逸的風氣，讓所有良好的天性在發展成爲美德之前就失去了生機。

一個階級壓迫另一個階級；因爲所有人都想要依靠財產來得到他人的尊重，一旦獲得了財產，就能得到本應只有天賦和美德才配得到的尊敬。那些富有的人，無視人類與生俱來的責任，卻被神化尊崇；各種儀式仿若一層無形的隔閡，使得宗教與道德分離開來，而人們竟然還感到奇怪，爲什麼這世界會變成一個貨眞價實的、騙子和暴君的堡壘。

俗話說得好，惡魔專門使喚懶人。除了積習難改的懶惰閒散之外，世襲的財富和頭銜還能帶來什麼呢？這是因爲，人只有不斷磨鍊自己的天賦才能眞正地掌握和善用它，可是除非有某種必要的理由，否則人們是不會開始使用自己的才能的。同樣，人們也必須透過履行相關的責任，才能獲得美德；但是，有些人被奉承者的恭維所蒙蔽，失去了人性，因而無法認識到這些神聖職責的重要意義。社會必須更加平等，否則道德將無處立足；平等符合美德的要求，可是即使是它矗立於岩石之上，如果占人類半數的女性生來便被束縛在那岩石的底層，那麼這種平等也不會穩固，因爲女性的無知和驕傲會不斷侵蝕著它的根基。除非女性在某種程度上獨立，否則我們就不能指望她們能夠富有美德；而且，我們也不能指望她們能夠在自然的情感驅使之下成爲好妻子和好母親。當她們完全依附於自己的丈夫，她們就會變得狡猾、卑鄙和自私；而那些滿足於奉承者搖尾乞憐的愛情的男性也不會有多麼細膩的感情；因爲愛情是買不來的，不管怎麼說，愛情那柔軟的翅膀如果沒有得到同樣的愛情的回應，立刻就會失去力量。當男性因爲擁有財富而變得無能、而女性則可以說是靠自己的美貌來生存的時候，我們又怎能指望他們會去履行那些需要努力與克己的責任呢？即使履行那些責任會讓他們變得更加高尚。世襲的財產讓人們變得世故，那些世襲制的可憐的受害者（如果我可以這麼說的話），生來就被財產束縛住了手腳，很少再去發揮他們身心的天賦；他們只透過財富這一媒介來看待萬事萬物，而這個媒介本身是有問題的，所以他們無法瞭解眞正的美德和幸福是由什麼組成的。當一個人的眼前被掛上了帷幕，那麼他看到的東西必然是不眞實的，他帶著面具闊步前行，拖著蠢笨乏力的身體輾轉於各種浪蕩的場合，他的眼睛茫然四顧，明白無誤地告訴我們他根本心不在焉。

我的結論是，每個人都或多或少想要得到同儕的認可，得到這種認可的唯一方式應該是履行自己的職責；但我們的社會沒有按照能夠讓男性和女性各司其職的方式來良好地組織起來，也沒有使得履行職責成爲人們得到認可的唯一方式。結果，對財富和美貌的尊崇，就像一陣風，折斷了愛情和美德的嬌嫩花朵。造物主英明地將愛情與責任聯結在一起，讓履行責任的辛勞變得甜蜜，讓使用理性的人充滿生機，那是只有心靈才能賦予的力量。但是，當人們並未履行與愛情相關的責任，而僅僅只是將它視爲一種可以用來彰顯自己具有某種特質的話，那麼愛情也不過就是一種爲了將罪過與愚行妝點成美德與眞理而不得不表現出來的虛幻罷了。

要證明我的觀點，我們只需要看看，當一位女士因爲她的美貌而受到愛慕並沉迷於此，以致於忽略自己作爲母親的必要責任之時，她放棄了培養既能讓她成爲有用的人又能讓她幸福的愛情，這是她對自己的犯罪。我所說的眞正的幸福，是指在當今不完美的狀態下可以得到的所有滿足和正當的愉快，它一定是從有節制的愛情中產生的；而愛情包含著責任。男性一味地鼓勵女性取悅他們自己，卻沒有意識到這種行爲會帶給她們痛苦，也讓她們變得軟弱；也沒有考慮到讓女性犧牲一生的幸福和尊嚴，去換取撩人的美貌，會使得造物主所賦予女性的責任與人類社會賦予女性的責任相互對立，而這二者本應是和諧一致的。

如果一個丈夫看到妻子哺乳孩子時，不會比看到那些最荒淫的行爲時感到更多的快樂，那麼他如果不是由於早年的放縱而喪失了人性，那麼就是內心冷酷。可是富有的女性卻放棄了哺乳這一能夠鞏固婚姻、將尊重與愛戀的回憶結合在一起的重要關鍵。爲了保持她們的美貌，並且留住那頂能讓她們在短短的時間裡可以號令異性的冠冕，她們忽略了要在丈夫的心中銘刻下自己的印象——當他們鬢髮染雪情懷不再，這種印象甚至會比她少女時的嬌美更令他溫柔縈懷。一位理智又慈愛的女士所具有的母性的關懷是非常引人注目的；做父親的善盡了自己莊嚴的責任，使得母親和孩子得到關愛，而她則以身爲母親的高尚尊嚴來回報，這不僅令人尊敬，更是一副美麗的畫面。我承認我這樣的感受確實少見，可是我看膩了乏味的富麗堂皇和卑躬屈膝的禮節，厭倦了以繁冗的儀式取代家庭成員之間的情感；我也儘量避免讓自己看到這樣做作的場景，我會轉向其他的景致來釋放自己的雙眼，比如看看自然散布在田野裡的清新綠色。然後，我又愉快地看到一位母親哺育著她的孩子，履行她應盡的責任，也許只有一位僕人代她完成部分辛苦的家務勞動。我看到她將自己和孩子都打扮得乾淨整齊，等待晚歸而疲憊的丈夫，好讓他一到家就能看到微笑的嬰兒和乾淨的家。我的心也混在那一家人中間，當那熟悉的腳步聲帶來一陣歡樂的喧鬧，它也因爲那充滿了共鳴的感情而怦怦地跳動。

我的仁愛之心被這淳樸的畫面所滿足，我認爲這樣的一對夫妻，他們各自善盡了自己的責任，彼此對於對方都必不可少卻又相互獨立，他們擁有了生活所能給予的一切。當他們有了足夠的積蓄可以擺脫困窘的貧困，不需要仔細計算每一分開銷的後果的時候，他們也就不必再把心思都放在冷冰冰的經濟問題上，不會再因此而使自己的身心和情感受到限制。我想說，我的想法其實也很世俗，我不知道他們還需要再擁有什麼東西，才會成爲這世上最幸福以及最受尊敬的人；也許是一些可以爲社交談話增添變化與趣味的文學品味，也許是有些餘錢可以接濟貧苦和購買書籍。當人們的心靈因爲同情他人而得以開闊、當他們積極地想要作一些有益的事情的時候，要是心裡還有個一本正經的小人兒在時時掣肘，一邊制止他們把手伸進自己空空如也的錢包，一邊低聲地說著一些謹慎乃正義之第一要務的大道理的話，那可眞是夠煩人的。

財產和世襲的封號會敗壞人的品行，而女性如果受到它們的影響，會比男性更加嚴重地被束縛並變得品行敗壞；因爲男性還可以通過參軍或從政來鍛鍊他們的才能。

我敢說，當軍人們一絲不苟地維持著歐洲的力量均衡，特別用心警戒著陰冷荒僻的北方地區以及陽光的海岸地帶的時候，他們至多可以收穫虛榮的浮名。一個公民像法布里西烏斯或者華盛頓那樣爲國家奮鬥[1]，然後功成身退歸隱田園，以一種更加平靜、但同樣有益的方式來釋放自己正直的熱情，這種眞正的英雄主義時代已經結束了。而現在，我們不列顚的英雄通常是來自於賭桌而非田間；他們會爲了等候骰子旋轉的無聊結局而激情澎湃，卻不會爲了史冊中那些因美德而進行的英勇鬥爭而熱血沸騰。

事實上，離開賭場和牌桌、轉而去指導國政，也許是更適合政客們的事情，因爲他們在管理國家時所需要的也還是那些蒙混和欺詐的把戲。整個不列顚的政治制度——出於禮貌，我們仍然稱它是一種制度，只是在增加貧無立足之地的人口，以及設立捐稅劫貧濟富；政客們最大的特長就是保住自己的地位，即使是一場戰爭或者是其他各種白忙一場無果而終的事情，也都成爲了他們給自己加官進爵的好機會。

他沒有必要去同情貧苦的人們，如此一來他就可以靠著那些花招來保住自己的家族安穩。或者他會在有需要的時候，觀看輕騎兵在他面前列隊走過，再簡單地講幾句話來表達他對於英國人所謂的「天賦人權」的一點尊重——雖然他在說這個詞的時候，並不瞭解它的含義，只不過借它來賣弄一下而已。他不冒任何危險，只要這一場華而不實的表演，就哄得軍隊像被牽住了鼻子的猛犬，任他驅馳。當人們爲了有關人道主義的問題而爭論不休的時候，他會裝出富有人情味的樣子[2]，哄得刻耳柏洛斯[3]也安靜下來，他一面興致勃勃地和它談論，好像他正在一心努力，讓大地母親不再因爲她的孩子遭到刻耳柏洛斯的啃咬而發出復仇的呼喊；一面用他那冷血的手卻正在批准一項可憎的交易[4]，好爲它套上鎖鏈。一個大臣只有在達到他爲自己設定的目的時，才能成爲一個大臣。所以，當他面臨一次可能威脅他地位的、大膽的攻擊的時候，他是不會講任何人情的。

說完這些題外話，我要言歸正傳來談談那看似有理，實則束縛了全體女性的靈魂、讓她們永遠處於無知狀態的奴役制度。

荒謬的階級之分，把人類文明變成了一種禍害，它將世界分爲奢靡的暴君和狡詐嫉妒的依附者，讓這兩種人幾乎同等地腐化敗壞。社會對於一個人的尊重，與他是否履行相關的人生責任無關，而是取決於他的社會地位；愛情本該是美德天然的回報，但是當一個人沒能履行自己的責任的時候，愛情就不會有足夠的力量去鞏固美德。但是，男性能夠找到一些可供利用的漏洞，並且敢於按照自己的意志去思考和行動；但是對於女性而言，這是一項極爲艱鉅的任務，她還有一些女性所獨有的困難需要克服，而這幾乎需要超人的力量。

一位眞正仁慈的立法者總是致力於讓每個人都因爲具備美德而得益；如此一來，私德就能夠加強鞏固整個社會的幸福，一個有序的整體是因爲每個組成部分都在向著同一個中心而得以加強。可是，女性的私德和公德卻都是有問題的；盧梭和其他一大批男性作家，堅持認爲她們終其一生都應受到禮法的嚴格限制。如果她有更爲高尚的行爲動機，如果她擁有不朽的靈魂，爲什麼她們要受限於這種盲目的禮法呢？一定要用鮮活的血液才能製造出蜜糖嗎？這些原則只是爲了使男性的生活更加愜意的保障，爲此就要讓半數的人類，像可憐的非洲奴隸一樣，忍受那些視她們如禽獸的偏見嗎？這難道不是在迂迴地否認女性的理性？天賦如果不能得以善用，就會是個諷刺。

女性與男性一樣，也因財富帶來的輕鬆享受而變得軟弱和奢靡；但是，除此之外她們還被迫成爲自己美貌的奴隸，她們必須秀色可餐，這樣男性才會把自己的理性借給她們，指引她們蹣跚地走向正途。她們如果野心勃勃，也必須要透過陰謀詭計來操縱她們的暴君去實現，因爲她們沒有權利，所以自然也不承擔任何責任。與女性有關的法律（我準備在後文中對此進行討論），讓男性與其妻子的結合變得荒謬可笑；於是，透過認定只有丈夫能夠承擔責任這個輕巧的轉變，妻子被貶低成爲了可有可無之人。

那些完成了在自己所處的位置上應盡的責任的人，是獨立的；對於女性而言，通常她們的首要職責就是把自己看作是有理性的人；其次，則是把自己看作是公民，履行包括做母親在內的諸多責任。她們的社會地位，讓她們可以免於履行這些責任，必然也會讓她們墮落爲玩物。她們或許能夠把注意力轉移到比穿衣打扮更爲重要的事情上，可是那也不過是一心想著一些柏拉圖式的綺思愛念，或者心思活絡地去耍弄一些手段；由於她們忽略了家庭責任，所以她們沒有力量像士兵那樣占領陣地、進攻或撤退，或者是在議會中展開辯論，以防止自己的才能消退。

我知道，爲了證明女性的低劣，盧梭曾經興奮地大喊：她們怎麼可能離開育嬰室走向軍營[5]！軍營也被某些道學家認爲是培養最英勇的美德的學校；可是我認爲，即使是機敏的詭辯家也會爲了證明很多英雄輩出的戰爭的合理性而感到爲難。我並不想對這個問題進行批判性的討論；因爲我看多了國土分裂、草木毀於兵火，人們已將這些野心作祟之下的畸行當做是一種非常自然的文明形態，所以我不把它們稱作是禍害；可是，目前的戰爭體制也毫無疑問地與任何一種美德都沒有關聯，與其說它培養了剛毅的性格，倒不如說它催生了狡詐與軟弱。

在當今高度發展的社會中，爲自衛而進行的戰爭是唯一可以稱得上是正當的戰爭，我們在其間可以看到美德的顯現，並且看到它在艱難困苦中逐漸成熟；如果我們可以認爲這樣的戰爭是正義而且公平的話，那麼那些流傳千古的、眞正的英雄事蹟也許可以再度激發女性的情懷。但是，我敬愛的、溫文爾雅的讀者們，無論您是男是女，都請不要驚慌：雖然我把現代士兵與文明女性的品格相提並論，但我並不打算勸說女性棄女紅而就刀兵，我倒是眞誠地希望能夠看到刺刀變成修枝的剪刀。我只是看膩了那些汙染了自然情感的橫流物欲所造成的惡行和愚蠢，我要重新展開想像，期待社會或許有朝一日可以這樣組成：男性必須履行其作爲公民的責任，否則就會被人輕視，在他承擔某種公共生活職責的同時，他的妻子應當同樣也是一位活躍的公民，她應當專心地管理家務、教養子女和扶助鄰里。

但是，要想讓女性成爲眞正具備美德以及對社會有用的人，我們就必須要保證，只要她履行了作爲公民的責任，國家的法律就會給予她身爲一個公民所應得到的保護；必須讓她能夠在丈夫的有生之年裡，不需仰賴他的施捨生活，也無需在他過世之後，指望他的遺產來贍養自己——一無所有之人如何能夠慷慨？失去自由之人何以能夠高尚？一位忠於自己的丈夫、但是既不哺乳也不教育孩子的妻子，她確實配不上「妻子」的稱號，可是她也並不享有公民的權利；既然被剝奪了與生俱來的權利，自然她也就無需再承擔責任；這就是我現在所面臨的情況。

當女性的身心都變得如此衰弱，她們就無力發展自己，只能去追求一些虛幻的享樂或者創造一些輕浮的風尚，如此一來，她們必然會淪落到只能作爲男性荒唐時的慰藉。在這個大城市的早晨，可以看到無數馬車倉皇駛過，馬車中都是面色蒼白魂不守舍的女子；對於一個有理性的人來說，還有什麼景象能比這更令人傷心？我也曾常常像詹森博士一樣[6]，期望能夠將這些女子送到工作坊裡去做工，好去養活那許多仰望著她們懶散的面龐、等待她們照顧的孩子。我大錯特錯：生命潛在的活力，並不能在她們的眼中瞬間點燃健康和活潑的神采；那往日裡只點染著酒窩笑紋的面頰，如今已然蒼白，那上面沒有刻下踐行理性的紋路。而只有理性，才能歸還給她們那失落了的人格尊嚴，才能讓她們變成眞正高貴的人。美德不能自空想中獲得，更不能從財富所自然衍生出來的消極怠惰中獲得。

此外，當人們認爲貧窮比罪惡更加可恥之時，道德難道不是已經被敗壞到無可收拾？爲了避免誤解，我要做出說明，雖然中產階級的女性可以在宗教和理性的感召之下善盡妻子和母親的職責，但上流社會女性卻沒有一條道路可以引導她們去實現那些有益而且獨立的高遠追求，我無法不爲此感到悲哀。先提示一下，我接下來要討論的問題也許會激起人們的嘲笑：但我確實認爲應當有女性國會代表，而不是讓女性對專橫的統治逆來順受，沒有任何直接參政議政的權利。

但是，女性也不必爲此而抱怨，這個國家整個的代表制度，不過是專制統治的一個便利工具，有許多辛苦工作的工人也與她們一樣被人代表了，這些工人幾乎無法養活自己的孩子，卻仍要承擔王室的開支。工人們用汗水供養著那些顯赫的財產繼承人的漂亮種馬、裝飾著那些不可一世的時髦貴婦的敞篷馬車，他們是如何被代表的？他們必須爲生活必需品繳稅，好讓那些數不勝數的、閒散的王子公主們可以在各種無聊的儀式上招搖過市，民眾看著他們經過目瞪口呆，幾乎是在崇拜這些殘酷壓榨他們的人們。這不過是一種哥特式[7]的壯觀，就像白廳街[8]上巡視的騎兵佇列一樣野蠻而無用，這樣的景象讓我無法不感到輕蔑和憤怒。

當一個人因這樣的景象而深受觸動，他會感到多麼地不可思議、多麼地迷惑啊！但是，除非美德能夠將這些愚蠢行爲清掃一空，否則此類愚行仍將潛移默化地影響全體社會大眾。這是因爲，在某種程度上來說，社會群體中會盛行同種性質的行爲：富人浮華奢靡，窮人惡毒地嫉妒，同樣會使一個社會所特有的道德敗壞淪喪，或者讓道德僅僅成爲文明人自我妝扮的戲服上的一個裝飾條紋。

在上層社會，一切責任皆有人代爲完成，就好像人眞的可以擺脫這些責任；懶散的生活必然驅使富人去追求那些空虛的享樂，在較低階層的人看來這些空虛的享樂是如此迷人，以致於無數渴求財富之人願意犧牲一切去追趕他們的腳步。他們把最神聖的職務看成是個掛名的好差事，因爲那都是靠利益交換來的，而且他們也只不過是想靠它給自己帶來好朋友。尤其是女性，都夢想著成爲貴婦，終日無所事事，無精打采地閒逛，自己也說不出到底是爲了什麼。

但是有人可能會問我，除了輕鬆自在地閒逛，女人還需要在社會中做什麼？你總不會要求她們都去養育傻瓜和記錄雞毛蒜皮的小事吧！[9]不。女性當然可以去學習醫學，成爲醫生或者護士，或者去做助產士，這看起來也更加符合禮法；不過我擔心在我們的字典裡，助產士這個詞很快就會被男性產科醫師所取代，這個象徵過去的女性禮法的詞語將從我們的語言中被抹掉[10]。

她們也可以學習政治，讓她們的仁慈建立在最寬廣的基礎上。如果僅僅把歷史當做傳記來閱讀，如果不關注時代的特徵、政治上的改進以及藝術等等，那麼其功用不會比閱讀愛情小說更大。簡而言之，如果不把歷史當作是人類的歷史來看，那它就沒有什麼益處。歷史也不是某個被擺在名譽聖殿的神龕裡的特殊人物的歷史，那些人終將淹沒在時間那橫掃一切的洪流裡，將他們都拋入一片混沌而虛空的所謂「永恆」之中——那是否就是所謂的「大象無形」[11]？

如果女性可以接受更加有系統的教育，那麼她們也可以從事各種職業，這也許會讓許多人免於從事賣淫的職業，雖然這種情況既普遍又合法[12]。女性將無須再為了生存而結婚，就像男性只為了謀生而接受一個公務員的工作、卻完全不理會他在這個職位上所應盡的責任一樣；也不必再為了努力地生存下去——那真是非常令人敬佩的努力，而淪落到幾乎與那些被生活所拋棄的娼妓一般可憐的地步。那些女帽製作者和女裁縫不是被當成是僅僅略高於娼妓的階層嗎？現在女性可以從事的少量職業大都是卑賤的，遠遠不夠自由。當她們接受了較好的教育，足以承擔教育的責任，成為孩子們的女家庭教師的時候，她們的待遇卻比不上那些男孩子們的家庭教師；而且即使是那些來做家庭教師的牧師們，也不能總是得到應得的待遇，以使他們成為孩子眼中可敬的人，更不要說提供他們一種舒適的個人生活。而上流社會女性所接受的教育，卻從來不教會她們去面對這些屈辱的境況，那被認為是對她們的貶低，可是有時她們卻不得不擔任這一類的工作；她們對於人心也所知甚少，應該有人告訴她們，沒有什麼會比生活上的沒落更能加倍地讓她們感到痛苦的了。

這些女性當中可能有些人可以以一種謹慎和體面的方式保持獨身，但其他的那些則可能無力用這種令人同情的方式來逃脫婚姻的奴役；如果一個政府不能透過鼓勵那些誠實、獨立的女性去謀求值得尊重的職位的方式，來為她們提供謀生之道的話，那麼這個政府豈不是非常有問題、並且對於半數人類成員的幸福太冷漠了嗎？女性，無論已婚或者單身，必須能夠在國家中享有公民的身分，這樣她們的私德才會有益於公德；否則我們就仍會看到一些可敬的女性，因為受到不該有的蔑視而感到異常痛苦，她們會像「被雪橇摧殘的百合花」【13】一樣枯萎。

這是一個不幸的事實；也正是文明帶給我們的、該死的財富！最值得尊敬的女性受到的壓迫最深；而且，除非她們的見識遠遠超過一般人（也包括男性在內），否則她們必然會被當作是卑賤之人，進而也眞的變得卑賤。有多少女性因此而在憂鬱中虛度終生，她們本來可以成爲醫生、管理農場、經營商店，靠著自己的勞動獨立生活；但現在她們卻被多愁善感的淚水墜得無法抬頭，這種多愁善感一開始的時候還能爲她們的美貌增添風采，時間久了卻只會削減她們的美麗。不僅如此，我懷疑憐憫和愛情並不像詩人想像得那樣關係密切，因爲我很少看見女性的無助會激起他人的同情，除非她是個美人；所以，也許憐憫只是愛情的一個溫柔的附屬品，以及欲望的先聲。

和妝扮得完美無缺的女性相比，藉由履行職責來謀生的女性，是多麼值得人們更多的尊敬！您問我如何看待美麗？我能深深地感受到可敬愛的德行之美，或者是一個正派之人適度節制欲望的和諧妥貼；我可不好意思將它們與世俗所謂的美貌相提並論。能夠從那令人眼花撩亂的享樂或者是良善女子一旦陷入便會變得麻木不仁的懶散中抽身，致力於要去達成這種高尙境界的女性，實在是太少了，這眞是令人感嘆。

無論如何，女性以自己的柔弱爲驕傲，她們必須永遠被人保護，遠離一切操勞以及所有能夠提升心靈的艱苦勞動。如果這都是命中註定，如果女性甘心讓自己無足輕重、被人輕視，舒舒服服地「在空想中浪擲生命」，那她們就不要指望在美貌消逝之時還能被人珍視；因爲最美麗的花朵命中註定被人愛慕，卻又被採摘它們的雙手漫不經心地揉碎。從最單純的善意出發，我多麼希望能用各種方法將這個事實深深銘刻在女性的心中；但是我擔心她們不會傾聽這個用高昂代價換來的眞理，雖然它已經引領許多不安的心靈恢復安寧，也不會願意放棄階級和性別的特權，來換取只有履行自己職責的人才能擁有的人性的特權。

有些作家主張，人無論身在何種處境，或者用什麼樣的虛情假意掩飾自己，都應該保持對人類的同情心；我認爲這樣的作家非常值得稱讚。而且，我非常樂於說服有理性的人們，使他們相信我的一些意見具有重要的意義，並且請他們冷靜地權衡一下我的這些觀點的整體意圖。我請求他們的理解；作爲人類的一員，我以女性之名，也請求他們懷有一些同情心。我懇請他們促成女性的解放，讓她們成爲他們眞正的伴侶！

只要男性願意慷慨地解除對於女性的束縛，並且滿足於和有理性的伴侶相處，而不再尋求奴隸般的順服，他們將會發現我們可以成爲更加規矩的女兒、更加熱情的姐妹、更加忠誠的妻子以及更加明智的母親，總而言之，更好的公民。到那時，我們也將以眞摯的感情來愛他們，因爲我們學會了尊重自己；一位值得尊敬的男士不會再被他妻子的怠惰虛榮給擾亂了清靜，他的孩子也不會再被塞到一個陌生人的懷裡，而完全感受不到母親的溫暖懷抱。

◆註解◆

[1] 法布里西烏斯，古羅馬執政官和名將，參見第一章注釋7。華盛頓，美國獨立戰爭中的主要將領，美國的開國元勳，參見第七章注釋4。——譯注

[2] 參見《馬克白》第一幕，第五場。原文是「您要欺騙世人，必須裝出和世人同樣的神氣；讓您的眼裡、您的手上、您的舌尖，隨處流露著歡迎；讓人家瞧您像一朵純潔的花朵，可是在花瓣底下卻有一條毒蛇潛伏。」關於《馬克白》，可參見第三章注釋3。——譯注

[3] 刻耳柏洛斯（Cerberus），希臘神話中的地獄看門犬，有三個頭，口中滴著毒涎，下身是龍尾，頭上和背上的毛全是盤纏著的條條毒蛇。——譯注

[4] 指奴隸貿易。——譯注

[5] 參見盧梭《愛彌兒》第四卷，第五章。關於盧梭及其《愛彌兒》，可參見第一章注釋3和第二章注釋9。——譯注

[6] 即撒母耳·詹森，參見第四章注釋25。——譯注

[7] 哥特式（Goth）是一種藝術風格，主要特徵為高聳、陰森、神祕等，最早來自曾侵略瓦解羅馬帝國的哥特族人。文藝復興時期，人們將此前中世紀時期的藝術風格稱為「哥特式」，認為中世紀的文化藝術是古羅馬文明遭到「野蠻人」入侵的結果，含有貶義。此處即有強調其野蠻的含義。——譯注

[8] 白廳街（WhiteHall）是英國倫敦市內的一條街，連結議會大廈和首相住所所在的唐寧街，這條街及其附近有國防部、外交部、內政部、海軍部等不少政府機關，每一年的榮軍紀念日，這裡都會舉行紀念儀式。——譯注

[9] 參見《奧賽羅》（*Othello*）第二幕，第一場。《奧賽羅》是莎士比亞的「四大悲劇」之一，約寫於一六〇三年，被認為是根據義大利短篇小說《一位摩爾上尉》改編而成，劇情圍繞摩爾將軍奧賽羅、妻子苔絲狄蒙娜、副將凱西奧和旗官伊阿古四位人物展開，情節跌宕起伏，涉及種族、愛情、嫉妒、背叛等主題。——譯注

[10] 作者所處的十八世紀，是現代醫學快速發展的時期，婦產科的男性醫師增加，漸漸進入曾經完全由女性從事的接生領域。——譯注

[11] 參見《失樂園》第二卷。關於約翰·彌爾頓及其著作《失樂園》，可參見第二章注釋1。——譯注

【12】這裡指的是婚姻，作者認為女性在婚姻中幾乎是在用出賣身體來換取利益。——譯注

【13】參見芬乃倫《忒勒馬科斯歷險記》（*Les Aventures de Télémaque*），一六九九年英譯本，第一卷，第一五二頁。弗朗索瓦・芬乃倫（François de Salignac de la Mothe-Fénelon, 1651-1715），法國天主教神學家、詩人和作家，寂靜主義的主要宣導人之一，他的小說《忒勒馬科斯歷險記》非常著名，幾乎是不加掩飾地攻擊了法國君主。——譯注

第十章　論父母之愛

父母之愛也許是最盲目、頑固的一種利己之情的變體；我們沒有像法國人那樣用兩個詞[1]，來將自然合理的欲望追求，與軟弱無知的算計區分開來。父母常常以不理性的方式來愛他們的子女，並且犧牲一切相關的責任來幫助他們在社會上飛黃騰達。爲了增加子女未來的幸福，父母極度專橫地濫用權力，結果卻把子女目前的生活變得痛苦不堪；這正是毫無原則的偏見帶來的惡果。事實上，權力永遠忠於其自身的重要原則，那就是無論以何種形式進行，它都要不受控制也不容置疑地實施統治。它將自己的寶座搭建在無人敢一探究竟的黑暗深淵之上，以免人們發現它其實毫無根基[2]，而使得它的統治搖搖欲墜。所有暴君的關鍵字，都是服從，無條件的服從；並且，爲了給自己一個「確定的保證」[3]，獨裁統治互相支持。如果理性成爲任何生活關係都遵從的責任準則，暴君們都會顫慄；因爲光明會散布開來，直至白晝降臨。那些曾讓人們在無知的暗夜裡和疑問初生的破曉時感到驚懼的怪物，當白晝眞正地降臨之時，人們會將它們付之一笑。

在許多人心裡，父母之愛其實就是一個可以施行專制而免於受罰的托詞，因爲只有善良、聰慧的人們才會受到經得起討論的尊敬。他們相信自己對於所堅持的事情享有權利，因爲他們並不害怕理性，也不害怕探討涉及自然公正的問題：因爲他們堅信，人類的心靈得到愈多啓蒙，簡單和公正的法則就愈能深植其中。他們不依賴權宜之計，也不認爲在道理上正確的價值在實踐中可能會是錯誤的；他們蔑視朝秦暮楚的行爲，靜待變革到來的時機驅散自私與嫉妒的私語。

如果說人類有反思過去、以敏銳的目光展望未來的力量，並且這種力量是人類的一種特權的話，那麼我們必須承認有些人只是在非常有限的程度上享受了這種特權的好處。在他們看來，現有的一切都是錯誤的；而且他們無法分辨什麼是可能發生的事情，什麼是眞正恐怖的事情，他們懼怕那些不值得恐懼的事情，如逃避炎熱的火焰一般逃避理性的光芒；但實際上，從來沒有什麼事情是不可能發生的，堅定的革新者也不會因此而放棄。

而女性由於在任何境況下都是偏見的奴隸，因而很少會能夠付出明智的母愛；她們要麼不管孩子，要麼因爲溺愛而寵壞了他們。而且，就像我之前所說的，有些女性對於她們子女的愛經常是非常野蠻的；那種愛會摧毀一切人性的光輝。這些利百加[4]式的女子，犧牲了正義、眞理和其他一切東西，爲了她自己的孩子，背棄了所有最爲神聖的責任，忘記了使所有塵世上的家庭得以凝聚在一起的、共通的聯結。可是，理性卻彷彿是在告訴我們，那些只爲一種責任或感情而放棄了其他責任和感情的人，也不會有足夠的情感和才智去履行這唯一的責任或感情。這樣一來，這份責任也就失去了它可敬的一面，而變得像是心血來潮的奇思妙想一樣。

照顧幼小的孩子是自然所賦予女性的一項偉大的責任，如果女性能夠對此有正確的認識，那麼它就會對於加強女性的理性提供許多強而有力的支持。

培養心智必須要從很早就開始，特別是性情，最需要得到明智的關照。那些只是因爲孩子是自己的孩子才會愛他們的女性、那些只憑一時的感情卻不會爲自己身爲母親的職責尋求更進一步基礎的女性，是沒有能力給予這種關照的。母愛之中缺乏理性，這令她們經常走極端，要麼就成為最溺愛孩子的母親，要麼就成為對子女最為漠不關心的、不近人情的母親。

要成為一個好母親，女性必須擁有健全的心智和獨立的精神，可是女性被教導要完全依賴於她們的丈夫，很少有人能夠擁有這兩樣素質。溫順的妻子一般都是愚笨的母親；她們想要成為孩子最愛的人，所以將孩子的父親塑造成一個嚇唬孩子的幌子，而自己則作為母親在私下裡違背他的意願。如果孩子們應當接受懲罰，即使他們所冒犯的人是母親，也應該由父親來執行責罰；父親應該是所有糾紛的仲裁者：我會在討論私人教育的話題時對此進行更進一步的探討，我現在只想堅決表明一點，除非我們能夠允許女性支配自己的行為，從而使她們的理性能夠得到發展、性格也變得更加堅強，否則她們永遠都不會有足夠健全的心智、也無法控制自己的性情，可以去恰當地管教孩子。當一個母親對於自己孩子的感情不足以促使她去哺乳孩子，那麼她的這種感情，很難配得上被稱為是母愛，因為履行哺乳職責的同時是能激發母親和孩子對於彼此的愛；履行這些能夠觸發愛意的責任，對於男性和女性而言都是不可推卸的責任，這種愛意是抵禦邪惡最強有力的手段。我認為，所謂的親情，是一種力量非常微弱的元素，感情必須在雙方彼此習慣的互相關愛中產生；一個將自己的孩子送到保姆手上、又從保姆手上送到學校裡去的母親，對於孩子能有什麼關愛呢？

造物主給了女性一項能力，女性可以在情人成為了朋友、彼此之間的信任取代了過膩的愛慕的時候，透過發揮自己與生俱來的感情，自然地找到一種愛情的替代品——孩子會將她從已然懈怠下來的愛情的束縛中解放出來，她與孩子彼此的關愛會催生出一種新的、雙向的感情。如果孩子的雙親只是滿足於將作爲父母的責任委託給保姆的話，那麼即使孩子是父母愛情的結晶，也無法保證他們的愛情生機不滅；父母的愛會促使子女在未來履行他們自己的責任，這就是履行父母職責的回報，那些透過代理人來履行父母職責的人，沒有資格因爲錯失了這種回報而有怨言。

◆註解◆

【1】指「L'amourpropre」和「L'amour de soi même」，可譯為「自尊之愛」和「自私之愛」。——譯注

【2】參見莎士比亞的悲喜劇《暴風雨》第四幕，第一場，第一五一行。關於《暴風雨》，可參見第三章注釋2。——譯注

【3】參見莎士比亞的悲劇《馬克白》第四幕，第一場。關於《馬克白》，可參見第三章注釋3。——譯注

【4】利百加（Rebekah）是《聖經・舊約・創世記》中的人物，亞伯拉罕的兒子以撒（Issac）的妻子，她生了一對孿生兄弟以撒和雅各。利百加偏愛弟弟雅各，她趁以撒年老眼花時，讓雅各偽裝成長子以撒，搶先騙得了父親最好的祝福，結果導致兄弟反目，雅各不得不離家出走，逃亡二十年。利百加因為偏愛幼子而做出欺騙的行為，反而導致家庭不和，自己也與心愛的兒子分離。——譯注

第十一章　論父母之責

人類似乎有一種懶惰的習性，那就是用命令代替理性，並且將每種職責都建立在專制的基礎上。王權可以直接上溯至萬王之王[1]；父母的權力則可上溯至人類的始祖。

我們總是求助於慣例，而這些慣例總是建立在同樣的基礎上，當今仍和一千年前一樣，並沒有更重要一點，爲什麼會這樣呢？如果父母履行了他們的責任，那麼他們就有充分的理由和神聖的權利要求子女的回報；但是很少有父母會樂於以這種方式贏得子女的敬愛。他們想要的是盲目的順從，因爲他們不配得到合情合理的奉養：而且他們爲了讓這種出於軟弱和無知而做出的要求變得更加有約束力，還在這種專制的慣例上粉飾了一種神聖而不可侵犯的氛圍。僅僅因爲聽從了一種力量強大的本能，就服從於罪惡或軟弱的人們，這種毫無判斷力的責任，除了「盲從」，還有什麼能形容？我們可以用幾句話給親子之間自然存在的這種雙向的責任下一個簡單的定義：父母在孩子不能自立的時候給予他們恰當的照顧，也有權在自己衰老無力的時候要求子女給予他們同樣的照顧。但是，當孩子已經到了可以爲自己的行爲承擔社會責任的時候，再讓他們作爲一個有理性的生物去服從他人的意志，那會是對這種權利最爲野蠻和不正當的濫用；這也許有點類似於宗教體制對於道德的損害，那個體制不允許人們對於上帝的旨意有任何對或錯的評判。

我從來沒有見過一個對子女特別關注的家長，會得不到子女的尊重[2]；相反，如果一個人在小時候就養成了一種習慣，全然依賴於可敬畏的家長的意見的話，那麼即使是在成年之後理性說服他說自己的父親並不是世界上最明智的人，他也很難再改變這個習慣。有理性的人必須下決心克服這個弱點，就算它可能稱得上是可愛的，但它確實是個弱點；僅僅因爲這個人是自己的父母就要服從於他，這種荒謬的責任被反覆地灌輸給人們，束縛了他們的思想，也讓他們做好準備去服從任何強權，卻唯獨不聽從自己的理性。

我將父母應盡的自然責任與附加責任區分開來。

努力塑造孩子心靈和拓展孩子智識的父母，爲他們履行身爲父母的責任時增加了尊嚴；雖然所有動物都會履行作爲父母的責任，但是唯有理性可以爲其增添尊嚴。這就是富有人性的父母之愛，它遠遠超越了本能的親情。這樣的父母可以獲得最神聖的友誼的一切權利，即便子女已經成年，他們的建議仍然値得參考。

在婚姻方面，雖然子女過了二十一歲，父母就沒有權利再提出反對；但是，父母二十年的關懷需要回報，如果自己選擇的結婚對象沒有完全得到他人生中最初的朋友的認可的話，那麼做兒子的至少應當延後兩三年再結婚。

但是，一般來說，尊敬父母並不是一個高尙的原則；它只是對於所有權的一種自私的尊重。對於父親的盲目服從，要麼僅僅是出於軟弱，要麼是出於令人品行墮落的動機。

世間可怕的悲劇大多是由父母的失職造成的；這些人也正是那些對於自己的所謂自然權利最爲堅持的人，雖然他們的行爲已經破壞了人類與生俱來的權利——按照自己理性的指引行事的權利。

我經常能夠觀察到，邪惡或者懶惰的人總是渴望能夠透過推行專制的特權獲益；通常他們也同樣忽略了去履行那些能夠使特權變得合理的責任。從本質上來說，他們的行爲是出於一般的人情，或者是愚昧軟弱之人所特有的自衛的本能；就像是魚兒藉由攪亂它所游弋的塘水來逃避敵人的本能那樣，他們不會在清澈的水中面對敵人。

實際上，所有的教派、所有成規的支持者，都逃離了辯論的清流：他們隱藏在黑暗之中，還以詩意而宏大的語言形容說那是散布在上帝寶座周邊的黑暗，他們也因此而敢於要求一種不容置疑的服從，而這種服從只應獻給上帝那不可測度的天道。請讀者不要認爲我這是自以爲是，但是，我認爲那種將上帝隱藏起來使我們無法看到祂的黑暗，只是一種推測出來的眞理，它無法遮蔽眞正的眞理，那些眞理光芒四射清晰可見，因爲上帝即是光明，祂就在我們的天性裡，從不會要求我們去履行那些透過自己的眼睛無法發現其合理性的責任。

上層社會懶惰的父親，眞的會強迫子女表達對於他的尊敬，歐洲大陸的女性更是服從家庭的意見，可是家族卻從不考慮她們的意願，也不會給這些爲家族榮譽而做出犧牲的、可憐的受害者提供安慰。惡果眾所周知；這些順從的女兒變成了通姦者，她們忽視對於子女的教育，並且也和自己的家長一樣，要求下一代對自己唯命是從。

事實上，在所有國家裡，女性都被她們的雙親過度控制著；雖然上天似乎想要讓全體人類都以下面將要提到的這種理智的方式來交流，但是極少有父母會眞正與他們的孩子這樣講話：「在你能夠自己做出判斷之前，服從我對你是有好處的；萬能的上帝賜我關愛之情，讓我可以在你的理性不斷成長之時成爲你的守護者；當你的心智達到成熟，你只需在我的意見與你自己的意見相一致時，才服從它，或者更準確地說，是尊重它。」

對於父母的奴性的服從，會使心靈的各種才能都受到阻礙；洛克先生[3]很公正地說，「如果孩子的心智受到過分的限制和貶抑；如果用過於嚴厲的手段去羞辱和摧殘他們的精神；那麼他們會失去所有的活力和勤勉。」這裡所說的嚴厲的手段，可能在某種程度上就是造成女性軟弱的原因；因爲女孩子們，基於各種原因，會在各個方面都比男孩子們受到父母更多的控制。就像所有那些被強加給女性的責任一樣，人們要求女孩承擔的責任，也更多是出於循規蹈矩的觀念，是出於對禮法的尊重，而不是因爲理性；她們就這樣被教導盲目服從父母，也爲將來成爲婚姻的奴隸做好準備。也許有人會對我說，有許多女性在婚後並不是奴隸。確實，不過在那種情況下她們就會變成暴君；因爲她們透過卑劣的手段所得到的，並非是理性的自由，而是一種無法無天的權力，就像是專制君主的寵臣作威作福一樣。我也並沒想要暗示男孩或女孩會永遠都是奴隸，只是我堅信，當他們被迫要盲目服從於權威時，他們的才能會被削弱，他們的性情會變得專橫或卑劣。我同樣爲那些父母感到悲哀，他們爲了偷懶而動用了一種幻想出來的特權，他們熄滅了理性初萌的星星之火，同時也讓自己所渴望能夠履行的爲人父母的責任變得徒有其名。因爲他們不能允許將這種責任建立在它唯一可以穩固地根植其間的基礎上：除非責任能夠建立在知識的基礎上，否則它就無法獲得足夠的力量來抵抗情感的風暴，或者是利己之愛的無聲侵蝕。可是有些父母是做不到這一點的，他們不能爲自己對於子女的愛給出最爲確定無疑的證明（或者更確切地說，他們沒有透過履行他們的責任，讓天然的親子之愛深深紮根在自己心中，也不能做到讓孩子富有同情和理性、不會變成自以爲是和驕傲自私的人），他們非常頑固地堅持要孩子服從自己的意志，而唯一的原因就是那是他們希望如此。相反的，做出好榜樣的父母，會耐心的言傳身教；而這通常也會帶來一個自然而然的結果，那就是得到子女的尊敬。

盧梭[4]堅決主張，不可以過早教導兒童服從理性，可是他並沒有解釋這種必要性的眞諦所在；服從理性，就是服從萬物的本質，就是服從上帝，上帝造物如此，正是爲了增進我們眞正的利益。

有些父母堅持要求享受特權，卻不想要付出天理所規定的代價。爲什麼要讓兒童的心智才剛剛開始發展的時候，就因爲他們的怠惰而遭到扭曲？我之前曾說過，權利總是包含著責任；我想我們也完全可以推斷出來，那些未能履行責任的人，也不應享有權利。

我承認，發號施令比講道理更容易；但是我們不能因此就認爲，孩子們不能理解爲什麼他們會被要求養成一些習慣。這是因爲，穩定地堅持一些簡單的行爲準則可以產生一種有益的力量，它可以幫助公正的父母漸漸贏得孩子的心。如果能將它與深解童心的關愛揉合在一起，那它的力量確實會變得很強大。因爲我相信而必須承認，一般來說，我們所激起的感情總是與我們自己心中生長出來的感情是相似的；我們通常以爲天性之愛與理性是截然不同的，但也許我們能在它們之間發現比我們通常所以爲的更加密切的聯繫。不僅如此，我們還應該看到：當親子之愛只是發自於心靈，那麼它似乎會帶有某種動物性的反覆無常；這就是培養女性理性的必要性的另一個證據。

濫用身爲父母的權威是對孩子心靈最初的傷害，而且它對於女孩的傷害比對男孩更加嚴重。那些從來不允許自己的意願受到異議的父母，除非他們正好心情愉快或者十分放鬆，否則他們幾乎都是非理性的。爲了逃避這種專制的權威，女孩子們很早就學會了一套本領，並且在未來用在自己丈夫的身上。我經常看到，伶牙俐齒的女孩管理著整個家庭，除非她的母親偶爾心情不好發了脾氣——也許是因爲她的頭髮梳得不好[5]，也許是因爲她前一晚在牌桌上輸了錢，數目大到她沒辦法跟自己的丈夫說，也許是因爲其他一些讓她心情不快的原因。

討論過這一類的典型事例之後，我陷入了一系列與女性相關的憂思之中。我的結論是，她們最初的情感一定會將她們引入歧途，或者使她們的各項職責彼此衝突，然後她們就會完全聽從自己的一時興起或者是風俗習慣；她們也很難隨著年齡的增長取得什麼成就。唉！一位教師要如何才能糾正這樣的錯誤？教給她們任何建立在正確原則之上的美德，都等於是在教導她們輕視自己的父母。我們不能也不應該教導孩子們去寬容他們父母的過錯，因爲任何此類的寬容都會削弱他們心中理性的力量，並且反而讓他們更加寬容自己的過錯。嚴於律己，寬以待人是成年人最高尚的美德之一；但是我們只能教給孩子們簡單的道德。因爲如果孩子們過早地開始體驗人類的激情和行爲，他們就會逐漸喪失約束自己的嚴格界限，他們變得自我放縱，也同樣變得不仁不義。

孩子和軟弱的人，他們的感情總是自私的；他們愛別人，是因爲別人愛他們，而非因爲他人的美德。除非他們最初的愛裡加入了尊敬，除非他們將自己最初承擔起來的責任建立於理性的基礎上，否則他們的道德總是會遇到阻礙而無法發揮。然而，我擔心，除非社會結構發生非常大的變化，否則父母親們還是會堅持要求子女服從於他們。因爲子女會服從於他們，而父母們則會不斷致力於將這種權力建立於神權的基礎上，雖然這種神權根本禁不起理性的檢驗。

◆註解◆

【1】指上帝。——譯注

【2】詹森博士有同樣的意見。（參見撒母耳・詹森《漫步者》（*The Rambler*），一七五一年八月十七日，第一四八期。關於撒母耳・詹森，可參見第四章注釋25。《漫步者》是詹森創辦的期刊，每逢週二和週六出版，他在其上發表自己關於道德、文學、社會、政治和宗教話題的隨筆。——譯注）

【3】約翰・洛克《教育漫話》（*Some Thoughts Concerning Education*），一六九三年版。關於約翰・洛克及其《教育漫話》，可參見第七章注釋17。——譯注

【4】關於盧梭，參見第一章注釋3。——譯注

【5】我自己曾經聽到一個女孩對僕人說：「我媽媽今天早上因為她的頭髮梳得不順心，把我狠狠罵了一頓。」這話說得雖然有點無禮，但卻是實情。做女兒的如果沒有喪失理性，怎麼可能對這樣的母親心存敬意呢？

第十二章　論國民教育

我們對於私人教育能夠達到的好結果關注非常有限；而眞正親自教育子女的父母，除非等到教育成爲國民廣泛關注的問題，否則他們難免要經歷某種程度的失望。一個人不可能和自己的孩子一起過著與世隔絕的生活；即使可以那樣生活，他也無法再回到自己的童年時代，成爲幼兒或少年們合格的朋友和玩伴。當孩子們生活在成年男女的世界裡的時候，他們很快會沾染上早熟的成人習氣，原本充滿活力的腦力和身體也會因此而停止成長。爲了充分發展孩子們的才能，應該激發他們自己去思考；要想達到這個目的，就要讓很多孩子玩在一起，讓他們爲了共同的目標而齊心協力。

如果一個孩子不必自己收集資訊，而只是提出問題，然後就毫無判斷的接受他所得到的答案，那麼他可能很快就會在思想上變得麻木懶惰，而且不太可能有足夠的能力去擺脫這個壞習慣。若他是跟同齡人在一起的話，就絕不會發生這樣的問題。他也許會受到成人的答案所影響，但卻不再認定那答案是唯一；成年人時常急於給孩子答案，這樣做就算不會毀掉孩子的天賦，也常常會妨礙它的發展：如果孩子只和某個成年人交往，那麼無論這個人是多麼有判斷力，他都極可能犯下這樣的錯誤。

此外，青少年也是應當播下各種情感種子的時期。對父母的尊重敬愛，與構成一個人未來幸福的各種社會情感非常不同。平等是社會情感的基礎，人們討論觀點時不會被那種不容質疑的嚴肅氛圍所阻礙，雖然這種討論未必能夠使得別人服從自己。

要是一個孩子對他的父母懷有那種尊重敬愛的感情，他就會渴望能夠和同齡人玩耍交談。孩子所抱有的這種尊重之情——孩子對父母的尊重中總是多多少少夾雜著一些懼怕的成分，即使沒有讓他變得狡猾，至少也會使得他不會向父母毫無保留地道出心裡的小祕密；他們更願意敞開心扉把這些事傾訴給友愛而互相信任的朋友，而這樣的分享會幫助逐漸擴展他們愛心的寬度。此外，孩子也只有在不斷地彼此互動中才能培養出坦率樸實的言行舉止，他們可以不假思索說出自己的想法；既不擔心有人會責罵他自以爲是，也不擔心會有人笑話他愚蠢。

我對當今學校管理方式的印象，令我自然而然地熱烈擁護私人教育；但是更進一步的經驗讓我從不同的角度檢視這個問題。然而，我仍然認爲，按照現行方式管理的學校是罪惡與愚蠢的溫床，要是人們還有可能在那裡學到一些關於人性的知識的話，也只能是狡詐的利己主義。

在學校裡，男生們變得貪吃和邋遢，不但沒培養出對家庭的感情，還早早就學會了放蕩玩樂，這種生活敗壞了他們尚未成熟的身體，讓他們變得心腸冷硬，也削弱了他們的理性。

事實上，就算沒有其他原因，我也會爲了假期而反對寄宿學校：對假期的期盼會讓學生的情緒處於一種不安定的狀態。保守推測，孩子們的精神至少有一半時間都用在熱烈地期盼假期。而一旦假期來臨，他們就開始過著無所事事、驕縱任性的生活。

相反，如果他們在家裡接受教育，他們確實不必像在學校裡一樣無所事事地度過一年裡將近四分之一的時間，再用差不多的時間去追悔自己的無所作爲和期待新的假期，而是可以以一種更加有秩序的方式來安排學習。然而，在家學習也可能會讓他們對於自己的重要性做出過高的判斷：因爲他們可以號令僕從；而且大多數母親由於急於教授給孩子一位紳士所應具備的技能，言談舉止之間都會表達出對孩子的焦慮，這會將一位男士所能具備的美德扼殺在萌芽之時。這些孩子在應該認眞學習的時候就被置身於交際場合，雖然還是小男孩可是卻被當成成年男子一樣對待，他們就這樣漸漸變得愛慕虛榮而又缺乏陽剛之氣。

唯一可以避免這兩種同樣有害德行的教育方式的辦法，就是設法找到一種可以整合公共教育和私人教育的方式。以這種方式來把一個人培養爲公民，也許需要兩個自然而然而又至關重要的步驟。要培養孩子們對家庭的感情，這會幫助他們打開心靈接受人性之中各種各樣的可能；同時也要讓孩子們把大部分時間都用來彼此平等地一起玩樂相處。

我仍然能夠快樂地回憶起鄉村的日間學校：雖然路程遙遠，可是無論晴雨，每天清晨都有一個小男孩隨身帶著書本和午餐，獨自走路去上學。不會有僕人牽著他的手；穿好衣褲之後，他就可以自由活動。放學後他也一個人走路回家，晚上則在父母膝前數說這一天的經歷。父親的房子就是他的家，在此後的一生裡無論何時想起都滿懷深情。除此以外，我懇請那些接受過這類教育的優秀的人們，去回憶他們溫習功課的綠茵小徑，他們在那裡做風箏、修球拍的一道矮牆，這些難道不會讓他們覺得鄉村是如此可愛嗎？

但是，在倫敦附近一所寄宿學校裡度過了幾年被嚴格限制的日子的男孩子們，能有什麼令他愉快的記憶呢？說實在的，除了曾作弄過一位只是用來嚇唬人的、可憐的守衛，或者從一位餡餅師父那裡搶了一塊餅，又像隻自私的貓一樣獨吞了它，他還能想起什麼呢？在各種各樣的寄宿學校裡，低年級的男孩子以調皮搗蛋爲消遣，高年級生則做壞事取樂。此外，在大型的學校裡，男孩子們系統性地分化爲壓迫者和悲慘的被壓迫者[1]，還有什麼會比這個對孩子們的品行更加有害的？更不用說那些讓宗教變成鬧劇的、強制性的儀式了。那些年輕人參加聖餐儀式是因爲怕交那半個幾尼[2]的罰款，他們也許還等著拿這些錢去找樂子呢！這樣的儀式對他們能有什麼好處？年輕人們有一半的時間都在逃避參加公共禮拜；他們的逃避也許是有道理的，因爲如此重複做同一件事情對於他們活潑的天性來說確實是一種令人厭煩的束縛。這些儀式對孩子們的品德造成了致命的影響，他們嘴上說得頭頭是道，心裡卻對此不以爲然。既然教會無法像銀行一樣保存他們今天參加儀式的功德，以備將來抵償這些可憐的靈魂所受的苦，爲什麼不廢除它們？

可惜在這個國家，對革新的懼怕，已經擴展到所有層面。這種懼怕十分隱晦，是懶惰的人怯懦的恐懼。他們把舊事物當成是傳家寶一樣，死守在那個讓他們覺得舒適的地方。他們吃喝玩樂，除了參加一些傳統而空洞的儀式，並不履行責任。可以看到，這些人正是最熱切地堅持各種事物創始者意圖的人們，他們反對所有變革，好像任何改變都是對正義的傷害。

我現在特別想指出的是，在我們的大學裡保存下來了天主教會的種種遺跡，那裡的教徒們看起來對國教是如此忠誠，可是這種熱情卻從來沒有讓他們忘記去惦記那些主持迷信儀式的貪婪神父們所搜刮來的骯髒財富。不，他們可是他們那個時代裡的聰明人[3]，他們尊重因長期占有而獲得占有財產的權利，把它當作是強有力的靠山；就像在過去的日子裡一樣，讓鈴聲仍伴著祈禱聲緩緩地響起吧，舉起聖體人們的罪孽就能被清洗；他們唯恐改革一旦開啓變化便會接踵而至，人們思想的改變會剝奪他們對財產的權利。天主教的這些傳統對於教士品德的侵蝕無以復加：這些懶惰的人，一天兩三次漫不經心進行一些他們自己也認爲毫無用處的祈禱儀式，就自以爲是盡了責；結果，他們很快就失去了責任感。在大學裡，無論是被強迫出席還是逃避出席禮拜，學生們很快就對儀式本身產生了習慣性的輕蔑，做禮拜時他們都十分懶散。他們像例行公事一樣地咕噥幾句祈禱詞，就像是個笨小孩在重複自己的話；神父們通常是一下聖壇，便已經忘了自己說過什麼，就算是在吃著他們以如此不誠實的態度換來的晚餐的時候也是一樣。

實際上，沒有什麼比當下這個國家裡舉行的天主教禮拜儀式更加對神不敬的了，也沒有什麼團體像天主教會一樣靠著這些幼稚的儀式網羅了那麼多軟弱的奴隸。天主教那令人厭煩的儀式仍在進行，卻只剩形式的空殼；那種即使不能淨化心靈，卻至少也能激發人們想像的莊嚴肅穆，如今已經蕩然無存。歐洲大陸的大彌撒儀式一定會令每個參加過的人印象深刻，在那裡人們迸發出想像力的火花、令人敬畏的悲憫和偉大崇高的溫柔，這些感情是如此接近向上帝獻身的情懷。我並不是說這種虔誠的感情會比其他各種趣味的感情對人們的道德更有好處；但是我相信，這種能令我們感官得到滿足的、具有戲劇性的盛大儀式，要比無法抵達心靈而又有辱理性的、冷冰冰的表演要更爲可取。

在所有關於國民教育的議論中，我們不能忘了這些人的觀點：尤其是那些假裝成宗教捍衛者的當權者，他們想要讓學校退化成兒戲的地方。宗教啊！這痛苦的人間裡唯一的安慰來源，你的清流怎會被那些戲水之人玷汙？他們竟自以爲是地想要把奔向上帝的滔滔活水——那是生活的偉大的海洋，限制在一條窄窄的溝渠裡！如果沒有基於人性之上的、只有上帝的愛才能給予的平靜，生活將會如何？所有塵世間的感情都會時不時地反噬培育它們的心靈；最純潔的善意的表達，經常遭到人們粗暴的壓迫，但卻是自由意志獻給上帝的禮物，正是上帝給了它們生命，在它們的微光裡輝映著上帝的偉大形象。

然而在公立學校，人們把宗教與惱人的儀式和非理性的約束混爲一談，呈現出了它最令人痛恨的一面：它不再清醒樸素，能夠激起人們的尊重與敬畏；反而成了語帶雙關的諷刺。實際上，大部分能讓沉迷於牌局的人們精神起來的好故事和小把戲，都是從人們生活中的小事上編造出來的，也正是那些墨守成規之輩使這些小事變得可笑。

也許，在英國再也沒有什麼人能比掌管大學與公立學校的學究獨裁者們更爲教條和奢靡了。假期對老師和學生的道德都有不好的影響。老師們與貴族階層交往，並向他們看齊，拙劣地在一些方面模仿著貴族的生活狀態，把空虛和奢侈的生活帶進自己的家庭，將家庭的責任和安樂趕出了神聖的婚姻殿堂。男孩子付出了很大的代價來到學校與老師和助教相處，爲的是能夠得到教化，可是他們從來沒能達到過這個目的：老師本該是男孩父母的代理人；然而沉默的晚餐之後，孩子們匆匆喝下一兩杯酒，之後就開始一起盤算著要耍些什麼把戲，或者嘲弄他們剛剛還恭敬以對的老師們的言行舉止。

這樣一來，如果那些被與世隔絕的男孩子們變得自私刻薄，或者是那些勤奮的牧師中的某一個贏得了一頂主教的法冠，還有什麼好奇怪的嗎？想和比自己高一階層的人享有同樣的生活方式的欲望，已經感染了每一個階層的每一個人，種種卑劣的行爲正是這種可恥欲望的產物。但是，那些靠權貴賞賜加官進爵的職業墮落得最厲害，年輕人的導師整體來說就是這樣的職業中的一種。他們爲了得到恩寵，言行舉止都小心翼翼，能指望這些人去啓發年輕人的獨立觀點嗎？

不論如何，到目前爲止，我已經聽到幾位學校教師爭辯說，他們只負責教授拉丁文和希臘文；他們爲大學培育了不少好學者，所以他們已經善盡了自己的責任。男孩們的品德並不在他們考慮的範圍之內。

我承認，靠著模仿和管教，是能偶爾塑造出好學者來；但是，爲了培養這些聰明的孩子，卻犧牲了一大批其他孩子的健康和品德。

我們國家的紳士以及富裕的平民家庭的孩子大都在這樣的學校裡接受教育，有什麼人敢說，這些多數的孩子中有任何一點可以勉強稱得上像是學者嗎？

只爲了培養極少數傑出的人才而犧牲大多數人，這不是對社會有益的方式。確實，當大的變革發生的時候，會有偉大的人物適時出現，幫助社會恢復秩序，在重重迷霧中釐清眞理；但是，如果可以讓更多的理性與美德流布社會，我們就將不需要別人來說明驅散迷霧。各種名目的公共教育都應該以培育公民爲目的；但如果我們想要培養好公民，我們首先得學會愛自己的孩子和兄弟。這是唯一能夠開闊心靈的辦法；因爲大愛與公德，都必然是根植於私德的，否則它們就會像劃過暗夜天宇的流星，不等讚嘆與關注消散，就已然消失不見。

我相信，甚少有人，首先不是去愛他們的父母和兄弟姐妹，以及小時候做過他們玩伴的家養寵物，卻能對人類懷有眞誠的愛。人在年輕時代的同情心決定了他終生的道德水準；當他們後來在更多的理性指引之下行事的時候，這些最初的情感與追求的回憶，都會成爲他們的動力。人們在青年時期建立了最眞摯的友情，並以甘露一般溫柔的情感滋養著它；或者不如說，他們那樂於尋找友誼的心靈，更加習慣於尋找高貴的樂趣，而不是低俗欲望的滿足。

因此，爲了培養孩子們對家人及家庭幸福的感情，應當讓他們在家裡接受教育；如狂歡節般的假期只會讓他們完全是爲了自己才喜歡回家。假期除了不利於培養孩子對家庭的感情，還會不斷打亂他們的學習進程，讓任何與自我克制有關的改進計畫都勞而無功。可是，如果廢除了假期，孩子們又將完全地與父母隔離，我懷疑這是否能讓孩子們成爲更好的公民。它破壞了使婚姻關係變得不可或缺並且値得尊敬的那種力量，犧牲了孩子們稚嫩的感情。而且私人教育也可能會讓人變得自高自大，或者讓人變得與世隔絕，這只是把一個毛病變成了另一個毛病，並沒有解決問題。

這一系列的推理將我們帶回到我想論述的問題：建立良好的日間學校的必要性。

這些日間學校應該由國家來承辦。因爲如果學校的教師都要聽命於家長的反覆無常，那麼我們很難期待教師們會在取悅這些家長的必要之舉以外，再付出什麼努力。確實，教師有必要給家長一些證明學童能力的測驗結果，好讓假期裡的每位訪客都能看到[4]。可是這種做法所造成的傷害遠比我們所想像的要嚴重得多。客氣地說，這些成績極少是完全靠孩子自己的努力得到的；教師們要麼容許孩子們作假，或者逼著他們做超出其能力範圍的事情，這會傷害到孩子們，打亂他們循序漸進的成長。孩子們在腦子裡記下很多難懂的名詞，只是爲了炫耀，卻完全不明白是什麼意思。只有那種能夠教會年輕人如何思考的教育才能當之無愧地被稱作是對心靈的培養啊！在孩子們的理解力沒有發展到一定程度之前，不應該讓幻想妨礙發展，否則他們會在虛榮心的引領下染上惡習：一切炫耀孩子成績的行爲，都對他們的品行有害。

教師們讓孩子們在死記硬背他們並不理解的東西上花了多少時間啊！那些母親們，穿著最好的衣裳端坐著，驚訝地聽著她們的孩子鸚鵡學舌般背誦出強記下來的東西，他們的聲調抑揚頓挫，卻也極端無知和愚蠢。這種表演只能加深心靈的空虛：因爲它既不能教會孩子們流利的表達，也不能教會他們文雅的舉止。不但如此，這些毫無意義的追求整體而言可以說是在教孩子們弄虛作假：我們現在極少會見到質樸羞怯的男孩子了，這對這個年紀的孩子來說原本是非常自然的，有見識的人也很少會對此感到不妥；可是學校生活以及過早開始的社交，已經把孩子們的淳樸羞怯變成了放肆和做作。

可是，當教師完全依賴家長來維持生活的時候、當有那麼多的學校都在爭先恐後地誘惑著愛慕虛榮的父母親們的時候，這些人對孩子的愛只有一種表現，就是希望他們能比鄰居家的孩子表現得更加出色。要如何才能糾正這些問題呢？

一位明智勤勉的教師，如果不屑於運用這些潛規則去迎合軟弱的家長們的話，除非是極其幸運，否則他在能夠支撐起一所學校之前，肯定會忍饑挨餓。

在管理最爲得當的學校裡，學生們雖然不會都擠在一起，可是也必然會染上許多惡習；而在一般的學校裡，學生的身體、心靈和理解力的發展都會受到損害。家長們常常只想找一所最便宜的學校，而教師爲了養活自己，通常就得招收超出他們能管理的學生人數。學生所繳納的微薄的學費，也不夠讓老師再僱傭足夠的助手來幫助他完成學校裡的事務性工作。此外，無論學校的房舍和庭院看起來如何，孩子們都沒機會享受它們，各種令人厭煩的規矩都在不斷提醒他們，他們並不是在家裡；大廳、花園等這些地方，都要保持秩序，以備周日的時候家長們來參觀學校。家長們會被學校的秩序井然所打動，可是這些卻是以孩子們的不適爲代價的。

我曾聽到一些明智的女性講述她們在學校裡是如何忍受那些令人厭煩的禁閉生活的，我對這些規矩深惡痛絕，因爲女孩子比男孩子受到了更多的約束和恐嚇。她們走在美麗的花園裡的時候，也許都不能走下那條寬闊的走道；走動時要呆板地保持著安定的儀態，昂起頭、腳尖保持著一定夾角、肩膀向後夾緊，她們不能隨心所欲地用各種有益於健康的方式蹦蹦跳跳[5]。那種純粹的、有益於身心成長的、催開溫柔的希望之花的勃勃生機，變得敗壞，孩子們只能在落空的希望和辛辣的怨言裡排遣壓力，而這會損害她們的天賦、讓她們脾氣變壞。如果不能排遣出來，她們就會一直想著這些事情，在還沒有獲得足夠的辨別是非的能力之前，讓腦力過早地發展，學習這一套可悲的狡詐之術，讓女性的心性被貼上可恥的標籤；而我擔心只要女性仍然是權力的奴隸，這個標籤就會一直掛在那裡。

我相信，男性對於貞潔的無所顧慮，是許多罪惡的肇因；許多折磨人類肉體和精神的惡行，許多敗壞女性品行、讓她們丟臉的惡習和愚行，都源於此。然而，在學校裡，男孩子們丟失了他們正當的廉恥心，如果他們是在家中的話，這種廉恥心是有可能逐漸發展成爲端莊謙遜之心的。

當許多孩子擠在同一間寢室裡，沒有什麼骯髒下流的把戲是他們在彼此之間學不到的，更不要提那些會讓人身體衰弱、又嚴重妨礙人們獲得心靈之美的惡行了。男性忽視對於端莊謙遜的培養，這讓他們在所有的社會關係中都表現得非常墮落。因爲，過早成熟的欲望不但犧牲了本應能夠淨化人心的愛情，並且喚起青春所有的力量，使一個人能夠爲承擔人生中各種有益的責任而做好準備，卻反而讓所有的社會情感都被那種自私的自我滿足給削弱了，這種自我滿足早早地汙染了男性的心靈，也讓他們心靈中那仁善的泉源日漸乾涸。天眞純潔經常以如此不自然的方式遭到破壞，隨之而來的嚴重後果則使得個人的惡行演變爲社會的公害。此外，個人關於秩序的習慣，對於道德品格的影響力要比我們一般所設想的要大，而且這種習慣只能在家庭中養成。因爲家庭中保持著一種可敬的自我克制，能夠防止過分親密以致於沉淪於獸欲、使感情基礎遭到破壞的情況出現。

我已經批判過女性被關在一起時會學習到的惡習，而且我認爲這個觀點同樣可以套用在男性身上。然後，我得出一個我一直在思考著的、自然而然的結論：爲了使兩性都能得到提升，他們不但應該一起在家庭裡，也應該一起在公立學校裡接受教育。如果想要讓婚姻發揮社會黏合劑的作用，那麼所有人就應該接受同一模式的教育，否則兩性之間的交往就不能被稱作是伴侶關係。除非女性成爲有見識的公民，可以自力更生得到自由，無需再依賴男性，否則她們也無法履行這個性別所應當擔負的特殊職責。爲了防止誤解，我要強調，我所說的女性擁有自由，其含義與男性彼此獨立所指的自由含義一致。並且，除非女性能夠與男性接受同樣的教育長大，準備成爲他們的伴侶而非情人，否則婚姻的神聖性也將無從談起。這是因爲那些特別卑鄙的狡詐手段會把她們變成可鄙之人，而壓迫則把她們變得膽小怯懦。我非常肯定這是一個眞理，所以我敢大膽推測：除非兩性的美德都建立在理性的基石上、除非兩性對彼此的愛慕能因著他們對彼此的責任感而得到其應有的力量，否則美德將無法在社會上廣泛流傳。

如果男孩和女孩能夠一起學習同樣的課程，他們都能盡早培養出得體的儀態，並由此發展出謙遜的品格，而不是過早的意識到男女之別。如果孩子們行爲正當並養成習慣，那些虛僞的禮儀課程和禮節手法就完全沒有必要。行止端正應當源自心靈的純淨，而不是像官員穿上禮服一樣是爲了給人看的。這種樸素的優雅是對於家庭感情的純眞禮讚，這難道不遠遠好過時髦的人們互致虛僞浮華的俗氣恭維、實則毫無眞情的交往嗎？但是，除非理性在社會上得以占優，否則我們始終不會有足夠的眞心和鑑別力。人們的臉龐本應布滿只有純眞的愛情才能給予的神聖光輝，如今卻塗滿了青樓女子的胭脂。對女性的殷勤，以及其他被稱爲是愛情的東西，無需純眞的品行便可存在；但是伴侶之間情誼的基石卻是尊重與信任，而尊重從來就無法建立在不能互相理解的基礎上。

培養對於美術的品味需要很多的努力，但是不會比培養純眞愛情的趣味所需要的努力更多：而這兩種趣味，都需要有開闊的視野，才能爲人們帶來很多的精神樂趣。爲什麼人們會趕著去熱鬧的場所和人多的地方呢？我會回答說，那是因爲他們缺少精神層面的活動，沒能培育出心靈的美德。因此，他們只能粗枝大葉地去觀察和感受，他們覺得一切都簡單乏味，不斷地渴望著變化。

這個話題可以進行得比哲學家們已經知覺到的程度更加深入，因爲如果造化特別指定了女性去負擔持家之責，那麼它會讓女性特別地依戀這種感情。而現在，女性因耽於享樂而聞名；而且在我看來，她們也必然會如此，因爲她們根本無法深入細緻地瞭解家庭的樂趣，她們缺乏作爲一切趣味的基礎的判斷力。不管感覺論者如何強辯，理性仍然擁有著向心靈傳送純正的歡樂的特權。

一篇能夠讓有品味的人一讀再讀、激賞不已的絕妙詩篇，我卻看到過有人對著它懶洋洋地打哈欠；或者是當美妙的音樂令人幾乎屏息之時，卻有位女士問我大衣是在哪裡買的。我也看到過有人冷冷地瞥過一幅精美絕倫的畫作，卻爲了一幅粗魯的諷刺素描畫興奮得雙目發亮；或者當我的整個靈魂正在爲自然的極致之美而默然讚嘆之時，我那被乖覺的命運強塞給我的旅伴卻招呼我去看她的哈巴狗在耍漂亮的把戲。要是這樣一個沒品味的人，寧可抱著她的哈巴狗也不願愛撫自己的孩子，或者是喜歡諂媚的妄語勝過於坦率的言談，那又有什麼可奇怪的？

爲了證明我的觀點，我們來看看第一流的天才和最有修養的人，他們似乎都對樸素的自然之美抱有最大程度的欣賞之情；而且他們必然也強烈感覺到那種瀰漫在人性之中自然的愛以及純眞的感情的魅力，所以才能如此完美地描述它們。正是這種對於內心的關照以及因此而生的各種感情的力量，讓詩人們得以刻畫出人類的各種感情，讓畫家們熱情奔放地繪畫。

眞正的品味向來都是以理性體察自然的產物；除非女性能有更多的理性，否則想要讓她們擁有治家的品味就是空想。除非透過接受適當的教育來使她們的心靈掌握知識，否則她們那善變的感官總會讓她們的心腸變得更硬，就算激發起來什麼感情也會轉瞬即逝。

女性會離開家庭，把嘻笑著的嬰兒從她們本應哺乳孩子的胸前推開，不是因爲她們有了知識，而是因爲她們缺乏持家的趣味。許多許多年以來，女性都被容許作個無知之人，像奴隸一樣依附於他人；可是關於她們，我們聽到的仍然是耽於享樂、搖擺易變、偏愛浪子和士兵、像孩子一樣喜歡玩樂、虛榮心讓她們把才藝看得比美德還重要。

歷史記載了一連串的因爲女性的狡詐而犯下的可怕罪行，都是因爲這些軟弱的奴隸有了足夠的手腕去控制主人而發生的。在法國以及其他不知多少國家裡，不是都有男性做著窮奢極欲的暴君，而女性成爲他們狡詐的幫兇的情形嗎？這能證明無知和依賴就會使她們馴服嗎？她們辦的傻事難道不是那些跟她們鬼混的浪子嘴裡的笑話嗎？有見識的人們難道不是一直在哀嘆，對於服裝的過度熱愛和放蕩的生活會永遠奪走一個家庭的母親嗎？知識不會讓她們心靈敗壞，科學研究也不會讓她們的思想誤入歧途。但現在，她們不但沒有履行上天賦予她們的、女性所特有的責任，相反，還不得不爲了在兩性之間那些持續的、公開化的強權遊戲中取得勝利而要弄手段。

所以，我是在政治與公民的意義上將女性稱爲奴隸的；因爲她們迂迴攫取了過多的權力，在努力獲得這些非正當的權力的過程裡墮落了。

多希望有個開明的國家[6]，能夠嘗試看看讓理性引領女性回歸本性與天職的話會有什麼結果；嘗試讓她們與男性一起分享教育和管理國家的利益，看看當她們變得更加有智慧、更加自由的時候，是否會成爲更好的人。這種嘗試是不會讓她們受到傷害的，因爲她們現在已經被男性置於一種卑微到無以復加的地位了。

爲了使這成爲可能，政府應當爲各個年齡層的孩子建立起可令男孩、女孩共同接受教育的日間學校。接收五至九歲年幼孩子的學校應當完全免費地向各個階層開放[7]。每個教區應該選舉一個委員會負責挑選足夠數量的教師，只要有六名兒童家長聯名即可向委員會提交關於教師怠忽職守的投訴。

這樣一來，就不必招聘助教了。因爲我相信，經驗會證明助教掌握管理的權威對於年輕人的道德是特別有害的。唉！還有什麼比陽奉陰違更能敗壞品行的？可是，當教師待助教如同待僕從的時候、當他們幾乎是縱容學生們在遊戲時間裡把戲弄助教當成是主要的消遣的時候，我們又怎麼能期待孩子們會對助教心懷敬重呢？

而在一所日間小學裡，男孩和女孩、貧民與富人，都相處在一處，就不會發生任何這一類的事情。爲了避免那些虛榮浮華的東西將人們區分出種種差別，孩子們會穿同樣的衣服、遵守同樣的紀律，否則就不能留在學校裡。教室周圍應該有大片場地供孩子們進行有益的鍛鍊，因爲在這個年紀，他們不應進行任何需持續久坐超過一個小時的學習任務。但是玩耍也可以被視爲是基礎教育的一部分，因爲許多事物如果只是單純講解原理的話，孩子們無法理解，但是如果在玩耍的過程中學習，他們的思維就會在得到鍛鍊的同時也感到愉悅。舉例來說，植物學、力學、天文學就是這樣的學科。閱讀、寫作、算數、博物學、一些簡單的自然科學試驗，也許足夠塡滿孩子們一天的時間；可是不能因此而妨礙了孩子們在露天環境裡的體育鍛鍊。宗教原理、歷史、人類史、政治學，可以透過蘇格拉底式的談話來教授。

九歲以後，準備從事家務勞動或技術工作的男孩女孩，應該開始到其他學校接受適合每個人人生目標的指導，他們在晨間仍然一起接受教育；但是到了下午，女孩們去教授縫紉、女服和女帽製作等內容的學校，這些將是她們未來主要的工作內容。

天賦超群的年輕人或者是富裕家庭的孩子，可以在另外的學校裡，學習各種古代和當代語言、科學的基本原理，並繼續學習更爲廣泛的歷史和政治學知識，文學也將是他們必修的科目。我想有些讀者會問：男孩和女孩還要在一起嗎？是的。除了孩子們可能早早地互生愛慕之外，我並不擔心其他任何事情。而孩子們的感情雖然也許不完全符合家長們的觀點，卻會對年輕人的道德品質有極好的影響。我擔心，還需要很長一段時間，社會才能變得足夠開明，家長們才會讓孩子們自己去選擇他們的人生伴侶；而現在，他們只擔心孩子們的素質。

此外，這也必然會促使人們早婚。而早婚自然而然地會對身體和德行都產生非常好的影響。一位已婚的公民和一位自私自利的花花公子，在品行上眞是天差地遠。花花公子只爲自己活著，總是畏懼婚姻，因爲怕結婚後就不能再像這樣混日子。在在建構於平等基礎上的社會裡，很少會發生重大的緊急事件，一個人只能藉由履行社會責任來鍛鍊自己，很多在小事上養成的習慣決定了人們的素質。

在這個教育計畫中，男孩子的身體不會早早地因爲放蕩的生活而被敗壞，現在的男性已經被這種早年的放蕩生活變成了自私的人；女孩子也不會因爲懶散度日和浮華的追求而變得軟弱及虛榮。但是，這些的成立是有前提的，我假定兩性之間已經建立起一定程度的平等，不會再有殷勤小意和賣弄風情；並且，讓友誼和愛情陶冶他們的心靈，使他們可以履行更崇高的責任。

這將是講究道德以及人類的幸福的學校，它來自於人類責任與情感的純潔源泉，在這裡還有什麼進步是人類的心智所無法達到的呢？社會的幸福程度、自由程度是和它的道德水準成比例的；但是我們現在的社會所建立起來的等級之分，侵蝕了一切私德，也摧毀了一切公德。

我已經猛烈抨擊過只讓女孩穿針引線、不讓她們參加任何政治及公共事務的習俗。因爲這樣限制她們的心智，會讓她們無法履行自然所賦予她們的、也唯有她們可以履行的責任。

只是忙於日常瑣事，必然會讓她們變得狡詐。我自己經常看到女性使用狡詐的手段去獲取一些她們那愚蠢的心靈所念念不忘的無聊事物時而心生厭惡。她們不被允許支配錢財、或擁有任何自己的東西，於是學會了暗地裡賺錢。或者是當丈夫流連不歸，讓妻子覺得被冒犯或心生嫉妒之時，只須一件新長袍或一個精緻的飾品，就能平息她的怒火。

但是如果女性被教導要自尊自重，如果允許她們參與討論政治和道德問題，她們就不會因爲狹隘而品行低下。而且我還要大膽斷言，這也是讓她們能夠正確地關注到自己的家庭責任的唯一途徑。一個活躍的心靈會接納她所有的責任，並且會找到足夠的時間去履行。我認爲，大膽追求男性的美德，沉醉於文學的迷人魅力，或者專注鑽研科學問題，都不會讓女性背棄她們的責任。懶惰和虛榮才是問題所在，在空虛的心靈裡，對於享樂和權勢的熱愛才是最重要的事情[8]。我著重指出空虛，是因爲現在女性所接受的教育根本不配被稱之爲是教育；在關鍵的青年時期，她們只在才藝上學到一些零碎的知識，而這些才藝知識也缺乏堅實的基礎；因爲除非理解力得到培養，否則一切才藝不過是表面與單調的裝飾而已。好比一張妝點過的美麗面容，在公眾場合激起了讚嘆；但是回到家裡，由於心智不足，這種美就顯得缺乏變化了。結果顯而易見：在放蕩狂歡的場合裡，我們經常看到這樣造作的靈魂和面孔，她們害怕離群索居，卻也差不多同樣害怕著家庭生活，所以便逃到這樣的場合裡來；她們沒有安慰別人或引人注目的能力，所以覺得自己無足輕重，也找不到任何能夠聊以自慰或寄託精神的事情。

此外，還有什麼比一個女孩子開始加入社交界更加不雅的事情？[9]換句話說，這就是把一個適婚的女孩帶進婚姻的市場。她被引領著，衣裝華麗地出入一個又一個社交場合。然而，這些花蝴蝶們雖然人在束縛重重的浮華場合，心卻渴望著能在更廣闊的空間裡飛翔，因爲她們在靈魂深處最愛的還是自己。在爲了決定她們一生命運的時刻而等待的時候，她們無時無刻被提醒著要隨時注意自己的體態風度。我已經簡單提到過，在一個不追求無聊的表面規矩、也不渴盼無味的表演和無情的談話的學校裡，兩性的年輕人們將會有尊嚴地培養起愛慕的感情。富有家庭的孩子會在那兒一直待到成年，隨著年齡增長，跳舞、音樂、繪畫可以成爲他們的課外活動。而那些希望從事特別職業的年輕人，可以一周用三、四個上午去那些能夠給他們合適指導的學校。

我現在所說的只是一些建議；它更像是我的計畫的一個大綱，而不是成熟的方案。但我必須要補充一點，我非常贊同前任奧頓主教在那本小冊子中所闡述的學校管理方式，他主張讓孩子和青年們可以在懲罰方面不受制於教師。學生的言行應當由同學們評判，這是讓公平的原則得以深植心靈的好辦法，而且也許會對孩子們的性情有最好的影響。而在專橫的管制下，他們很早就會變得尖酸易怒，直到終於成爲暴躁狡猾或兇殘傲慢之人。

我在想像裡向這群可敬可愛的孩子們致以熱情的敬意，不管那些硬心腸的人說什麼。他們盡可以冷酷自大地詛咒我是異想天開；而我要引用一位雄辯的道德家的話來回擊：「一位有著眞正仁慈心靈的人，他的熱心會幫助自己把每件事變得容易起來，他所關心的事情會比那些粗暴而令人厭煩的爭辯更不令人喜歡嗎？這些爭辯對於公眾福利漠不關心，對於任何想要增加公眾福利的行爲都是最大的障礙。」

我知道放蕩的人們還會說，致力於得到身體和思想力量的女性，會變得不再像是女人。而且那種美麗，那種令人心醉神迷的溫柔的美麗，也將不再妝扮人類的女性。我對此有非常不同的意見，在我看來，情況剛好相反，只有到那時我們才能看到有尊嚴的美麗和眞正的優雅，而不是慵懶的美麗或無助的優雅；因爲它們都需要有強健的身體和品德才能實現。它們使人類的身體成爲一座偉大的建築，配得上讓源遠流長的高貴美德居住其間。

我並沒有忘記那個流行的觀點，說古希臘雕塑並非以眞人爲範本。我的意思是，它們並非據某一特別之人的比例製成；而是在眾多人的身體中選擇最美的肢體和容貌來組成一個和諧的整體，這也許在某種程度上是眞的。那神奇想像之下的完美形象也許要好過雕塑者能夠在自然中找到的任何素材，因而這些雕塑也許更適合被稱爲是人類的塑像而非某一個人的塑像。然而，雕塑並非是機械地拼接四肢和容貌，而是想像力熱烈爆發的產物；藝術家用良好的藝術直覺和廣博的理解力篩選出本質性的特徵，在作品中熱情洋溢地讚美它們。

我說這些作品不是機械地拼接的結果，是因爲它們都是一個整體，是一個刻畫了人類偉大本質和共同激情的模型，它吸引了我們的注意、得到我們的尊重。因爲如果只是刻板再現的話，即使對象是美麗的大自然，也只能表現出刻板而無生命力的美感。然而不管人們怎麼說，我都相信過去人類的形體一定比現在要美得多，因爲在我們這個奢侈的社會裡，極度的懶散、野蠻的束縛以及其他許多限制身體的因素，使得身體不但得不到發展，還會被折磨成殘廢。單純從身體的角度考量，鍛鍊與清潔看來不但是保持健康的必要之途，也是增進形體美的辦法。然而只有它們是不夠的，人還必須要同時具有美德，否則便只是粗糙的美，在一些未受教化的鄉人那單純健康的臉龐就時常會現出這樣的美。爲了讓一個人變得完美，應當讓他身體與精神上的美齊頭並進、相輔相成。一個人應該要有頭腦能夠做判斷，眼神中閃耀著情感與想像的光，臉上有仁慈厚道的神色，否則再美麗的眼睛、再美好的妝容也不過是一場虛空；並且在他的每一個動作裡，靈活的四肢和強健的關節也將表現出優雅謙恭的風度。但是這麼美好的一個人不是偶然得來的；他是爲了使各種美好相互融合彼此促進而不懈努力的成果。因爲判斷力只能通過深思得來，感情只能在履行責任的基礎上產生，仁愛則來自於對所有生靈的憐憫。

對動物的仁慈特別應當成爲國民教育的一個組成部分，因爲它還不是我們國家當前國民美德中的一項。低階層的人民溫和地對待馴順而不會講話的家畜，這在未開化的國家裡比在文明國家中更爲常見。因爲文明阻斷了瓦舍茅簷之下常有的那種與動物交流的機會，而正是這些交流使得人們對家畜產生了感情。文明國家的人們則沉迷於社會上流行的種種禮數規矩，未經教化的人們被富人們踩在腳下，只能透過欺侮動物來發洩他們在上位者那裡受到的羞辱。

這種殘忍的習慣最初是在學校裡養成的，在那裡虐待落到他們手裡的動物是男孩子們爲數不多的運動之一。當他們長大後，這種對牲畜的殘忍很容易就會轉化爲在家中對妻子、孩子、僕人的欺壓。公正、以及再進一步的仁慈，除非廣澤萬物，否則是不會成爲強大的行爲動力的。不但如此，我相信我們可以總結出這樣一條公理，凡是對苦難無動於衷之人，很快就會學會給別人施加痛苦。

粗野之人會被一時的感情以及他們偶然養成的習慣所控制。但是片面的感情並不可靠，即使它是正義的；因爲這些感情沒有經過深思熟慮而得以強化，他們會被習俗削弱，直到人們不再有這樣的感受。我們天性裡的同情心，會在深思熟慮之後得到強化，會因無心濫用而消失。馬克白[10]在第一次謀殺時所受到的良心譴責，比在隨後必然發生的一千次謀殺裡都多。但是當我使用「粗野之人」這個詞的時候，我並不是要把我的討論限制在貧苦人的範圍裡，因爲建立在一時的感情或衝動基礎上的、片面的人性，在富有階層裡至少是同樣常見的。

一位女士會爲了一隻餓死在羅網中的小鳥落淚，會罵那些驅趕可憐的公牛、鞭打生病又負擔過重的驢子的人們是人形的魔鬼，卻也會讓她的車夫和轅馬在嚴霜刺骨或暴雨滂沱之時一連等她幾個小時，她自己則待在門窗緊閉風雨不侵的室內。她讓小狗睡到她床上、並且在它們生病時充滿感情地照料著它們，卻放任她的孩子在育嬰室裡以不正當的方式被教養著。這裡所舉的例子都確有其事。我所說的這位女性非常美麗，凡是只在意面容美麗而不在乎思想的人都認爲她非常美麗。文學並沒有引導她的理性離開女性的職責，知識也沒有敗壞她的天眞。不，按照男性對「女性化」這個詞的定義，她非常女性化。而且，她也根本不愛那些占據著本來應該屬於她孩子的位置的寵物，她能精熟的混用英文和法文，卻只是在說些無聊的廢話，以取悅那些圍著她轉的男人們。妻子、母親和人類的身分都被虛僞的品格吞噬了，這就是不適當的教育和對美的自私虛榮所產生的惡果。

我承認我既討厭那位把寵物狗而不是孩子抱在懷中的美麗女士，也一樣討厭一位鞭打馬匹的粗暴男士，他聲稱自己知道該如何做個基督徒，其實已然行差踏錯。我認爲他們之間沒有什麼區別，都是同一類人。

諸如此類的蠢事表明，那些認爲如果允許女性離開她們的閨房、卻不去培育她們的理性就可以在她們心中種下美德的人是有多麼愚蠢。因爲假如她們具備理性，她們將會養成持家的趣味，上至她的丈夫下至寵物狗，整個家庭都會在合理的從屬關係下受到她的關愛；她也不會關愛一個畜生的舒適勝過關心人，哪怕是最卑賤的僕人也不會受到人格上的侮辱。

我對國民教育的觀點顯而易見只是一些建議而已。但是我非常希望強調讓男孩和女孩共同接受教育的必要性，這會讓他們都變得完美；也有必要讓孩子們住在家裡，這會讓他們學會愛家庭。但是培養私人感情是爲了支持而不是消滅對公眾的感情，所以孩子們要去學校和一大批同齡人相處，因爲只有在平等的競爭中他們才能漸漸對自己形成恰當的看法。

爲了讓人類更加富有德行，當然也是爲了讓人們更加幸福，兩性必須按照同樣的原則行事；但是如果只允許一個性別的人看到這些原則的合理性的話，這怎麼能夠實現呢？而且，爲了讓社會契約眞正合理，也爲了讓那些啓人心智、也是唯一能夠改變人類命運的原則得以傳播，女性必須要被允許將她們的美德建立在知識的基礎上，可是如果不讓女性接受與男性同樣的教育她們就幾乎無法做到這一點。她們現在要麼被無知與低級欲望所累，已經低劣到不堪與男性爲伍的地步；要麼就像狡詐的蛇一樣蜿蜒著爬上知識之樹，卻只學來了將男性引入歧途的本事。

縱觀各國歷史，可以很清楚看到，不能將女性僅僅侷限在家務瑣事之中；這是因爲除非能夠有更加廣闊的視野，否則她們無法善盡治家之責。而且，當她們一直保持著無知狀態的時候，她們在成爲男性的奴隸的同時，也將同樣成爲享樂的奴隸。她們也不應該被排除在偉大的事業之外，雖然她們理解力有限，卻常常會讓她們所不瞭解的事情因她們而遭遇挫折。

上層人物的放蕩，甚至是他們的一些美德，常常會讓一些類型的女性得到控制他們的力量。這些軟弱的女性，由於受到任性的熱情和自私的虛榮的影響，會以一種錯誤的眼光來看待問題；而那些爲她們所控制的男性，本應去啓發她們的判斷力，卻也接受了她們看待事物的眼光。那些不切實際的男性，或者是那些非常自信，卻又手握大權的人們，通常在和女性打交道的時候會變得鬆懈。無需我贅述，就算是最粗知史書的人也知道不少由受寵的女性出於個人動機而造出來的種種罪孽和壓迫的例子；更不要提那些本是出於好意的無知干涉，卻造出惡果的事情。在處理事務的時候，碰到一個傻瓜還不如碰到一個壞蛋；因爲壞蛋做事總會有個計畫，而任何有邏輯的計畫都比突如其來的蠢主意要容易看穿得多。卑鄙愚蠢的女性卻有能夠控制明智而有理性的男性的力量，這種例子人盡皆知；我只需要舉一個出來。

盧梭將女性的品格描繪得如此高尚，有誰能比得過他？可是總體來說，他又時常極力地貶損女性。他爲何會如此焦慮？他是在向自己證明他的愛情是合理的，軟弱和美德讓他對愚蠢的黛萊絲【11】珍愛有加。他沒辦法幫她提升到一般女性的水準，所以他費盡心力把女性貶低到她的程度。他發現她作爲伴侶不但於他十分便利，而且她還十分謙卑，出於驕傲，他決定要在這個他選擇的生活伴侶身上找出一些超凡的美德。但無論是在他生前還是死後，她的行爲都清楚地表明他把她稱作「神聖的天眞之人」，是多麼大錯特錯。不僅如此，他自己也悲嘆心中的痛苦，當他身體衰弱，無法再待她如一位女士之後，她便不再愛他了。她會這樣做眞是再自然不過了，他們在思想上幾乎沒有共通之處，一旦性關係不復存在，還有什麼能留住她？她的感情是針對男性的，而不是針對某一位男士的；想要將愛情轉化爲更爲寬廣的、仁慈的情感，需要理性的作用：可是許多女性並沒有足夠的心力去愛一位女士，或是與一位男士保持友誼。女性在兩性關係上的弱勢讓她們需要依賴男性，從而讓妻子對丈夫的感情變得像是被豢養的貓一樣：她取悅他，與她取悅任何餵養與愛撫她的人並無二致。

然而，男性卻常常對這樣的愛情感到心滿意足，就像野獸一樣把要感情控制在自己的勢力範圍內。要是他們能變得更加有德行一些，他們一定會期望能夠在與情人戲耍糾纏之後，還可以有一位在爐火邊談天的朋友。此外，要想讓性的樂趣變得更加多樣化與有趣味，理性也是必要的。如果一個人既無德行又無理性，對這樣的人還能保持愛慕、心生欲念的人，智慧水準實在低下。理性總是有它的吸引力；如果女性不能在整體上達到與男性相當的水準，有才華的男性就會聚攏在少數的優秀女性身邊，就像古希臘人聚攏在交際花[12]身邊那樣。這些人受到吸引離開了家庭，如果他們的妻子能夠具備更多一些理性，或者透過對理解力和想像力的鍛鍊而具備了更爲優雅的風度的話，他們本來是可能會留在家裡的——理解力和想像力正是趣味的正當來源。

一位有天賦的女性，如果不是生得太過醜陋，總是會因爲女性整體的軟弱的陪襯，而獲得強大的力量。當男性透過理性努力追求美德和風度的時候，他們也會要求女性具備這些特質，而女性只能透過與男性一樣的方式得到它們。

在法國和義大利，女性會把自己關在家裡面嗎？雖然到現在爲止她們還沒有獲得政治權利，然而她們難道沒有藉著非法的手段去攫取大權，腐化了她們自己和那些在感情上被她們玩弄過的男性？簡而言之，無論我從哪個角度來看這個問題，理性和經驗都使我相信，讓女性能夠履行她們特殊責任的唯一途徑，就是把她們從一切束縛中解放出來，讓她們享有人類與生俱來的權利。

讓她們自由，她們很快就會變得明智而富有德行，而男性也會更加明智而富有德行。因爲改進總要是雙方面的，否則這占人類半數的群體會因爲不得不臣服於他人而去報復那些壓迫者，男性的美德會被他們視如敝屣的女性敗壞得一乾二淨。

讓男性自己做出選擇吧。男性和女性雖非一體，卻是爲彼此而生；如果他們不幫助女性提升，女性就會引領他們走向墮落！

我所說的提升和解放是針對全體女性的。我知道有些女性由於機緣巧合或者受強烈的本性所驅使，具備了超越其他女性的知識，她們常常會變得過分驕橫；但是也有一些有知識的女性，並沒有丟掉謙遜的作風，她們也不會一直賣弄自己的學問去鄙薄那些無知的人，雖然她們一直致力於讓自己免於無知。勸導女性學習的忠告時常引來驚嘆側目，尤其是來自那些年輕漂亮的女性，這多是出於嫉妒。有時候她們會遇到更有理性與修養的女性，這些女性能將談話導向更爲理智的方向，整個晚上即使是她們明亮的眼眸和輕浮的調笑也無法一直吸引人們的注意，此時她們唯有不約而同地以這樣的女性很少能找到丈夫來自我安慰。有些女性會使用我前所未見的**挑逗手段**（這眞是一個描寫這類花招的好字眼）去擾亂一個理智的談話，因爲這些談話讓男性把她們這些漂亮女士給忘到了一邊。

我們承認無論是男性還是女性，都會因爲具備罕有的才能而洋洋自得到令人厭煩，這也是人之常情，但是當女性掌握了一點知識就變得非同一般、就會被譏諷爲博學之人的時候，女性的才能已經低劣到什麼程度了啊？這點知識不過剛好夠讓她們自得，或者激起一些同性與異性的嫉妒而已。不僅如此，還有很多女性不是只因爲表現出了一點理性就受到了最嚴厲的指責嗎？我要舉幾個大家都知道的例子。我經常聽到一些女性因爲聽從了醫生的建議而沒有按老方法帶孩子就受到批評，連每個微不足道的缺點都被人揭露出來。我還聽到過更極端的、對於革新的野蠻對抗：有一位母親一直明智地關懷著她的孩子們的健康，可是當她因爲一些在孩子處於嬰兒期時無論如何謹愼也難以抗拒的原因而失去一個孩子的時候，人們卻說這位明智的母親不近人情。那些認識她的人說，這都是因爲她接受了關於保持孩子舒適與清潔的新觀點的緣故。那些假裝自己經驗豐富的人們——他們長期以來所堅持的偏見，在高明的醫生看來是在毀壞人類的健康——幾乎要對這慘痛的事歡欣鼓舞，因爲他們可以拿這事情來佐證自己的偏見。

事實上，就是只爲了這一個原因，讓女性接受國民教育也具有極端的重要性；爲了莫洛克[13]的偏見，我們已經犧牲了多少人啊！而孩子們又因爲大人們放蕩的生活方式受到了多少傷害？有些女性因爲男性的奉承而偏廢了自己的責任，缺乏自然的感情；也有些女性極度無知，她們負責照顧的嬰兒比幼獸的處境還不如。而男性卻不願意把女性放在一個合適的位置上，哪怕是爲了讓她們能有足夠的理性去知道應該如何照顧她們的孩子。

這個事實是如此地令我震撼，以致於我要將我推理的全部重心都放在這裡；因爲任何傾向於剝奪母性的事情，都將讓女性不成其爲女性。

假使孩子的身體沒有受到父親的罪惡的牽連[14]，我也不敢指望時下這些軟弱的母親能夠照顧好孩子的身體，可這正是能讓孩子們將來有個好體格的必要基礎。我也不能期望她們可以明智地培養孩子的性情，讓孩子在長大後不致於急於將母親的言傳身教都拋在腦後。母親是孩子的第一任老師，除非孩子有非同尋常的意志力，否則他的性情裡終生都將留下母親愚昧思想的印記。母親的弱點都將在孩子身上重現！只要女性被教導得要仰賴她們的丈夫去做決斷，這就將是必然的結果。理性的提升不可半途而廢，而沒有任何人能夠只通過模仿他人就變得有智慧。因爲在人生的任何一種情境裡，都需要根據具體情況去決定要如何應用基本原則。一個能夠在某一方面進行合理思考的人，很快就能擴展他智識的領域；而能夠在培養孩子上做出明智決斷的女性，不會是非不分地服從於她的丈夫，也不會耐心地遵從社會法則做個無足輕重的妻子。

在公立學校裡，女性可以免於無知的錯誤，可以學到基本的解剖學和醫藥學，這不但讓她們可以照顧好自己的健康，也讓她們可以成爲自己的孩子、雙親以及丈夫的合格的護理員。那些對人體結構一無所知的老婦人，頑固地按照自己的方法給人開方治病，由於她們的錯誤，死亡人數大大地增加了。同理，即使僅從家庭的角度考慮，也應該讓女性瞭解基本的心理學知識；可以透過讓兩性共同學習所有的科目、引領她們觀察人類的理性隨著科學和藝術的進步而發展的過程，以及學習道德學和人類政治史，來達成這個學習的目的。

曾有人說一個人就是一個小型的宇宙；一個家庭也可以被認爲是一個小型的國家。雖然大部分國家的管理手段確實都有辱人格；而由於缺乏公正的憲法和平等的法律，深諳世情的賢人們的觀念也變得如此混亂，以致於他們對於努力爭取人權的合理性都抱有疑慮。就這樣，道德就像是在國家這個水庫中受到了汙染的水，它罪惡的支流腐蝕了政治體制。但是如果能夠根據更高貴的、或者不如說是更加公正的原則來制定法律，那麼社會就應該由法律來支配，而不是那些執行法律的人，如此一來責任將可能成爲個人行爲的準則。

此外，女性透過鍛鍊她們的身體和思想，還將獲得精神上的活力，這對於母親來說是必不可少的素質。精神的活力需要與毅力相結合，毅力是行動上的堅定，與固守軟弱的缺點完全不同。想要勸那些懶惰的人保持堅定是件危險的事情，因爲他們立刻就會變得嚴苛，爲了給自己減少麻煩而嚴厲懲罰他人的過錯。其實如果他們能夠耐心堅毅地運用理性去處理問題，這些過錯本來是可以避免的。

而堅毅是以有力的心智爲前提條件的，而心智的力量是能在懶散的順從裡培養的出來的嗎？是不努力做出判斷而只問別人的意見就能得到的嗎？是出於恐懼而順從他人，而不去鍛鍊所有人都需要有的堅忍就能得來的嗎？我想要推導出來的結論顯而易見：讓女性成爲理性的生物和自由的公民，她們將很快變成好妻子和好母親；當然，這也需要男性不再忽略他們作爲丈夫和父親的責任。

就像我所描繪的那樣，我們可以合理期待，將公共教育和私人教育的優勢結合在一起的設想是可能出現的。關於這個問題我的討論大部分都與女性相關，因爲我認爲女性受到了壓迫。而壓迫所導致的惡行已然產生，它並未侷限於女性世界，而是已經遍布了整個社會。所以我在希望看到我們女性成爲更加有道德的人的時候，我的內心也因爲期待那偉大事業能夠得以發揚而跳動，而能夠讓我的期望成眞的，只有美德。

◆註解◆

【1】指在當時英國的大型寄宿男校中，低年級學生必須服從高年級學生、遭受高年級學生欺凌的現象。——譯注

【2】畿尼是英國舊制貨幣體系中最小面值的金幣，一畿尼等於二十一先令，最初是用幾內亞的黃金鑄造的，並因此而得名。同時通行的銀幣則是一英鎊等於二十先令。先令也是銀幣，一先令等於十二便士，便士是銅幣。舊幣制雖已廢棄不用，但英鎊、便士等名稱卻保留了下來。——譯注

【3】參見《聖經・新約・路加福音》16:8，「主人就誇獎這不義的管家做事聰明。因為今世之子，在世事之上，較比光明之子，更加聰明。」

【4】這裡我特別指的是倫敦市區和周邊的很多學校，以及這個大城市中商人一族的行為。

【5】我記得有一次自己曾經親自看到一件事情，這件事令我很憤怒。我去一所幫助小孩子準備升學的學校裡探望一位小男孩。教師帶領我去教室等地參觀，我在走過一條寬敞的沙石走道時，不禁注意到路兩旁的草地都生長得非常茂盛。我當時就問了那個孩子幾個問題，才發現這些可憐的小男孩是不被允許走下走道的，而且老師有時候會放羊群進來吃這些無人踩踏的青草。管理這所學校的那位暴君時常坐在窗邊，監視著這片好似監獄一般的草地；轉過這片場地有一個角落，本來這些可憐的孩子可以在那裡自由活動，可是卻被他圈起來種了馬鈴薯。他的妻子也同樣急切地想要把孩子管理得規規矩矩的，唯恐他們會把衣服弄髒或弄壞。

【6】指法國。（參看本書〈致前奧頓主教的一封信〉一章的結尾，作者寫作本書的一個目的就是希望法國修訂憲法時能夠考慮女性的權利。——譯注）

【7】在這一段的寫作中，我從前任奧頓主教所撰寫的一本關於公共教育的、非常有見識的小冊子裡找到了不少靈感。（關於前任奧頓主教，可參見〈致前奧頓主教塔列朗—佩里戈的一封信〉一章的注釋1。——譯注）

【8】參見蒲柏《致一位女士：論女性的性格》。關於蒲柏及《致一位女士：論女性的性格》，可參見第二章注釋12和注釋13。——譯注

【9】原文「現身」（Coming out）是指在當時的上流社會，當女孩子達到一定年齡時，父母會為她舉行一次宴會，以此把她帶進成年人的社交界。此後她就可以去參加親友所舉行的宴會、舞會，在其中尋覓夫

婿。——譯注

【10】馬克白是莎士比亞悲劇《馬克白》的主角，謀殺國王而篡位，可參見第三章注釋3。——譯注

【11】黛萊絲（Thérèsa）是與盧梭長期同居的一名女子，她是一名不識字的女工，有一個貧困的大家庭，盧梭和她生育了五個子女，全都因無力撫養而被送到了育嬰堂。——譯注

【12】古希臘有一些專門與高級官員或有地位的人往來的高級妓女（Greek courtezan），她們一般都富有學識與才藝，有些類似中國古代的「名妓」，成為無數較高階層男性傾慕的對象。——譯注

【13】莫洛克（Moloch，也有很多其他拼法）是上古時期盛傳於地中海東南岸地區的一位近東神明的名號。對他的祭祀儀式與火祭兒童有關，有人認為是將兒童作為祭品活活燒死，也有人認為是一種用火對兒童進行的一種危險的淨化儀式。——譯注

【14】指當時在上流社會社交界中流行的性病，它常常會造成下一代天生的缺陷。——譯注

第十三章　婦女無知所造成之傷害的例子

有許多蠢事——那些該做卻不做和不該做卻要做的、違背理性的罪惡，在某種程度上都是只有女性才會做的；而這些都是無知或者偏見的結果，我指出這些罪惡，只是因爲它們看起來會對女性的品行造成傷害。在批判她們的同時，我特別希望能夠證明，男性出於各種動機竭力地想要使女性在心靈和身體上都繼續保持軟弱，可是這種軟弱卻會使她們無法完成女性所特有的責任：身體的虛弱讓她們無法哺育自己的孩子，心靈的軟弱則會敗壞她們的性情，這難道是女性的一種自然狀態嗎？

騙子

有一個由無知所導致的著名的例子，値得我們注意並且應當給予嚴厲的譴責。

在這個城市[1]潛伏著許多無恥的人，他們靠著利用女性的輕信生活，說著花言巧語假裝可以藉著占星術算命。有許多以自己的階級和財富爲傲的女性，自覺高高在上看不起下層階級。可是她們輕信占星算命的行爲，卻顯示這種階層的劃分毫無根據，她們的心靈沒有受到過充分的教育可以去超越世俗的偏見。由於女性從未被引導著去將與自身責任相關的知識當作是必須知道的事情，或者透過履行責任的方式來過現世的生活，所以她們總是渴望能窺視未來，希望知道將會有什麼能來增加她們的生活樂趣，打破無知帶來的空虛。這些女士們、家中的女主人們，並不爲坐著自己的馬車去一個狡詐的男人[2]的家門口而感到羞恥；請允許我嚴肅地忠告那些聽信無聊謊話的夫人們。如果她們當中的任何人讀到了這本書，我請求她們發自內心地回答下面這些問題，別忘記上帝在看著她們：

你是否相信有且只有一個上帝，祂強大有力、英明睿智、仁愛良善？

你是否相信祂創造了一切，萬物都依賴著祂？

你是否依賴祂的智慧，祂的智慧在祂創造的萬物身上和你自己的身上都是如此地顯而易見？

你相信祂將一切你不知道的事物也同樣都安排得井井有條，符合祂的設計嗎？

你是否承認，預見未來以及看見那些虛空之物是造物主的特性？關於一些未來將會發生、但此時仍然被時間的帷幕所遮蔽的重大事件，如果祂想要讓它在祂的創造物的靈魂上留下印記，那麼祂會將這靈光一閃的祕密洩露給誰呢？歷經歲月的人們會這樣回答這個問題——給值得尊敬的長者，給極其虔誠的人。

古代的神諭都是由神父傳達的，他們宣誓侍奉上帝，被認爲是受到了祂的啓迪。俗世裡隆重的宗教儀式在這些騙子的周圍渲染出耀眼的光輝；狡詐的政客對他們表示尊重，因爲這些政客深知如何利用這個有利的工具令強者屈服於其奸狡的統治。這些都爲神父們的謊言和惡行蒙上了一層聖潔神祕、不可侵犯的面紗。如果一位古代希臘或者羅馬的貴婦，被這種莊嚴虔誠的表現所打動，在急於窺視未來或者想要探問一些懸而未決的事情的時候，去尋求神諭，那麼她的詢問雖然違背了理性，可是並不應該被看作是不虔誠的。可是，聲稱信仰基督教的人們可以避免這種錯誤嗎？一個基督徒可以假定，那些上帝的寵兒、那些受到祂最高恩寵的人，一定要把自己僞裝起來去施行那種最不正當的騙術，去從那些愚昧的女性手中騙取窮苦人求之而不得的錢財嗎？

不要說這些問題是對常識的侮辱，因爲這就是你們自己的行爲。唉，你們這些愚蠢的女人啊！你們的行爲增加了人們對女性的厭惡！而且，這些思考應該能讓你們爲自己那有欠思量和有違理性的虔誠而感到恐慌，因爲我並不認爲你們所有人在走進那所神祕的房舍時，都將自己的宗教信仰放到了一邊。然而，既然我一直都假定自己是在和一些無知的女性談話（因爲你們已經達到了「無知」這個詞所表示的、最強烈的程度），那麼我想要勸誡你們，試圖知道上帝所隱藏的祕密是極端愚蠢的行爲，是一件很荒謬的事情。

也許你們無法明白我試圖向你們說明的這些東西：這種行爲與讓人類變得明智而又有德行的、偉大的人生目標是完全相悖的；而且如果這是上帝所允許的，那麼它會擾亂已然建立起來的宇宙萬物的秩序，而如果它不是上帝所允許的，你指望你能聽到事實眞相嗎？如果事情是可以被預知的話，那些尙未成型以致於無法被凡人發現的事情，會被一個靠著欺騙愚蠢之人來滿足自己私欲的、惡毒的凡人看到嗎？

不過，也許你們是眞心實意地信奉著這個魔鬼，並且爲了轉移問題，幻想著他會幫助自己的使徒？但是如果你們眞的尊重這樣一個與善良和上帝爲敵之人的力量，你們還會在認爲自己有義務去見他的同時，也仍然認爲自己有義務去教堂嗎？算命先生的這些騙術還可以很自然地過渡到那些催眠師[3]所使用的、看上去更加時髦的騙術。

說到催眠師，也同樣應當問女性幾個問題。

你們知道任何有關人體構造的知識嗎？如果不知道的話，那麼應該有人告訴你們每個孩子都該知道的事情：當完好的機體由於放縱或者懶惰而變得失常，我說的不是嚴重的紊亂，而是患上慢性疾病，那麼它必須慢慢地回復到健康的狀態。健康是上天賜予我們的無價之寶；如果生命機能沒有受到重大損傷，那麼養生法（也就是節制飲食）、居室通風、體育鍛鍊以及少量由瞭解人體的醫生所開列的藥物，是人類已經發現的唯一一種可以經得起考驗的幫助恢復健康的方法。

這些催眠師靠著把戲和騙局假裝做出了奇蹟，你們能相信他們是上帝的使者嗎？還是有魔鬼在幫助他們解決所有這一類的問題呢？

當他們像傳說中的那樣，將醫藥沒有治癒的紊亂都趕跑了的時候，他們的行爲是否符合理性？還是說，他們是借助了超自然的力量達到了這種神奇的療效？

內行人也許會回答我說，人類可以透過某種方式與鬼神的世界溝通。我們必須要承認，那是一種高貴的特權。有些古代的人曾提到一些常見的鬼神，在危險臨近之時透過一些友善的暗示保護他們免於危難（可是我們沒辦法猜測是以何種方式），或者是指點他們應當做些什麼事情。然而那些聲稱享有這些超自然特權的人卻堅稱，這是對他們高尚的禁欲和虔誠的獎賞。但是現在這些創造奇蹟的人並沒有因爲這超然的禁欲和聖潔而超越他們的同胞。他們治病不是出於對上帝的愛，而是爲了錢。他們是江湖術士般的牧師，雖然確實還沒有方便的手段將彌撒儀式出賣給煉獄中的靈魂，也沒有教堂可以供他們展示權杖，或者一次觸摸、一句話就治癒了肢體疾病的範例。

我並不精通那些術語，也沒有人向我傳授過祕方，因此我說得也許並不恰當。但是很明顯，那些不遵循理性的規律又不老老實實謀生的人，非常幸運地漸漸與這一類樂於助人的鬼神熟識了。事實上，我們不能承認他們具有非凡的判斷力和善良，否則他們會在想要表現自己是人類仁善的朋友之時，選擇一些更爲高尙的手段。

不管怎麼說，假裝有這種能力的人簡直是在褻瀆神明。

天道的要旨在於，種下什麼樣的惡因就會長出什麼樣的惡果；在清醒理智的人看來，這是很明顯的事情。會有任何如此粗暴地冒犯了上帝的智慧的人，能夠像你們所想像的那樣，被祂允許做出那些打亂了祂所設定的一般法則的奇蹟嗎？祂會允許恢復那些放縱而無德之人的健康，只是爲了能夠讓他們再去無所顧忌地追求同樣的東西嗎？耶穌曾說，做個純粹的人，不要再犯下罪過[4]。那些不追隨上帝腳步、爲了收買人心而去治癒人的肌體的人們，能創造出更偉大的奇蹟嗎？

我在提到那些可恥的騙子之後，又提到了基督的名字，這也許會讓我的一些讀者感到不快——我尊重他們的熱情。但是，請這些讀者不要忘記，那些騙術的使用者們也在假託祂的名義，並且公開聲稱是祂的門徒；可是從他們的所作所爲我們就應該知道他們到底是上帝的孩子還是罪惡的僕人。我承認，觸摸聖者的身體或者接受催眠，比克制我們的胃口、控制我們的激情更容易些；但是身體或者心靈的健康只能透過克制欲望和激情的方法才能恢復，否則的話，我們的最高審判者就會變得偏私和滿心仇恨。

祂是一個會因爲仇恨就改變態度或者施加懲罰的凡人嗎？理性告訴我們，祂是我們共同的父親，祂給的傷都是爲了治癒，我們行差踏錯造就了某些後果，也因此而不得不看清了罪惡的本質。我們就是這樣從經驗中學會了辨別是非，我們獲得的智慧愈多，就愈是愛恨分明。毒藥裡包含著解藥：我們要麼用聖典中最有力的言詞，幫助自己改正惡習，不再犯下敗壞自己身體的罪過；要麼接受作惡的懲罰，斬斷生命的線索，早早夭亡。

我們的探問在此遇到了一個非常可怕的障礙，但是，我爲何要隱藏我的情緒呢？考慮到上帝的神性，我相信無論何種隨過錯而來的懲罰，例如疾病的痛苦，都是爲了告訴我們惡行之惡，從而使我們改過自新。上帝的神性存在於祂所創造的萬物以及我們的理性之中，單純的懲罰看起來是如此違背上帝的本性，以致於寧願相信上帝未曾留意到人類的行爲，也不願相信在祂的懲罰當中會沒有改過自新的仁慈意圖。

全知全能、力量無邊的上帝，像祂那樣仁慈偉大的生靈，竟然會造出一種在預見了五、六十年的瘋狂生活之後，就墜入永無止境的苦難的生物；只是這樣去想像，也是對上帝的褻瀆。永不死去的蛆蟲靠什麼生活呢？靠愚蠢、靠無知，我說的就是你們——要是我能插一句話的話，我想說當我自然而然地得出了這個結論時，我感到憤怒而羞慚，我寧願自己離開上帝的羽翼！我滿懷敬畏地說，在這樣的一個假設之下，上帝將是一團毀滅一切的火焰。當對祂的恐懼吞沒了對祂的愛，當黑暗充滿了祂所有的勸誡，我們也會想要從祂面前逃開，哪怕那根本就是徒勞。

我知道有許多虔誠的人都在誇耀自己全然服從上帝的意旨，就像是服從至高無上的王權，他們的原則與印度人崇拜魔鬼的原則是一樣的。換句話說，他們和那些爲生活瑣事操心的人有相似之處，他們確實崇拜權力，在那些能夠將他們踐踏在腳下的人面前低三下四。相反，合乎理性的宗教，是服從一位極其有智慧的人的意志，而他所有的意志一定都是出於正當的動機，都必然是合理的。

如果我們這樣尊敬上帝，我們能夠相信那些侮辱上帝的法則的詭祕暗示嗎？雖然這些都是顯而易見的事情，但我還是要問，我們能相信祂會允許一個錯誤的奇蹟存在，引起人們的迷惑嗎？我們必須要麼認可這些不敬的結論，要麼蔑視一切能以超自然手段治癒疾病的諾言、以及那些對於只有上帝才能預知的事物的預言。

讀小說

另一類女性性格軟弱的例子，通常是由狹隘的教育所造成，這是一種對心靈的、不切實際的扭曲，通常被恰當地稱爲是**多愁善感**。

女性由於無知而易受感情的支配，人們只教她們從愛情中尋求幸福、提升感官享受，關於激情她們抱持著一種形而上的觀點，這讓她們可恥地忽略了人生的責任，而且她們往往是由於這種所謂的高尚優雅而投身到了眞正的罪惡之中。

這些女性很喜歡一些愚蠢的小說家編造出來的白日夢，這些小說家對於人類的天性幾乎毫無瞭解，他們編造陳腐的故事、描繪俗麗的場景、述說一些多愁善感的詞句，這不僅敗壞了人們的品味，也同樣使得她們的心靈遠離了生活的責任。我並沒有提及理性，因爲她們從來沒有使用過理性，就像是火光的微粒廣泛地存在於物質之中一樣，理性那沉眠的力量也一直都存在，只是沒能活躍起來。

實際上，女性被剝奪了所有的政治權益；而且，已婚女性除了在刑事案件中，並不被當作是公民。每個社會成員的個人責任如果不與公共整體的利益相結合，就會被執行得千瘡百孔，可是女性的注意力很自然地就被從整個社會的利益轉移到了瑣事之上。女性一生之中最重要的事務就是取悅他人，而且由於政治和法律上的壓迫，她們不能參與到更加重要的事務中去，於是多愁善感就成了大事，而且她們的胡思亂想常常超過了界限。如果理性能夠在更大的範圍裡發揮作用的話，她們就能夠克服這種缺點。

但是，她們被束縛在了瑣碎的事務上，也就自然而然吸收了那些專爲這些天眞輕浮的靈魂所寫的讀物中的觀點。她們無法掌握任何重要的事情，所以會認爲閱讀史書非常枯燥，並且認爲需要理性來閱讀的專題文章令人難以容忍地乏味和幾乎無法理解，這又有什麼奇怪的呢？因此，她們必然會靠著那些小說家的作品來消遣時光。不過，我只在小說不能做到鍛鍊理性和規範想像的時候，才會反對它們[5]。無論是讀什麼書，我認爲讀總比不讀好，因爲閱讀總會多少活絡思考的能力，使得精神在一定程度上得以拓展並獲得一些力量；此外，即使是那些全然出於幻想的作品，也會給讀者帶來一些提高，超越了粗俗欲望的滿足，讓心靈不會再爲此而感到快樂。

這些看法是從經驗中得來的。我認識幾位顯要的女士，其中有一位尤其非常出眾的女士，她已經達到了她那險隘的靈魂所能達到的最極致的程度了，她很當心從不讓她的三個女兒看小說。作爲一位富有而時尚的女性，她請了很多教師來照料孩子，還有一些地位比較低微的家庭女教師注意她們的行爲舉止。孩子們從老師那裡學會了如何用法語和義大利語說桌子、椅子以及其他的詞語；但是，由於擺在她們面前的那些書遠遠超過了她們的理解力和她們對宗教的虔誠程度，所以她們既沒能從中學到思想，也沒有收穫感情。在她們到達適婚年齡被帶進社交界之前，她們要是沒有被強迫著背誦書本，就是把時間都花在了穿衣打扮、互相爭吵或者和自己的女僕講悄悄話上。

她們的母親是一位孀婦，此時正忙著維持人際關係，照她的說法，她得多認識一些人，以免將來女兒們找不到合適的引路人可以進入上流社會。而這些年輕女孩們，帶著從任何意義上來講都是庸俗的心靈以及被寵壞了的性情，開始了自命不凡的生活，她們看不起那些在服飾和排場上比不上她們的人。

關於愛情，老天或者說她們的保姆已經很小心地對她們講解了這個詞的自然含義。

而她們沒什麼話題可以談論，又缺乏美好的感情，所以在她們可以就婚姻生活暢所欲言的時候，會用一些不怎麼文雅的詞句來表達自己粗俗的願望。

這些女孩也受過小說的害嗎？我差點忘了其中有個女孩在性格上有些問題，她僞裝出一種近乎愚蠢的天眞，會傻笑著談論一些極不端莊的觀點和問題；其實，她在與世隔絕的生活中已經明白了這些觀點和問題的含義，卻從不敢在嚴厲的母親面前談論它們。母親感到很自豪，因而女兒們全都接受過最爲出色的教育，在早餐前會誦讀詩篇和寓言，從來不碰那些愚蠢的小說。

這僅僅是一個例子。而我還能記起許多其他女性，人們既沒有引導她們進行系統性的學習，也不允許她們自己做出選擇，她們簡直就是畸形生長的孩子。也有些人，因爲混跡於社會，所以學到了一些所謂的常識。更確切的說，她們作爲旁觀者，對於司空見慣的事情能夠提出清晰的觀點；但是說到那種可以眞正稱得上是智慧的東西，那種掌握一般規律、理解抽象概念、或者是理解一些模稜兩可事物的能力，她們根本就不具備。她們的心靈一片沉寂，在沒有被一些會引發多愁善感情緒的事情或者其他類似的東西所觸發的時候，她們就會情緒低落，要麼哭哭啼啼，要麼去睡懶覺。

所以，當我建議我的女性同胞們不要去讀那些淺薄的作品時，我是在勸導她們去讀一些眞正的好書。在這一點上我和一位明智的男士所見略同，這位男士有一個女兒和一個侄女要照顧，他以非常不同的方式來教導她們。

她的侄女天賦超群，在他獲得她的監護權以前，已然沉迷於閱讀各種書籍。他嘗試也確實引導她閱讀了很多歷史和道德方面的論著；可是他的女兒，被溺愛而軟弱的母親給慣壞了，對於任何需要努力的事情都感到厭煩，所以他允許她看小說。他爲自己的行爲辯護說：要是她能對讀小說產生一些興趣的話，他就能有一定的基礎來教導他；錯誤的想法總比根本沒想法要好。

實際上，女性的心智一直被完全地忽視，以致於只能從如此混濁的源泉中獲得：直到一些有著超人天賦的女性，在閱讀小說的過程中懂得了批判這類讀物，她們才獲得了自己的理性。

我相信，最能夠用於糾正對於小說的沉迷的方法就是嘲笑這些讀物。並不是要籠統地貶低，因爲那樣不會有什麼作用；而是要由一位明智而且又富有幽默感的人，爲年輕女孩讀一些這類作品，在格調方面、以及透過將之與悲壯的歷史故事和英雄人物進行恰當的對比，來爲她們指出這類作品在刻畫人性方面是多麼地愚蠢滑稽；這樣一來，正當的觀點也許就會取代她們心中浪漫的感情。

然而，兩性中的大多數在一個方面是相似的，並且都表現得缺乏品味和莊重。無知的女性爲了名譽而不得不保持貞潔，所以只能讓她們的想像馳騁在當代小說作家所描繪的、造作庸俗的情節之中。她們輕視歷史中那些高貴嚴肅以及莊重優雅的女性形象，覺得這些人無趣乏味[6]。而男性也有同樣墮落的生活品味，遠離了美德那樸實無華的美麗以及理性莊重的尊嚴，追求著放蕩荒唐的樂趣。

此外，閱讀小說使得女性，尤其是時尚的貴婦人們在談話時非常喜歡使用強烈的語氣和誇張的詞句。雖然她們過著放蕩虛僞的生活，讓她們無法懷有任何強烈眞實的情感，但是她們總能巧舌如簧地用矯揉造作的聲調講出熱情的語言。每一個浪蕩之人心中都能產生磷火，可是那只是心靈在黑暗中對於情感的火焰的一種模擬。

衣著打扮

造物強化了弱者頭腦中的無知愚昧和虛僞狡詐，這是出於一種自我保護的原則。它使得女性熱衷於服飾打扮，而這種愛好會自然催生出的虛榮心也全部都呈現出來了，已經超出了攀比爭鬥和慷慨寬容的限度。

我同意盧梭的觀點[7]，穿著打扮之中蘊含著取悅於人的肉體藝術。也是因爲這個，我會讓女孩們遠離那種具有感染力的、對於服飾的熱愛——這種愛好在軟弱的女性之中非常常見，這樣她們就不會沉迷於這種肉體的藝術。那些幻想著可以無需理性的助力便可以長久地取悅他人的女性（或者說她們以爲取悅於人可以無需依靠道德的藝術），是軟弱的。但是道德的藝術——如果我們把美德所產生的優雅稱爲是藝術，不算是一種不敬的話；並且如果人們是以美德本身而非其衍生的優雅爲行爲動機的話

——是從來不會和愚昧無知並存的。兩性之中那些最爲放蕩不羈的人們，都特別喜愛那種愚昧無知的嬉戲，這種嬉戲在本質上與從美德中所產生的、高尚的優雅有著巨大的差別。

人類對於外表裝飾的強烈愛好在蠻荒時期就曾經出現過，不過那時只有男性妝扮自己而女性則不會；現在，女性已經可以和男性一樣地打扮自己，所以社會文明至少已經前進了一步。

我想由此我們可以看到，曾經被視爲女性專屬愛好的、對於穿著打扮的關注，在男女兩性來說都是很自然的。但是我應該把自己的意思表達的更加明確一些：荒蠻時代，當心靈還沒有被充分地打開到可以去接受思考的快樂時，人們就會特別注意妝扮自己的身體；他們會將自己所追求的東西透過紋身或者身體彩繪表達出來。

這種人類最初的愛好一直延續至今，以致於甚至是奴隸制度的沉重枷鎖也無法磨滅這對於美的、最原始的渴望。那些黑色皮膚的英雄們從他們的父母雙親那裡承襲了這樣的渴望，他們常常將自己辛辛苦苦攢下的積蓄，花在一些廉價而俗麗的小裝飾品上。我也很少看到一位善良的男僕或者女僕會對衣飾不感興趣。他們的服飾就是他們的財產。以此類推，我認爲在女性當中所盛行的、對於服飾的過度熱愛，是出自於同樣的原因——她們的心靈缺乏教化。男性見面會談論工作、政治或者文學；但是，就像斯威夫特所說的那樣，「女人們伸手去摸摸彼此的耳飾或者衣襟是多麼自然的事情啊。」[8]那的確非常自然，因爲她們對工作沒有興趣，缺乏文學鑑賞力，認爲政治枯燥乏味。這是因爲，她們沒有把思想轉向能夠提升人類種族和增進其共同幸福的偉大追求，也沒能因此而獲得一種對於人類的愛。

此外，男性在想要追求權力和名聲的時候，有許多偶然的機會以及可供選擇的道路。同一行業的男性彼此競爭，很少成爲朋友；可是他們和絕大多數其他男性不會發生衝突。但是女性之間相處的情形與此截然不同，她們彼此全都是競爭關係。

婚前，女性把取悅男性當作是自己的事業；婚後，除了少數例外，她們出於本能無比堅持地做著同樣的事情。即使是那些富有德行的女性在與人交往的過程中也從未忘記自己的女性身分，因爲她們總是在試圖討人喜歡。女性的美貌和男性的才華，看上去兩性都同樣地渴求著人們能夠將注意力轉移到他們自己身上；而且當代的人們彼此仇視對方才貌的情形也是極爲普遍。

所以，當美貌成爲女性唯一渴求的東西、並且因爲這種渴求而增強了虛榮的力量，她們之間就會永無止境地爭鬥下去；這有什麼可奇怪的？她們都在參加同一場比賽，如果彼此還能夠不以一種懷疑甚至是嫉妒的眼光去看待對方的話，那她們必定是有著超凡的德行。

對於打扮、享樂和權力的無節制的喜好，都是未經開化之人的欲望。這種欲望占據了那些野蠻人的頭腦；他們還沒能拓寬心靈的世界，甚至還沒有掌握在思考中使用那種能夠將抽象的思維整合在一起的必要的能力，有了這種能力人們才會有自己的原則。從女性的教育和她們文明生活的現狀來看，我認爲，她們也無可爭議地處在與野蠻人相同的情形之下。所以，嘲笑或者譏諷這些從來沒有被允許按照自己的理性行事的人所做出來的傻事，不但荒謬而且殘忍。那些被教導要盲目服從於權威的人們，非常自然地就會、也必然會極盡狡詐之能事去逃脫權威的控制。

如果我們可以證明女性應該絕對服從於男性的話，那麼我會立即同意女性的責任就是培養對於衣裝打扮的愛好，以便取悅於人；並且培養狡猾的習性，以保全自己。

無論如何，被無知支撐的道德必然總是會搖擺不定的，就像是建在沙子上的房子承受不了風暴。這幾乎是不證自明的事情。如果權威能讓女性具有美德（這句話本身就自相矛盾），那就將她們禁閉在閨閣之中，並精心地監視著她們吧！無需擔心她們的靈魂會獲得堅強的意志——因爲可以容忍如此對待的靈魂是以順服爲材料而製成的，它只能做到讓肉身活著而已。

「太柔軟的東西上，無法銘刻出恆久的印記，
黑色、棕色或者白色最好區分。」[9]

當然，再令人痛苦的傷口也會很快地癒合，而且女性能夠生育，可以讓這世界上一直會有人打扮好了去取悅男性——一些著名的作家認爲，這就是女性被創造出來的全部意義。

感性

人們認爲女性比男性更加感情豐富，甚至更爲仁慈，證據就是她們強烈的依戀以及瞬間發作的同情心。但是這種無知的、依附性的感情中幾乎沒有任何高貴的成分，並且在大多數時候會轉化爲自私；孩子和獸類的感情也是如此。我認識許多軟弱的女

性，她們把全部感情都投注在自己的丈夫身上。可是在她們身上，仁慈之心實在非常薄弱，或者說她們只有轉瞬即逝的同情。一位著名的演說家曾經說過：「仁慈不在於善感的耳朵，它存在於心靈和精神之中。」

雖然這種獨占的情感會令人墮落，但是並不應當被作爲是女性低劣的證據。因爲它是狹隘視野的必然產物：即使是那些擁有卓越理性的女性，也將她們的精力投注到瑣碎的小事和爲個人的打算之中，除非是受到了愛情的鼓舞，否則她們也很少會具備英勇的精神；但是，具備英勇精神的愛情，就像天才一樣，一世難求。所以，我同意有些道德家們的話，他們說：「女人很少像男人那樣慷慨豁達。」[10]她們常常爲了自己狹隘的感情，而犧牲了正義和人性；這令女性明顯地成爲了低劣之人，尤其是當她們的感情全都是以男性爲中心的時候。但是，我相信，如果她們沒有從搖籃裡就受到壓抑的話，那麼一旦理性獲得了力量，女性的心靈也會隨之開闊起來。

我知道，一些敏感和過分的軟弱會帶來對異性強烈的依戀，而理性卻會令友情得到加強；因此，我承認男性之間比女性之間有著更多的友誼，男性也有更強烈的正義感。女性那種獨占性的愛情看起來眞的很像老加圖[11]對於他的國家的那種最不正義的愛。他希望摧毀迦太基，不是爲了拯救羅馬，而是想要爲它增添虛幻的榮耀。簡而言之，女性和加圖爲了虛榮這樣一個共同的原因而犧牲了自己的人性，因爲眞正的責任總是需要彼此互相支援的。

此外，當女性本身就是不公正的奴隸的時候，她們又如何能成爲公正或者慷慨的人呢？

無視兒童保育

既然人們堅持認爲養育子女、爲下一代打下身心健康的基礎，是女性特有的責任，那麼讓她們變得無能而愚蠢，就是違背事實常理的。我認爲，她們的心靈可以也應該去接受更多的東西，否則她們將永遠無法成爲明智的母親。許多男士致力於培育馬匹，並且會親自過問馬廄的管理；可是很奇怪的是，他們竟然會如此缺乏理性和情感，以致於認爲在照管孩子上面花費任何心思都會降低他們的身分！可是已經有多少孩子，就是因爲女性的無知而橫死了呀！即便孩子們倖免於此，即使他們沒有被不近人情的忽視或者盲目的寵溺所毀掉，可是又有幾個孩子能夠得到適合於幼小心靈的照管！孩子們的心靈就這樣被毀掉了，他們在家裡被寵壞了，於是被送進學校；可是學校所採取的教育方法，是爲了能夠讓一大群孩子能夠遵守秩序，它會把幾乎所有罪惡的種子全部都播撒進那已被強力毀壞的土壤裡。

孩子們如果受到了公正的管教的話，他們絕不會感覺到被束縛，我們也不應當總是束縛著他們。有時候我把這些可憐的孩子，比喻爲一匹精力充沛的小馬，我曾看到人們在海灘上想要馴服它，它絕望地蹦跳著，想要將騎士甩掉，卻愈來愈深地陷入沙中，直到最後它鬱鬱不樂地屈服了。

馬是我很喜歡的一種動物，當我以友善而且始終如一的方式去對待牠們的時候，我發現牠們總會表現得非常溫順；所以我懷疑那種用來馴服牠們的暴力的方法，是否是太過委屈牠們了。然而，我非常確信，當一個孩子被寵壞了之後，我們絕不應該用馴馬一樣的方式強迫他們變得服從；因爲任何一種有違正義和理性的對待孩子的行爲，都會削弱他們的理性。並且，以我的經驗，孩子的性格成型很早，他們道德素質的基礎在七歲之前就已經定型了；在這個時期女性被認爲是照管孩子的唯一人選。通常，在這個階段之後，教育的一半職責是要糾正錯誤，而且如果操之過急還會出現很多問題。可是如果孩子們的母親能夠有更多的理智的話，他們是根本不會習得這些錯誤的行爲的。

女性愚蠢行爲的另一個突出的例子非談不可。她們在孩子面前對待僕人的態度，讓孩子認爲僕人就應該伺候他們並且忍受他們的脾氣。孩子們應當學會，在任何時候都將來自某位男士或女士的幫助視爲是一種恩惠。並且作爲學習獨立的第一課，他們應當以母親作爲榜樣，在她的身教之下學習到，一個健康的人要求他人的照顧是可恥的。並且應該儘早讓他們感知到人與人之間自然的平等，而不是教會他們擺出一副自大的神氣。可實際上，我經常聽到主婦傲慢地召喚僕人去侍候孩子們睡覺，卻又一次次地把他們遣走，因爲孩子們總想在母親身邊多留連一會兒；我爲此而感到憤怒。讓僕人們像奴隸一樣地伺候高高在上的孩子，他們會染上一切令人厭煩的壞脾氣，這說明孩子已經被寵壞了。

簡而言之，大多數母親都把孩子完全交給僕人照看；或者，因爲他們是自己的子女，就把他們當作小神仙一樣地看待。而我雖然經常看到女性把自己的子女當成是神一樣地對待，可是她們卻很少對僕人表現出一般的人道，對待他人的孩子也沒有一點溫柔。

無論如何，這些由無知而引起的、排他性的感情以及個人看待事物的方式，使得女性不能進步而只能一直保持在這樣的狀態，並且使得很多女性即使將自己的生命都奉獻給了孩子也只是讓孩子們身體虛弱、性情敗壞；即使孩子們的父親比較理智，可是他所採取的任何教育計畫都會因此而受阻，除非能夠與母親達成一致，否則對子女施加管束的父親只會被孩子們當作是一個暴君。

而且，一個身體健康的女性，可以在完成身爲母親的責任之餘，仍然保持自己的外表得體整潔，並且在必要的情況下說明丈夫贍養家庭，或者是透過閱讀以及與兩性友人平等的談話來提高自己的心智。因爲自然已經如此明智地安排好萬物的秩序，女性只要哺育自己的孩子，就能夠保持自己的健康；而且從每個孩子出生之後到下一個孩子到來之間都會有相當的時間間隔，所以我們極少會看到一個有很多嬰兒的家庭。並且，如果女性對於自己的行爲有所規劃，不將時間浪費在追求時尚衣飾的奇思妙想之上的話，那麼管理家庭和孩子並不會讓她們無暇閱讀文學作品，也不會妨礙她們爲了加強自己的心智而堅定不移地去學習一門科學或者從事能夠培養趣味的藝術活動。

但是，女性把她們的注意力從責任轉移到了爲炫耀衣飾而四處拜訪、打牌和參加舞會之上，更不要說在晨間處理無聊的瑣事。這讓她們變得無足輕重、也讓她們變得招人喜歡，按照這個詞現在常用的意思來說，是招所有男性的喜歡，只除了她們自己的丈夫。在那一場歡愉之事裡，並不需要有感情的存在；而且，雖然人們錯誤地以爲這就是見世面，可是不要指望這能增進人的理性。這種缺乏眞心的交往，成爲了習慣，即使人們已經不再能從中感到歡樂，也仍然不可缺少；心靈卻因此而變得冷硬，並且對於承擔責任感到厭煩。

但是，在社會沒能變得更加平等之前，在階級消失、女性獲得自由之前，我們無法看到那種高尚的家庭幸福，無知而受損的心靈無法體會這種質樸偉大的樂趣。除非人們不再將女性的外表看得比她們的心靈還要重要，否則她們也將無法恰當地開始行使她們教育子女的職責——盼望愚蠢無知的女性能夠成爲好母親，就像指望莠草結出麥穗、荊棘叢裡生出無花果一樣[12]。

結語：我們可以順理成章地期待在女性風貌的變革中看到她們道德的進步

不必我提醒，聰明的讀者們會知道我已經進入了總結回顧的部分；我在這一部分的討論當中，只會點出一些簡單的原則，以及釐清一些會令人迷惑的廢話。但是，也不是所有讀者都那麼明智，所以我必須稍加解釋，好讓這個問題徹底地回到理性的軌道上——我指的是那些有理性但是又懶惰的人們，他們輕易就會相信別人的觀點，並且爲了免去自己思考的麻煩還會頑固地堅持這些觀點。

道德學家們一致認爲，除非是在擁有自由的條件之下去培養美德，否則美德永遠不會得到它應有的力量——他們這樣說是針對與男性，而我將這個論點擴展到所有人類。我堅持認爲，道德必須要在任何情況之下都建立在不可改變的原則之上；服從於理性之外的任何權威的人，都算不上是有理性的或者是有德行的人。

我認爲，要想讓女性成爲眞正有用的社會成員，就應當普遍地培養她們的理性，使得她們在知識的基礎上對國家產生出理智的熱愛；原因很簡單，我們不會對自己不理解的東西產生興趣。爲了使這種常識性的知識得到應有的重視，我已經努力地說明過：除非理性拓展了心靈，否則人們永遠無法恰當地去承擔自己的個人責任；而公德不過就是私德的總和而已。但是，社會中既定的階級差異破壞了這二者的基礎，把道德堅固的金錠捶打成了粉飾罪惡的金箔。當財富比美德更能讓一個人得到尊敬，人們就會追逐財富先於美德；當女性因爲外表而被寵愛、幼稚的傻笑表現著心靈的空虛之時，她們的心靈就會一片荒蕪。但是，眞正的感官享受一定是源自於心靈的，有什麼能和建立在互敬基礎上的互愛之情相提並論呢？那些出於欲望的、或冷漠或狂熱的愛撫算什麼？和純潔心靈以及高尚的想像之下所表現出來的端莊的愛慕之情相比，它不過是一種孕育著死亡的罪惡啊！是的，就讓我來告訴富於幻想的浪子們，他們蔑視女性的理性，可是就是在他所鄙薄的、女性的心靈之中產生出了熱烈的愛清，只有在這種愛中他們才能尋找到那種短暫而狂熱的快樂！而且，不道德兩性關係必定會斷絕，就像是燭臺上的蠟燭，一旦燃盡就變得令人難以忍受地醜惡。爲了證明這一點，我只需要指出，那些將一生中的大部分時光都用來和女性廝混的男子，他們迫切地渴望著在女性身上找到快樂，卻也對她們懷有最爲卑劣的看法。美德才是快樂眞正的精華！如果有些愚蠢的人想要從這個世界上把美德給清除，好能夠不受限制地放縱他們的欲望；那麼，也會有一些有品味的好色之徒會從天堂再把它請回來，好爲快樂增加一些美妙的趣味！

當今的女性由於無知而變得愚蠢和邪惡，我想這一點是無可爭議的。我們可以期待從女性作風的變革中收穫最爲有助於人類提高的效果，在我們的討論中這至少是有可能出現的。婚姻被稱爲是那種令人類脫離獸性的、令人歡喜的仁愛的本源；既然如此，那麼財富、懶惰和愚蠢所造就出來的那種墮落的兩性關係，對於道德所造成的全面性的損害，就要超過人類所有其他罪惡合在一起的作用。男性在婚前就與女性有了混亂的親密關係，並且在這個過程中學會了將愛情當作一種自私的滿足，不但把它與尊重分裂開來，還把它和那種建立在包含了一絲人性在內的、習慣性的感情也區分開來；於是，人們爲了通姦的欲望，犧牲了他們最爲神聖的責任。正義和友情也受到了挑戰；還有那種趣味上的純潔，本來會自然而然地引領著一個人去享受愛情那樸實無華的表露，而不是矯揉造作的姿態，如今也遭到了破壞。但是這種敢於不經修飾地表達出來的、高尚淳樸的愛情，雖然它是一種能夠鞏固婚姻聯繫的魅力，可以保證夫妻之間溫暖情意的結晶能夠獲得必要的父母之愛，但是對於浪子們卻並沒有什麼吸引力。父母之間若無情誼，孩子是無法得到恰當的教養的。在不和睦的家庭裡，不會有美德存在，只會有一群魔鬼住在那裡。

如果夫妻兩人的追求大不相同，他們在情感上就很難有共鳴，也很難在家庭中建立起足夠的信任，在這樣的情況下，他們之間不會有純潔的愛情。那種能夠產生溫柔體貼的親密關係，不會也不可能會存在於兩個邪惡的人之間。

因此，我堅信，男性所如此熱烈擁護的性別差異是武斷的；曾和我談論過這個問題的幾位明智的先生，都同意我已經詳細論述過的、基於事實觀察的觀點是有根據的。簡單地說，由於男性很少能夠保持忠貞，並且因此而漠視端莊的美德，從而使得兩性都變得墮落。更進一步，端莊被認爲是女性的特質，可是如果它得不到普遍的尊重，那麼它將只能成爲用來裝扮放蕩的精美面紗，而不是純潔的自然反映。

我相信，女性大多數的愚蠢行爲都來自於男性的專制；我承認在當下狡猾是女性性格的一部分，但我同樣也要不遺餘力的多次證明，這是由壓迫所造成的。比如，不是有一批反對國教的人被確鑿地描述成狡猾的人嗎？透過強調這個事實，我難道不能證明，當理性之外的任何權力壓制了人類的自由精神，人們就會使變得虛僞，開始自然而然地使用各種各樣的手段？巴特勒[13]對於反對國教者的諷刺促使我進行這樣的思考：對禮儀的高度重視已經在某種程度上成爲了人們的一種顧慮，隨之而來的就是種種關於細節的幼稚忙亂和自以爲是的一本正經，這令人們在行爲和思想上都變得循規蹈矩、如出一轍。這是一種概括性的描述；因爲我知道在各派教徒的身上有不少寶貴的人性特質。然而，我堅定地認爲，就像女性對於她們的家庭所抱有的偏見一樣，社會上的一些國教的反對派教徒之間也流行著對於他們的宗教的狹隘偏見，雖然他們在其他方面都是値得尊敬的。這些反對派教徒也像女性一樣謹小愼微或者任性執著，而這兩種行爲會令他們的努力被人輕視。壓迫使得反對派教徒在很多性格特徵上都與人類被壓迫的那一半人非常一致。他們就像女性一樣，喜歡聚在一起談話，徵詢彼此的意見，直到想出一些複雜的小伎倆，從而實現了一些小目標；這難道不是大家都知道的事情嗎？同樣很明顯的是，反對派教徒和女性群體對於保持名譽也有同等的重視，並且他們也是出於相似的原因才會這樣做。

在主張女性爭取應當由她們與男性共用的那些權利的同時，我並沒有試圖爲她們的錯誤找藉口；我只是證明了那是她們所接受的教育和社會地位的自然結果。如果確實是這樣的話，那麼我們有理由認爲，當她們在身體、道德和公民的意義上被允許成爲自由人的時候，她們會改變自己的性格，並且糾正自己的罪過和愚行[14]。

讓女性分享權利，她們就會在品德上盡力向男性看齊；因爲她們在得到解放之後，必須要成長得更加完美，否則就證明了將這樣軟弱的人和她們的責任綁縛在一起的權威是正當的。如果後者是對的，那麼與俄國展開販賣鞭子的新貿易就是有利的。鞭子是父親在婚禮當日必須送給女婿的一件禮物，做丈夫的可以用它來保持自己的整個家庭秩序井然。他揮舞著這根權杖，成爲家庭唯一的主人，他這樣做不會破壞任何正義的權威，因爲他是家中唯一有理性的人。理性的權力是宇宙的統治者賦予塵世中的男子的、神聖而不可廢除的主宰權。如果我們認同這種情況，那麼女性就沒有任何固有權利可以伸張；同理，她們的義務也不復存在，因爲權利和義務不可分割。

那麼，你們這些有理性的男性還是公平些吧！不要比責備你們所餵養的驢馬的惡習，更加苛責女性所做的錯事。你們既然已經否認了她們具有理性的權利，那就要允許她們享有愚昧無知的特權；不然你們就是在期望在造物主沒有賦予理性的生物身上看到美德，那樣的話，你們眞是比埃及的監工還要惡劣的人！

◆註解◆

[1] 指英國首都倫敦。——譯注

[2] 我曾經和一個這樣的狡詐男子為鄰，他是個英俊的男子。我驚訝又憤怒地看到很多女性蜂擁而來到他家，從打扮和排場來看她們應當都屬於可以接受高等教育的階層。（這個狡詐的男子指的是算命的占星士，作者對這類迷信行為持反對態度。在當時的歐洲，算命占星術士和下文所提到的催眠術士都頗受歡迎。——譯注）

[3] 作者此處所指的催眠術士（magnetisers）不同於現代的催眠師，他們使用的是當時流行的一種幻術。其代表人物之一弗朗茨幻術師（FranzMesmer, 1734-1815）認為有一種類似磁力的「流體」影響著人體的健康，而催眠術士可以用手在患者身體前部隔空「發功」來治療患者，有點類似中國的氣功。現代的「催眠」（hypnosis）和「催眠術」（hypnotism）這兩個詞都來自術語「神經催眠術」（neuro-hypnotism），意思是神經的睡眠，這個術語及相關的理論及實踐方法由蘇格蘭醫生詹姆斯·佈雷德（James Braid）在一八四一年左右提出。——譯注

[4] 參見《聖經·新約·約翰福音》5:14，「後來耶穌在殿裡遇見他，對他說：你已經痊癒了，不要再犯罪，恐怕你遭遇的更加利害。」這段經文講述的是耶穌所行的神蹟，耶穌對一個病倒三十八年不能起身的病人說「起來，拿你的褥子走吧！」，那個人就痊癒了。——譯注

[5] 這裡主要指的是流行讀物一類的通俗小說。——譯注

[6] 我並不是指那種能夠創造出美的標準的超凡脫俗的心靈。當這樣的人們以犀利的目光來審視生活得時候，會看到生活悲喜交加，如果沒有幻想的幫助，他們很難對生活感到滿意。（作者在此注釋中所指的人，應該是指前面的小說家而言，作者對有些小說家還是欣賞的。——譯注）

[7] 關於盧梭，可參見第一章注釋3。——譯注

[8] 參見喬納森·斯威夫特《詩文雜錄》（*Miscellanies in Verse and Prose*），第二卷，「致一位年輕女士的信，關於她的婚姻」（A Letter to a Young Lady on Her Marriage）。關於斯威夫特，可參見第五章注釋59。——譯注

[9] 參見蒲柏《論女性的性格》第三至四行。關於蒲柏及這首諷刺詩，可參見第二章注釋12、13。——譯注

[10] 參見亞當·斯密《道德情操論》，第四卷。關於亞當·斯密及其《道德情操論》，可參見第四章注釋16

和注釋17。——譯注

【11】老加圖（Cato Maior），即瑪律庫斯・波爾基烏斯・加圖（Marcus Porcius Cato，西元前二三四—前一四九），羅馬共和國時期的政治家、國務活動家和演說家，前一九五年的羅馬執政官。通常被認為是羅馬共和國時期典型的保守派人物，熱衷於通過軍事侵略擴大羅馬版圖，而且不贊成西庇阿派允許被征服地區自治的主張，而希望建立直接統治的行省，搜刮被征服地區以供給羅馬所需。老加圖大力鼓吹徹底消滅迦太基，其戰爭宣傳導致了其後徹底摧毀迦太基城的第三次布匿戰爭。——譯注

【12】參見《聖經・新約・馬太福音》7:16；《聖經・新約・路加福音》6:44。——譯注

【13】撒母耳・巴特勒（Samuel Butler, 1613-1680），英國詩人、諷刺作家。代表作是諷刺長詩《胡迪布拉斯》（*Hudibras*），是以英國內戰（English Civil War）為背景寫成的，英國內戰指一六四二—一六五一年期間英國議會派與保皇派之間的一系列武裝衝突及政治鬥爭。因為內戰與清教徒主張對當時仍殘留許多保守成分的英國國教進行改革一事密切相關，所以也被稱為清教徒革命（Puritan Revolution），最後擁護國會的清教徒一派獲勝。此次內戰對整個歐洲都影響深遠，被認為是世界近代史的開端。——譯注

【14】我還進一步引申了我們能夠期待從女性風氣進步中所看到的、合理的好處，也就是它對於整個社會進步的作用；但是我認為此類討論更適合出現在本書的下一卷中。（瑪麗曾計畫寫作此書的第二卷，但尚未動筆便病逝了。在戈德溫為其所著的傳記中，收錄了瑪麗為第二卷內容所作的一些筆記。——譯注）

譯者後記・一

一、為什麼要翻譯這本書

「你爲什麼要翻譯這本書？」基本上每個知道我在翻譯《爲女權辯護》的人都會問上這麼一句。這是個好問題。

我有些好奇，如果把「女權」二字替換成其他名詞，是否我隨口說出的一句話還會享有如此高的關注度？沒辦法，有些詞，好像生來自帶噴灑辣椒水的效果，只要出了場就不可能悄無聲息地過去。具體到「女權」這兩個字，雖然是在爲女性爭取權利，卻常常是她們避之唯恐不及的標籤，而男性的反應就更可觀瞻了。我們不妨先來看一個例子。

《爲女權辯護》是譯言古登堡計畫第七期「她的國，女性文學」系列中的一本。在這一期的宣傳頁面裡，有位L君在評論中對選題提出了質疑：「這世界上那麼多重要的文學作品，譯言網偏要加大翻譯女性文學。」如水入沸油，L君陷入了被圍攻的境地，並頑強地進行了抵抗：

「那麼多重要的文學題材，能夠開闊中國人視野提升中國人思想，爲什麼偏要漢化沒有營養對社會沒用的女權主義作品，你還嫌中國女人不夠大女人主義？」

「自己內心齷齪還要扯上男人，證明你們這幫女權主義分子只是一幫仇男主義者……你們長得難看就算了，內心還卑劣……但是中國男人太老實可欺不會爲自己申訴。」

「你說家庭暴力，哪個國家沒有？歐美國家家庭暴力更是嚴重，只是別人不會當回事上新聞而已，有時候家庭暴力也是讓家庭和平的無奈之舉。」

L君的這些觀點受到了好幾位其他譯言用戶的反駁，在看這篇後記的你可能也會對它們皺眉，但是兩方觀點之間這樣的力量對比仍然只會發生在特定的場景下和特定的人群裡；一旦脫離了它們，觀點之間的強弱對比可能立刻就會發生天翻地覆般的逆轉。沒營養、不重要、大女人主義、仇男、醜、心理變態、大家都這樣怎麼就你愛出風頭非要主張別的樣子、討論這個有什麼用、你還有什麼不滿足的、爬到男人頭上才夠嗎、再不聽話就揍你、說這個除了會給自己找一堆麻煩以外什麼好處也沒有——這些才是我們每天都身處其間的那個世界裡大多數人對於「女權」的回應，至少是直覺上的回應。

其實這種衝突與分裂，本身就意味著討論的空間。我們無需嚴格的推理論證，只要粗略地想一想：一個話題，如果無論是這一半的人類、還是那一半的人類都會對它產生明顯的、甚至是強烈的反應的話，它自然不可能眞的是無足輕重的事情。是重要的事情，就値得我們花些時間認眞討論。

而討論問題，總要從定義問題開始。我曾問過自己：你所理解的「女權」是什麼？你心中理想的兩性之間的互動關係是如何？你可以爲女性的權利做些什麼？

二、先來看看我們身邊這個真實的世界吧

在我給出自己的回答之前，我們不妨先來看看身邊這個眞實的世界。

我的一位同事，太太生了雙胞胎，兩個男孩。大家恭喜他，他確實喜，但也愁，因爲：「男孩是建設銀行，太費錢了，還是女孩好，招商銀行。」可是轉念又自我安慰：「女孩養大了就是別人家的人了，白養啊！」你看，還未出生的孩子，已經被貼上了標籤，並且十有八九也將被按照標籤的樣子塑造成人，幾千年如一日。

說到標籤，我就想起了自己的小時候。從上小學開始，一直到高中畢業前的最後一次模擬考試，總是會聽到一些老師有意無意地在成績稍微好一點的女生們耳邊嘮叨：別看你們現在成績突出一些，可是男生只要一努力馬上就會遠遠超過你們，你們不可能再趕上來。就算他們不努力，你們再大幾歲成績也就不行了，因爲女生的腦子就是不行。哦！親愛的老師們，謝謝你們十幾年如一日的、這樣另類的鼓勵。

大學快要畢業的時候，我開始找工作。那些會註明不招女生的招聘廣告就不提了，偏偏有一次我一路和各位面試官相談甚歡地走到了大老闆面前，那阿姨和我在專業問題上倒也談得暢達痛快、彼此都很開心，但最後她拋給我一個問題：如果因爲你是女生，以後要生孩子，所以單位不願意要你，怎麼辦？我想她未必眞的不想用我，否則不必有此一問；但那是我第一次眞眞切切感受到，在我所置身的這個世界裡，性別對於一個人，除了意味著某些生理系統上的差異之外，還被與種種利益上的衝突牢牢地綁縛在了一起。

當然，女性這個身分還意味著我會有太多的機會——至少在我看來是比這個話題

應得的關注要超過太多——要自願或非自願地與別人談論感情和家庭一類的話題，因爲「女人嘛，幹得好不如嫁得好」。結婚被認爲是女性一生之中最重要、甚至是唯一重要的事；跟婚姻相比，工作的首要意義是談婚論嫁時的一個有利籌碼，其次是順便給自己掙點零花錢的生活點綴，總之，千萬不要認眞把它當事業了。這大概是我們這個社會爲「女性」掛上的最頑固也最顯眼的標籤了：女人不可能不想結婚、不想生孩子；女人結婚要趁早，晚了就不好生育了；過了一定的歲數還不結婚的女人，肯定是有毛病或者太醜或者太挑剔才沒人要，被剩下來；女人結婚以後，尤其是生孩子以後，就會把心思全都放在家庭和孩子身；女人只適合做做家務、管點小事，遇到大事還是要靠男人。悅目、柔順、子宮，彷彿這就是女人身上所有值得關注和褒揚的東西、就是她們存在於這世上的全部原因。

有鑑於此，所以「大齡剩女」們無論願意與否，通常都無法迴避一種名爲「相親」的社交活動。我的一個朋友，是個明理而文雅的小姐，因爲過了所謂的「適婚年齡」，扛不住父母的焦慮，被趕去相親。開始，有人給她介紹一個男孩，先說此人最不喜歡拜金的女生，也還沒有買房與車，目前在私人企業工作。朋友恰好並不看重這些，於是坦然赴約。那次見面之後，男生向介紹人表示說兩人不合適。介紹人問原因，對方回答：「這個女生不太好駕馭」。朋友聽得介紹人轉述這「駕馭」二字，哭笑不得，這位仁兄是立志要找一個出門瞬間變身現代女性掙錢養家、回家立時穿越回一千年前謹守三從四德的小姐嗎？可偏偏相親活動參加多了，她漸漸發現原來對於相親對象有這一款「你要拿我當宇宙中心、隨我心意和需求任意變化」型期待的男生其實不在少數。

這些事情都發生在我的身邊，無論它們能引起多少人的共鳴，也難免會被質疑是過於個人化的經驗，不具有普遍性。所以我們有必要再將視角放大到全體女性的層面上去。

在兩百年之前（當然也包括更早些時候的數千年歲月），幾乎全世界的女性都要藉著締結一段婚姻來「養活」自己，就算她婚後每日都從早到晚辛勤勞作，也仍然是「被人養活」的那一個。要是不想結婚，那麼她基本上只有在修道院或者尼姑庵裡才有可能找到一點清淨安穩的容身之地。

一九一二年，辛亥革命已經在前一年獲得成功，可是那些曾經與男子一道爲革命赴湯蹈火的辛亥女傑們，還在經歷著一場專屬於她們的戰爭，她們在爲了將女性的參政權利及平等地位寫入《臨時約法》而繼續努力。一九二〇年，美國女性在奮鬥了將近一百年後終於全面贏得了選舉權；這個時間比黑人男性在南北戰爭之後獲得選舉權的時間還要晚半個世紀。二〇一一年，埃及解放廣場革命期間，女性和男性一同爲了爭取社會進步而不吝於獻出自己的熱血乃至生命。可是無論是當權者還是反對派，都不乏有人可恥地以性暴力爲手段恐嚇女性，想要將她們再度「趕回到家中去」。在情況最嚴重的時候，解放廣場上一天之內會發生數十起群體性侵犯罪，甚而禍延前來採訪的外國女性記者。在爭取社會進步的道路上，與男性相比，女性要走的路總是更加艱難與漫長。

一八八三年，保險套問世。一九六〇年，避孕藥在美國正式被食品和藥品管理局核准生產。一九七三年，美國最高法院第一次裁定墮胎是女性與醫生之間的決定，包括丈夫在內的其他任何人無權干涉；而時至今日，墮胎是否合法在很多國家仍然是一場曠日持久的拉鋸戰。科技的進步，使得女性在理論上已經有可能自主地決定生育的時間和次數，將性與生育分離開來。但是，在種族繁衍和所謂的家庭觀念的名義之下，女性支配自己身體的權利，時至今日仍然不能免於普遍地被他人和公權侵犯。

再看兩則就發生在我們翻譯此書過程中的事情。

二〇一二年十月九日，在巴基斯坦斯瓦特地區，兩名巴基斯坦塔利班組織的槍手攔截並闖入了一輛高中校車，向時年十五歲的女孩馬拉拉的臉頰和頸部連開兩槍，又打傷了她身邊的另外兩位女學生。馬拉拉自二〇〇九年巴基斯坦塔利班組織控制了斯瓦特地區開始，就匿名在BBC網站上撰寫網誌，講述人們在極右翼伊斯蘭組織控制之下的生活。塔利班禁止女性接受教育，而馬拉拉不但自己堅持上學，還公開宣導女性有接受教育的基本權利，這就是她遭受槍擊的原因。馬拉拉幸運地活了下來，但是塔利班揚言要繼續追殺她。

二〇一二年十二月十六日，發生在印度首都新德里的「黑公車輪姦案」震驚世界，受害者喬蒂·辛格·潘迪因遭到輪姦和毆打而不治去世，時年二十三歲。她的遭遇引發了民眾的強烈反應，也將印度這個世界人口第二大國最醜陋的瘡疤曝露在世人眼前。有新聞報導稱，在印度平均每二十二分鐘就會發生一起強姦案，國家司法系統在審理此類案件時效率極端低下、量刑也非常輕微。事後，議員辛格哈爾曾就此事致信班瓦利州州長，要求該州學校禁止女生穿裙子，稱此舉將可減少類似事件的發生。而印度社會主義黨領導人穆拉亞姆—辛格—亞達夫，則在談到三個因兩次犯下輪姦案而被判處死刑的罪犯時，稱他們只是「犯錯的男孩」，並認爲法庭對他們量刑過重，應當謀求修改相關的法律。在強姦類暴力犯罪面前，即使有如此強烈的本國民意與如此廣泛的國際關注作爲背景、即使是在當代政客這樣講究基本的政治正確的群體當中，像辛格哈爾和亞達夫一樣企圖顚倒黑白，公開爲施暴者開脫、罝受害者權益於不顧的人，也絕非罕見。

生存與人身安全是人類最基本的需求，接受教育使得人類精神的成長和發展成爲可能；這兩者共同成爲文明社會中人之所以爲人的必要條件。擄奪他人的這兩種權利，無異於否定其作爲人的身分，將其隔絕在人類的範圍之外。馬拉拉和喬蒂・辛格・潘迪所遭遇的就是這樣可怕的事情；而比這更加可怕的是，她們的經歷絕非特例。在這個廣大的世界上，無論有無宗教信仰、無論意識形態、無論經濟是否發達、無論文明發展程度，身處在不同社會中的女性，她們所面臨的壓迫和不友善、她們明明生而爲人卻被物化爲男性和家族財產的窘境，充其量只是在程度和表現形式上有所不同，而並無本質上的差別。

我曾看到過這樣一種說法：婦女被壓迫，是人類社會的不平等現象之中時間最長久、範圍最廣泛的一種。果眞如此。而這確實就是我們的母親、姐妹、愛人、朋友、女兒、甚至也就是我們自己，在每一天裡所要面對的、最眞實的世界。

三、這並不僅僅只是女性的問題

女性受到了不公正的待遇，可是因爲這不公正而受到損害的人絕非只有女性。這首先是因爲，對一種不公正的容忍，很容易就會成爲另一種不公正存在的理由，以致於到最後沒有人可以眞正地置身事外。

魯迅先生在《燈下漫筆》中對這樣的世界早有精闢的描述：「……人們各各分離，遂不能再感到別人的痛苦；並且因爲自己各有奴役別人、吃掉別人的希望，便也就忘卻自己也有被奴役、被吃掉的將來。於是大小無數的人肉的筵宴，即從有文明以來一直排到現在，人們就在這會場中吃人與被吃，以凶人的愚妄的歡呼，將悲慘的弱者的呼號遮掩，更不消說女人和小兒。」從這個意義上來說，女性所受到的不公正的待遇正是所有不公正現象中的一種；提倡「女權」、反對那些加諸於女性身上的不公正，與其他任何爭取人類合理合法權利的主張並無本質上的不同，因而也不應受到兩種截然不同的待遇。

以上是這種不平等對於整個社會的影響，具體到每一個人的生活，這樣做雖然看似是在給予男性一些特權，但卻並不會爲他們帶來任何眞正的好處。瑪麗在本書中對於女性教育問題的論述已經清楚表明，如果我們只是按照「悅目、柔順、子宮」這樣的原則去教養和要求女性，那麼她們就無法成長爲身體強健、人格健全的成年人，從而也無法成爲合格的伴侶和母親，她們的整個家庭都將爲了她們所接受的那種、以愚人爲目的的教育而付出代價。

她們沒有被教導過要如何合理規劃任務和解決問題，所以既不懂得如何做出選擇，也不懂得要爲自己的決定負責任。她們沒有被示範過如何建立眞摯的感情，所以在選擇伴侶、建立家庭的時候就會把利益視爲第一甚至是唯一的考慮。她們不被允許承擔重要的事情、甚至不能做那些與自己息息相關的決定，所以會忙於施展各種斤斤計較的手段心機來擴展自己的利益，家庭、職場、甚至任何的社會交往，在她們眼中都不過是一場又一場權力的零和遊戲。她們被物化爲操持家務和傳宗接代的工具，所以不知道要如何給予自己的愛人那種靈魂相通、心意相屬的情感的力量。她們自己缺乏理性與智慧，所以也無力教養出理智而聰慧的孩子。

女性的墮落，必然意味著男性的墮落；女性所遭受的損害，也必然會讓全體人類爲之付出代價。

四、這是我的回答

「女權」看起來與「男權」太相似又太對立，所以人們難免會基於現在這個世界裡那些令人不快的情形，而對它產生出不夠友善的聯想；比如覺得「女權」得道的世界就是女性掌握權力、男性遭受壓迫的世界。可實際上，在我看來，「男權社會」之「權」，乃是「權力」之「權」；而「女權主張」之「權」，則是「權利」之「權」。對於「女權」的主張，是要使得女性能夠被當作是與男性同等的人類、與男性彼此平等的權利，是女性掌控自己的身體和生活、不被物化爲他人財產的權利；而不是要在拿回本應屬於自己的權利之後，還要反過來再去剝奪別人、將自己所遭受過的損害再加諸於他人身上。

而我所希望看到的兩性關係，則是無論在社會中、還是在家庭生活中，兩性都能夠擺脫過去那種一頭栽進小泥潭裡內鬥的舊模式，成爲互相尊重、彼此平等、也最爲可靠的合作夥伴，一起去面對這個廣大的世界。我希望成人不再試圖不加辨別地將所有的孩子都塑造爲符合標籤的樣板，而是能夠根據孩子們的天賦和興趣給予他們合理而明智的引導。我希望人們在選擇人生伴侶的時候，不再需要以資源或者繁衍的需求作爲決定性的要素，而是懂得也可以去尋找眞正心靈相通的朋友、互信互助的夥伴。我希望家庭能夠帶給所有成員眞正的歡樂和溫暖，社會能夠容許那些相對不夠主流的人們生活得更加從容。在達成這個憧憬之前，我們還要走過很長的路、面對很多的誤解、經歷很多的論辯。所以我選擇翻譯這本書，因爲我認同和尊重瑪麗的智慧、勇氣以及她絕大部分的觀點，我希望她的眞知灼見能夠被更多的人所知道和瞭解，也幫助人們漸漸釐清自己思維中的誤區和盲區。

翻譯這本書，是我對過去生活的一個紀念，我將那些來自於生活的感受、觀點、迷思都借此來做一個小結；它也將是照向我未來道路的一盞燈火，從今而後，我選擇把自己對於「女權」的理解和觀點，擺在陽光之下，不再懼怕與人談論和探討，也不再懼怕面對那些很可能會隨之而來的不解、嘲弄，甚至是敵視。

我知道，我能做的實在太有限，它毫不宏大，它面對強大的傳統微渺如滄海一粟，可是它會令我付出代價、承受壓力，卻可能根本得不到相稱的回報；但我還是要堅持下去，因爲，我願意爲了那個自己想要的世界獻出我微薄的力量。

本書譯者常瑩

二〇一四年四月

譯者後記・二

參與《爲女權辯護》的翻譯，機緣是朋友的抱怨。朋友是譯言的資深譯者，當時翻譯了夏洛特・吉爾曼講述一個只有女性的世界的幻想小說《她的國，女性文學》，還推薦譯言組織了一期女性文學專題，也就是古登堡計畫的第七期「她的國，女性文學」，《爲女權辯護》也收錄其中。沒想到，專題計畫剛推出，就引起了爭論，有人評論：「那麼多重要的文學題材能夠開闊中國人視野提升中國人思想，爲什麼偏要漢化沒有營養對社會沒用的女權主義作品……？」朋友對此自然是義憤填膺。這一類觀點恰恰說明，這樣的專題不是太多而是太少，人們對「女權主義」一詞的誤會也還太深。我聽她說了此事，並看到她爲之努力，寫文章、接受譯言的訪談，自己也深受觸動，決定參與相關專題的翻譯。

我會選擇《爲女權辯護》這本書，首先是因爲曾經讀過商務印書館一九九五年版「漢譯世界學術名著叢書」中的《女權辯護・婦女的屈從地位》，那個譯本有些艱深，中學時的自己根本就沒有看完。後來中央編譯出版社雖然又有過一個比較通俗的版本，但只是選譯而非全本。我問過不少對性別問題感興趣的朋友，他們幾乎都沒有讀過或讀完這本書。作爲一本不僅是影響了性別平等的發展、更被公認爲影響人類歷史進程的著作，它實在應該擁有更多的華語讀者。

這本書或許也有助於視「女權主義」爲洪水猛獸的人破除這樣的偏見，因爲作者寫作的年代，根本還沒有「女權主義」（Feminism）這個詞語，她所使用的說法是「女性的權利」（rights of women），所談的也是教育、婚姻、生活中最常見的那些對兩性的區別對待，及其造成的對男女雙方的惡果。而「女權主義」追認瑪麗・沃斯通克拉夫特爲先驅，也因爲這種種基本「權利」的不平等，正是女權主義的出發點。「男權／父權社會」指的是男性享有特權和主宰的社會，而「女權主義」是對這種不平等的反抗，批判特權、提倡平等權利，而非反過來建立女性的特權。「女權」的「權」是「權利」（rights）的「權」，指的是平等的人權、是人的基本權利，而不是指「權力」（power）或者特權。

也許因爲政治權力鬥爭的漫長歷史，中國人對「權」這個字分外敏感，很容易聯想到你死我活的權力，而不是自由平等的權利，據說這也是一部分學者使用「女性主義」來翻譯Feminism的原因。當然，「女權主義」隨後作爲一種政治／社會運動以及學術思潮，因爲不同時代、地域及參與者的特點，而有了種種不同的流派，甚至互相衝突的見解。但是回到最初，在《爲女權辯護》寫作的年代，作者僅僅是從一種非常樸素的理性立場出發，質問這個社會：「當男性爲他們的自由而鬥爭、在關於他們自己幸福的問題上，能夠做出他們自己的判斷時，壓制女性是不是自相矛盾和不公平的呢？」無論如何，我希望誤會「女權主義等於大女人主義」的人，能夠在讀過這本書之後，意識到女性所要求的，不過是「和男性一樣被當做有理性的人來看待」；也希望那些宣稱「人權問題比女權問題重要」的人，意識到這種說法對女性的貶低。

翻譯這本書，對我而言是學習的機會，也是很大的挑戰。翻譯過程中我不斷爲作者的妙語打動，更深深感到作者指出的許多當時的、法國或英國的問題，卻也同樣是今天的、中國的問題。這些精彩的洞見，相信讀者也會在書中發覺。而我在開始翻譯此書後不久，又有了另一個工作，負責一份關注華語區當下性/別運動發展的電子刊物《酷拉時報》，加上自己的研究生學業、助教的工作等等，時間非常緊張。多虧專案負責人常瑩不斷耐心地鼓勵我，協調統籌大家的時間，書稿才得以最終完成。另一位合作譯者劉荻更是懷著身孕工作，讓一個可愛的新生命隨著譯稿誕生，翻譯中分享寶寶的成長，給我們很多歡樂和鼓舞。這本書寫於兩百多年前，英語句法比較複雜，文風又多變，翻譯起來格外不易。我們三位業餘的譯者共同努力，也花費了比原本想像的長得多的時間，才完成譯稿。其中，第一到三章、第十二章及最難的專案協調統籌工作，是常瑩完成的；劉荻完成了最多的章節，包括前言、第六到十一章及第十三章；而我翻譯了作者小傳、比較長的第四、五章，並爲全書做了註釋。我們也共同進行了多次交叉校對和全文通讀，希望能夠盡可能減少翻譯中的紕漏。

在兩百多年前，瑪麗・沃斯通克拉夫特作爲「一介女流」能夠得到主流知識界的承認，並使得《爲女權辯護》成爲對社會影響深遠的暢銷書，和她的博學多識、文采斐然有很大的關係。我暗暗希望自己能夠還原她的才華，因此努力發揮自己作爲歷史專業學生的考據癖，對她每一個引經據典之處，都盡可能地註明出處。尤其是她對同時代流行作家的引用，以及作爲一個基督教徒對於《聖經》的處處化用，都充分體現了此書寫作的背景，和作者觀點的脈絡。雖然我業餘的翻譯未必能夠勝過前賢，但希望新增的大量注釋，可以作爲對之前兩個譯本的補充，令讀者更好地瞭解作者、瞭解此書的價值。

最後，感謝譯言提供平台讓我們能夠分享美好的智慧，感謝這兩年合作中始終鼓勵我並教給年紀較輕的我很多經驗的常瑩、劉荻，感謝所有爲本書的最終完成付出辛勞的工作人員！

本書譯者典典
二〇一四年六月於穗禾苑

經典名著文庫 023

爲女權辯護：關於政治及道德問題的批判

作　　者 —— 瑪麗・沃斯通克拉夫特（Mary Wollstonecraft）
譯　　者 —— 常瑩、典典、劉荻
發 行 人 —— 楊榮川
總 經 理 —— 楊士清
文庫策劃 —— 楊榮川
副總編輯 —— 劉靜芬
責任編輯 —— 高丞嫻、張碧娟
封面設計 —— 姚孝慈
著者繪像 —— 莊河源
出 版 者 —— **五南圖書出版股份有限公司**
地　　址 —— 臺北市大安區 106 和平東路二段 339 號 4 樓
電　　話 —— 02-27055066（代表號）
傳　　眞 —— 02-27066100
劃撥帳號 —— 01068953
戶　　名 —— 五南圖書出版股份有限公司
網　　址 —— http://www.wunan.com.tw
電子郵件 —— wunan@wunan.com.tw
法律顧問 —— 林勝安律師事務所　林勝安律師
出版日期 —— 2018 年 11 月初版一刷
定　　價 —— 380 元

國家圖書館出版品預行編目資料

為女權辯護：關於政治及道德問題的批判 / 瑪麗・沃斯通克拉夫特(Mary Wollstonecraft)著，常瑩，典典，劉荻翻譯．
— 初版．— 臺北市：五南，2018.11
面；公分
譯　自：A Vindication of the Rights of Woman: with Strictures On Political and Moral Subjects
ISBN 978-957-11-9704-3（平裝）

1. 女權　2. 女性主義　3. 英國

544.52　　107006361